U0936335

主　　编　蒋惠岭　国家法官学院副院长
最高人民法院司法案例研究院负责人
副 主 编　关　毅　国家法官学院科研部主任
刘　畅　最高人民法院司法案例研究院规划部主任
主编助理　边疆戈　国家法官学院科研部编辑
朱建伟　国家法官学院科研部编辑
赵文轩　最高人民法院司法案例研究院规划部编辑

《中国法院年度案例》编辑人员（按姓氏笔画）
边疆戈　朱建伟　刘　畅　关　毅　杨小利
罗胜华　赵文轩　胡　岩　袁登明　唐世银
曹海荣　梁　欣　蒋惠岭　程　瑛　谭　红

本书编审人员　胡　岩

中国法院
2020年度案例

国　家　法　官　学　院
最高人民法院司法案例研究院 ◎编

婚姻家庭与继承纠纷

中国法制出版社
CHINA LEGAL PUBLISHING HOUSE

《中国法院年度案例》通讯编辑名单

序

坚持和完善中国特色社会主义法治体系，是党的十九届四中全会作出的一项重要部署。作为其核心组成部分，高效的法治实施体系所要实现的就是让静态的法律制度在实践中得到良好实施。《中国法院年度案例》丛书的价值追求，即公开精品案例，研究案例所体现的裁判方法和价值理念，提炼裁判规则，助推司法标准统一。

《中国法院年度案例》丛书，是国家法官学院于2012年开始编辑出版的一套大型年度案例丛书。丛书由国家法官学院案例开发研究中心具体承担编辑工作，每年年初定期出版。此前，该中心坚持20余年连续不辍编辑出版了《中国审判案例要览》丛书近90卷，分中文版和英文版在海内外发行，颇有口碑，享有赞誉。作为一种全新的案例研究产品，《中国法院年度案例》丛书旨在加强完善中国特色案例指导制度，探索编辑案例的新方法、新模式，以弥补当前各种案例出版物的不足。该丛书2012~2019年已连续出版8套，一直受到读者的广泛好评，并迅速售罄。为更加全面地反映我国司法审判执行工作的发展进程，顺应审判执行实践的需要，响应读者需求，2014年度新增3个分册即金融纠纷、行政纠纷、刑事案例，2015年度将刑事案例调整为刑法总则案例、刑法分则案例2册，2016年度新增知识产权纠纷分册，2017年度新增执行案例分册，2018年度、2019年度将刑事案例扩充为4个分册。现国家法官学院及时编撰推出《中国法院2020年度案例》系列丛书，共23册。

当前市面上的案例丛书百花齐放，又有裁判文书网，可以查询各级法院、各类的裁判文书，还有各种专门领域的案例汇编书籍，以及各种案例指导、案例参考等读物，各具特色。而《中国法院年度案例》丛书则以开放务实的态度、简洁明快的风格，试图把案例书籍变得“好读有用”，故在编辑中坚持以下方法：一是高度提炼案例内容，控制案例篇幅，每个案例基本在3000字以内；二是突出争议焦点，剔除无效信息，尽可能在有限的篇幅内为读者提供有效、有益的信息；三是注重对案件裁判文书的再加工，大多数案例由案件的主审法官撰写“法官后语”，高度提炼、总结案例的指导价值。

同时，《中国法院年度案例》丛书还有以下特色：一是信息量大。国家法官学院案例开发研究中心每年从全国各地法院收集到的上一年度审结的典型案例近万件，使该丛书有广泛的选编基础，可提供给读者新近发生的全国各地多种类型的代表性案例。二是方便检索。为体现以读者为本，丛书分卷细化，每卷下还将案例主要根据案由分类编排，每个案例用一句话概括裁判规则、裁判思路或焦点问题作为主标题，让读者一目了然，迅速找到目标案例。

中国法制出版社始终全力支持《中国法院年度案例》丛书的出版，给了作者和编辑们巨大的鼓励。2018年、2019年连续推出数据库增值服务，2020年继续提供数据库增值服务并充实完善数据内容。购买本书，扫描前勒口二维码，即可在本年度免费查阅往年同类案例数据库。我们在此谨表谢忱，并希望通过共同努力，逐步完善，做得更好，真正探索出一条编辑案例书籍、挖掘案例价值的新路，更好地服务于学习、研究法律的读者，服务于社会，服务于国家的法治建设。

本丛书既可作为法官、检察官、律师等司法实务工作人员的办案参考和司法人员培训推荐教程，也是社会大众学法用法的极佳指导，亦是教学科研机构案例研究的精品素材。当然，案例作者和编辑在编写过程中也难以一步到位实现最初的编写愿望，可能会存在各种不足，甚至错误，欢迎读者批评指正，我们愿听取建议，并不断改进，不断扩大案例研究领域，实现中国特色案例研究事业新发展。

从今年起，《中国法院年度案例》改由国家法官学院与最高人民法院司法案例研究院共同编辑。最高人民法院司法案例研究院是中编办批准设置的最高人民法院的司法案例专门研究机构，与国家法官学院合署办公，在最高人民法院领导下，秉持服务司法审判实践、经济社会发展、法学教育研究、中外法学交流、法治中国建设的办院宗旨，坚持“服务、创新、合作、开放、共享”工作原则，依托国家法官学院开展司法案例的收集、生成、研究、发布和国际交流工作。司法案例研究院的加入，必将使本套丛书的编辑力量更加壮大，案例质量将进一步提升。

国家法官学院副院长

最高人民法院司法案例研究院负责人

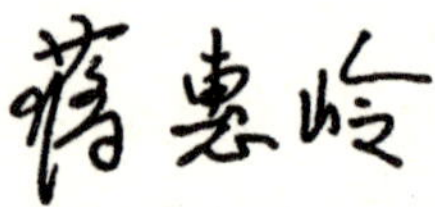

目　录

Contents

一、婚约财产纠纷

二、离婚纠纷

三、离婚后财产纠纷

四、同居关系纠纷

五、抚养纠纷

六、赡养纠纷

七、监护权纠纷

八、分家析产纠纷

九、继承纠纷

十、人身安全保护令

一、婚约财产纠纷

1

未登记结婚但已共同生活，彩礼应当返还

——石某某诉欧某某婚约财产案

【案件基本信息】

1. 裁判书字号

广西壮族自治区北海市海城区人民法院（2018）桂0502民初2462号民事判决书

2. 案由：婚约财产纠纷

3. 当事人

原告：石某某

被告：欧某某

【基本案情】

石某某与欧某某于2014年左右认识，于2017年1月2日举办结婚仪式，但未办理结婚登记。石某某主张给付欧某某20000元彩礼，其中10000元用于购买两个铂金镶钻的戒指以及一条金项链。但欧某某不认可石某某给付20000元彩礼，只认可10000元，且认为该10000元已用于结婚所需的一些支出。另在双方举行婚礼仪式前，欧某某购置了价值为3200元的海尔洗衣机一台、2800元的海尔冰箱一台、1200元的鱼缸一个、3980元的雅迪电动车一辆以及2450元的正铃牌电动车一辆，现均放置于石某某处。庭审中，石某某同意返还海尔洗衣机、海尔冰箱、鱼缸及雅迪电动车。双方在2014年10月至2018年4月共同生活，期间有互相通过微信转账

给对方的行为。石某某认为双方产生矛盾已无法继续生活，要求欧某某返还石某某给付的20000元彩礼钱、返还石某某一方结婚办酒所收礼金38444.76元，但欧某某以双方未领取结婚证，已存入其银行卡的钱不属于共同财产而拒绝。

【案件焦点】

1. 彩礼范围的界定；2. 彩礼返还的标准。

【法院裁判要旨】

北海市海城区人民法院经审理认为：本案系婚约财产纠纷。根据《最高人民法院关于适用〈中华人民共和国婚姻法〉若干问题的解释（二）》第十条第一款“当事人请求返还按照习俗给付的彩礼的，如果查明属于以下情形，人民法院应当予以支持：（一）双方未办理结婚登记手续的”的规定，本案中，石某某与欧某某虽然共同生活并举办了婚礼仪式，但两人未在民政部门办理结婚登记手续，因此，双方并未建立婚姻关系。关于欧某某应否返还彩礼的问题，鉴于双方当事人在缔结婚约时，男方给女方购买的戒指及金首饰具有赠与性质，应不属于彩礼返还范畴。欧某某认可1万元彩礼，但双方已经共同生活长达近四年之久，石某某给付的1万元彩礼可能已在男女双方的共同生活中消耗，且欧某某于庭后主张以其购买的海尔洗衣机、海尔冰箱等物品折抵。欧某某该主张合情合理，应予以采纳。故对石某某要求欧某某返还2万元彩礼的诉讼请求，不予支持。关于在石某某与欧某某共同生活期间，双方互相转账给对方的行为，应视为双方共同生活期间正常的消费支出或赠与，不属于彩礼返还的范畴。关于石某某主张欧某某返还石某某一方办理结婚仪式收取的礼金，因欧某某予以否认且石某某并无其他充分证据予以佐证，故不予支持。石某某主张某铃电动车系其出钱给欧某某购买但无证据证实，对该意见不予采纳。

北海市海城区人民法院依照《最高人民法院关于适用〈中华人民共和国婚姻法〉若干问题的解释（二）》第十条第一款第一项、《中华人民共和国民事诉讼法》第六十四条第一款之规定，判决驳回原告石某某的诉讼请求。

【法官后语】

《最高人民法院关于适用〈中华人民共和国婚姻法〉若干问题的解释（二）》虽然明确了彩礼返还的情形，但对于彩礼范围以及返还的标准未明确规定。因此法院在审理婚约财产纠纷案件的过程中带来了诸多不确定性的认定。我们认为，基于中国国情及风俗中确实存在有男女双方互相赠送戒指等金银首饰的传统或习俗，故认定为赠与合情合理。而对于双方在共同生活期间互相转账的行为，尤其在节日或具有特殊性质的日子转账，若没有明确借贷的意思表示，应视为对对方的赠与，不应纳入返还彩礼的范围。除金钱外，实物也可纳入彩礼的范围。金钱与实物虽然表现形式不同，但性质相同，均可以成为彩礼。

关于彩礼返还标准，具体可以从以下四个方面进行考虑：一是对彩礼的性质进行区分。对于借婚约索取财物、骗婚等与按农村习俗给付彩礼要区别对待。对借订立婚约索取财物、买卖婚姻或以订婚为主，在骗取钱财后立即提出解除婚约的，该部分彩礼应当全部返还给当事人。二是对财物属性进行鉴别，对财物进行易耗和耐损鉴别，如金银首饰、交通工具、家电等耐损的消费品，一般在考虑合理损耗后可以列为返还的财产范围。三是对财物的数额进行判断。对于在婚约中约定的大笔财物，若有证据证明已经交付的，应当考虑予以返还。而对于男女双方带有赠与性质的见面礼、平时交往互赠的礼物数额较小的，可以不考虑在返还的财产范围内。四是对给付后彩礼的用途进行查明。已给付的彩礼可能已用于购置男女双方共同生活的物品，事实上已经转换为男女双方的共同财产，或者已在男女双方的共同生活中消耗。因此，法院审理时在处理方式上也应当灵活掌握。

编写人：广西壮族自治区北海市海城区人民法院　陈梅燕

2

彩礼的范畴及返还比例的确定

——戴某诉瞿某婚约财产案

【案件基本信息】

1. 裁判书字号

湖南省汨罗市人民法院（2018）湘0681民初955号民事判决书

2. 案由：婚约财产纠纷

3. 当事人

原告：戴某

被告：瞿某

【基本案情】

瞿某于2012年8月31日与案外人周某离婚。2014年，经钟某介绍，戴某和瞿某相识并确立恋爱关系。2015年农历正月初八，戴某与瞿某在戴某家举办了婚礼，但双方未办理结婚登记，后两人于2016年分手。

戴某与瞿某交往期间，于2014年10月给付瞿某30000元用于资助瞿某开童装店，2014年农历年底，戴某与瞿某相约结婚，戴某给付瞿某母亲袁某球60000元作为结婚彩礼金，对于上述两笔款项，瞿某均予以认可。

2014年12月，瞿某要购买车辆，戴某拿了60000元给瞿某的母亲袁美球，袁美球将60000元交付给瞿某购车，车辆自购置之日起至今一直在瞿某处，并登记在瞿某名下。

【案件焦点】

彩礼的性质范畴以及返还比例如何确定。

【法院裁判要旨】

湖南省汨罗市人民法院经审理认为：本案争议的焦点是瞿某是否应向戴某返还彩礼款项以及返还彩礼的具体数额。依据《最高人民法院关于适用〈中华人民共和国民事诉讼法〉的解释》第九十条第一款规定："当事人对自己提出的诉讼请求所依据的事实或者反驳对方诉讼请求所依据的事实，应当提供证据加以证明，但法律另有规定的除外。"戴某主张其与瞿某在恋爱过程中，于2014年10月给付瞿某30000元用于资助瞿某开童装店，农历2014年年底，戴某给付瞿某母亲60000元给作为结婚彩礼金，瞿某对上述给付款项认可，本院予以确认；戴某主张其支付瞿某63000元用于购车，虽然瞿某不予认可，但经本院对瞿某母亲袁美球调查核实，袁美球认可购车款60000元由戴某支付的事实，瞿某母亲袁美球认为其中50000元系戴某向袁美球之借款，但袁美球不能提供相关证据予以证明，故应认定戴某支付瞿某购车款60000元；戴某还主张其给付瞿某包括首饰、手机、部分现金等其他彩礼，瞿某均不予认可，戴某亦未提供其他相关证据证明，对戴某主张给付瞿某其他彩礼的主张，本院不予支持。鉴于戴某所支付资助瞿某开童装店的30000元、购车款60000元及结婚彩礼金60000元数额较大，与在恋爱期间的男女朋友为促进情感、表达心意而赠送的一般性礼物存在区别，结合本案现有证据、中国传统习俗、现代社会人情因素、给付款项以及车辆价值等综合分析，上述三笔款项应属戴某以缔结婚姻为目的而支出，具备彩礼性质。原告戴某经人介绍与被告瞿某认识，以结婚为目的按照本地风俗习惯送给被告彩礼，双方建立婚约关系，现原告戴某与被告瞿某解除婚约关系致使原告送彩礼缔结婚姻的目的未能实现，原告戴某所给付的彩礼应当予以返还。

对于原告戴某给付的上述三笔款项，考虑到其中涉案车辆现登记于瞿某名下，故由瞿某向戴某返还购置涉案车辆实际支出费用60000元为宜；原告戴某给付的结婚彩礼金60000元，虽然双方没有登记结婚，却按习俗举行了婚礼，并共同生活了一段时间，原告戴某未能提供证据证明系因女方过错致其解除婚约，结合农村风俗习惯等情节，酌情确定瞿某返还该彩礼金中的20000元。综上所述，被告瞿某应向原告戴某返还彩礼共计110000元。对被告瞿某辩称的戴某请求瞿某返还彩礼于情于礼于法皆不符，请求法院依法驳回戴某的诉讼请求的意见，本院不予采纳。

湖南省汨罗市人民法院依照《最高人民法院关于适用〈中华人民共和国婚姻法〉若干问题的解释（二）》第十条、《中华人民共和国民事诉讼法》第六十四条、《最高人民法院关于适用〈中华人民共和国民事诉讼法〉的解释》第九十条之规定，作出如下判决：

一、瞿某于本判决生效之日起十日内返还戴某110000元；

二、驳回戴某的其他诉讼请求。

一审判决后原被告均未上诉，该判决书已发生法律效力。

【法官后语】

本案处理重点主要在于彩礼的定性范围以及返还比例如何确定。婚姻类案件中，特别是在农村地区，彩礼的处理往往成为当事人争议的焦点。妥善处理好彩礼问题往往是化解矛盾的关键。现实生活中，男方在婚前会赠与女方财物，那么哪些财物属于《最高人民法院关于适用〈中华人民共和国婚姻法〉若干问题的解释（二）》第十条规定的应当返还的彩礼范畴？

一、彩礼的定性

彩礼应当认定为附条件的赠与，理由如下：

（一）婚约期间赠与的彩礼不同于一般的礼节性赠与

现实生活中，一般都是由男方或其父母给付数额较大的财物作为彩礼。根据习惯，彩礼的给付通常是在订立婚约之时或之后，给付彩礼一方与接受彩礼一方为了缔结婚姻的意思表示已经明确。若不是为缔结婚姻，男方是不会赠与如此数额较大的财物的。所以，一旦出现婚约解除的情形，发生财物纠纷，不能简单地将其作为单纯的赠与行为处理。

（二）将缔结婚姻作为赠与彩礼行为生效的附加条件符合民法规定，符合附条件的民事法律行为的构成要件

附条件的民事法律行为，是指当事人约定以将来可能发生的客观事实的发生与否为条件决定其效力发生或消灭的民事法律行为。当事人自愿赠与彩礼的行为也是一种民事法律行为，把缔结婚姻作为赠与彩礼行为生效的附加条件并不违反法律的禁止性规定。所以，该行为是合法有效的。这里附条件的成就与否是婚姻的缔结，这直接决定赠与行为的生效或失效。

二、彩礼性质认定的考量因素

（一）该地是否有给付彩礼的习俗

有给付彩礼的习俗是认定彩礼的前提。应当首先根据双方或收受财物一方所在地的当地实际及个案情况，确定是否存在给付彩礼方能缔结婚姻的风俗习惯。如果一方按当地风俗给付另一方的财物，一般应认定为“按习俗给付彩礼”。

（二）给付时的目的是否为缔结婚姻

社会生活中，男方婚前给付女方财物的情形比较普遍，但就其给付财物时的直接目的而言，则大有不同。如果男方给付财物时的直接目的与婚姻无关，则不应认定为彩礼。

1. 不以结婚为目的，属于恋爱期间自愿赠与情形，则不能主张返还；

2. 双方在恋爱期间，为结婚创造条件，因订立婚约而赠送财物，由于婚约解除或没有缔结婚姻关系，赠送的财物应当返还。

根据彩礼的目的性，在实践中对以下行为不能认定为彩礼：

1. 男方或其近亲属为取悦对方所为的赠与；

2. 男女双方恋爱期间男方为表露情感所为的赠与；

3. 男女双方或其近亲属在共同消费中由男方支付的费用；

4. 男方及其近亲属与女方及其近亲属礼节性交往时的赠与；

5. 借婚姻索取财物、骗取财物的行为。

给付彩礼的对价中，本身就蕴含着以对方答应结婚为前提。如果未能缔结婚姻，其目的落空，此时彩礼如仍旧归对方所有，与其当初给付时的本意明显背离。司法解释规定彩礼在一定条件下予以返还，在法理上体现了对对价行为公平性的保护。

（三）给付财物的价值大小

彩礼一般为数额较大的金钱或者价值较高的实物，包括现金、首饰等贵重物品。如果男方婚前给付的仅是数额较小的“见面礼”“过节礼”，或者价值较小的饰物、衣物等，一般均不宜认定为彩礼。至于应当达到多大的数额或者多高的价值，可以结合当地的经济状况以及男方自身经济条件等综合酌情确定。

三、返还比例问题

司法实践中主要区分以下情形予以考虑：

（一）双方当事人是否同居生活

1. 对于未办理结婚登记也未同居生活或者办理结婚登记但未同居生活的，可以适当考虑女方因举行婚宴等所花费用，80%以上的彩礼应予以返还；

2. 对于已同居生活但未登记结婚、已登记结婚且已同居生活、结婚登记前后均同居生活的，应重视对妇女身心权益的保护。在审理中，可以把同居时间长短以及同居期间是否怀孕等情况作为婚约财产返还比例的主要参考因素，其返还的比例应有明显的降低，考虑返还的比例可以在50%以下，对于存在下列情形之一：(1) 彩礼数额不大；(2) 同居生活两年以上；(3) 已共同生育子女；(4) 能证明彩礼用于共同生活的，可以判令不予返还。如此才能凸显司法裁判中法、理、情的统一，与当代国情、民众的认知水平相统一。

（二）双方当事人是否存在过错

虽然法律对此无明文规定，但是根据法律责任构成中的因果关系要素，其作为考虑返还比例具有较强实用性，也符合民众的心理期盼。

1. 因给付彩礼一方的原因（如侮辱、殴打、另寻伴侣等有害另一方的行为）导致婚约解除，返还彩礼的数额可根据其过错程度、双方的经济状况等因素，酌情减少，减少的比例在10%至50%之间；

2. 男女双方均存在过错，应根据双方的过错程度综合评判，返还比例不应低于50%，如还存在其他情况，返还比例可酌情继续降低，以平衡各方利益，处理结果也能够得到广泛的认可；

3. 若因意外事件导致任意一方失去结婚条件，则可以根据公平原则，无论哪一方提出解除婚约，均可按50%的比例予以返还。

（三）婚约财产数额的大小

审理婚约财产纠纷案件要考虑当地的经济发展水平，根据给付彩礼数额的上下限来确定是否返还以及返还的比例，彩礼数额越大，返还的比例越高，这样方能体现法律的公平、合理的精神，使裁判尺度统一，维护裁判文书的权威性。

（四）给付彩礼方的经济状况

《最高人民法院关于适用〈中华人民共和国婚姻法〉若干问题的解释（二）》第十条第一款第三项规定了应返还彩礼的情形，即“婚前给付并导致给付人生活困难的”。《最高人民法院关于适用〈中华人民共和国婚姻法〉若干问题的解释（一）》第二十七条第一款对生活困难明确规定，即“是指依靠个人财产和离婚时分得的财产无法维持当地基本生活水平”。该司法解释规定需要法官利用丰富的社会经验，通过了解男方家庭的经济来源、工作能力、收入水平，男方父母身体状况等情况，判断其家庭所处的生活水平。若确实因给付婚约彩礼造成家庭经济困难的，可以在考虑上述因素确定的比例基础上再提高10%的返还比例，以减少给付彩礼方的损失；同时，也应了解、查明女方的家庭经济状况，以此来综合确定返还的比例。

编写人：湖南省汨罗市人民法院　舒畅

3

父母和子女共同收取彩礼的应当共同返还

——刘某新诉王某均、张某芳婚约财产案

【案件基本信息】

1. 裁判书字号

四川省安岳县人民法院（2018）川2021民初1082号民事判决书

2. 案由：婚约财产纠纷

3. 当事人

原告：刘某新

被告：王某均、张某芳

【基本案情】

张某芳系王某均母亲。

2017年6月11日，刘某新经人介绍与王某均相亲，并按照农村风俗给付王某均相亲“见面”礼金1200元，给付张某芳相亲家长“见面”礼金1200元。6月14日，刘某新和王某均按照农村风俗相亲“看家”，由刘某新给付了张某芳“看家”礼金。刘某新主张共给付王某均和张某芳彩礼20200元，王某均和张某芳自认刘某新给付了彩礼8600元。刘某新认为王某均和张某芳收取彩礼后，其与王某均没有正常的接触和交流，双方无法建立正常的男女朋友关系，故起诉至法院，请求法院判令王某均和张某芳返还刘某新彩礼20200元。

【案件焦点】

1. 如何确定刘某新给付王某均和张某芳的彩礼金额；2. 返还刘某新彩礼的主体应当是谁。

【法院裁判要旨】

四川省安岳县人民法院经审理认为：刘某新给付王某均和张某芳的钱款是发生在刘某新与王某均恋爱、交往过程中，该款可以认定是刘某新以与王某均缔结婚姻为目的而给付的，带有中国民间习俗中的彩礼性质。刘某新在与王某均分手后，无法达到缔结婚姻目的，依照《最高人民法院关于适用〈中华人民共和国婚姻法〉若干问题的解释（二）》第十条第一款“当事人请求返还按照习俗给付的彩礼的，如果查明属于以下情形，人民法院应当予以支持：（一）双方未办理结婚登记手续的”之规定，刘某新与王某均未办理结婚登记手续，刘某新请求返还彩礼，符合法律规定，也符合公平原则与社会的善良风俗。在婚约财产纠纷中，彩礼的给付与接受不仅涉及男女双方，而且涉及双方父母，故接受彩礼的王某均及其母亲张某芳对彩礼具有共同的权利及义务，王某均和张某芳对该彩礼应负连带返还责任。关于返还的数额，刘某新主张给付了20200元，但是未举证予以证明，综合本案情况，王某均和张某芳认可收到钱款8600元，故本院认定王某均和张某芳返还原告刘某新8600元为宜。

四川省安岳县人民法院依照《中华人民共和国婚姻法》第三条、《最高人民法院关于适用〈中华人民共和国婚姻法〉若干问题的解释（二）》第十条第一款第一项之规定，作出如下判决：

王某均于本判决生效之日起十日内返还刘某新彩礼款8600元，张某芳负连带返还责任。

【法官后语】

彩礼是中国古代婚嫁习俗之一，是指男女双方恋爱关系基本确定以后，按照当地习俗，一方及其家庭给付另一方及其家庭一定数量的现金或财物，表示其欲与对方缔结婚姻的诚意。给付彩礼主要发生在婚姻约定初步达成之期，有时也发生在男女双方恋爱期间。彩礼在性质上是赠与，但是又与一般的无偿赠与不同，它是一种附条件的赠与行为，即以结婚为目的（条件）的赠与。婚前给付彩礼这一社会现象在我国农村以及城市某些地方还普遍存在。随着人们物质生活水平的提高和个人财富的增加，各地根据风俗习惯的不同，男女双方因结婚或恋爱而索要或赠予的彩礼数额越来越大，同时，男女双方由于种种原因而没有结婚或结婚不久就离婚，从而导致要求返还彩礼的纠纷越来越多。

实践中，彩礼给付、接受的主体往往不局限于男女双方本人。给付主体包括男方及其父母兄姐，接受方同样包括女方及其父母等近亲属，彩礼主要归于女方娘家。本案中，刘某新经人介绍与王某均相亲，并按照当时习俗给与王某均、张某芳数额较大的金钱，刘某新给付金钱的行为，表明了其欲与王某均缔结婚姻关系之目的，具备彩礼的性质。后因双方恋爱关系难以维系，不能达到刘某新与王某均结婚之目的，刘某新有权要求返还彩礼。依据《最高人民法院关于适用〈中华人民共和国婚姻法〉若干问题的解释（二）》第十条："当事人请求返还按照习俗给付的彩礼的，如果查明属于以下情形，人民法院应当予以支持：（一）双方未办理结婚登记手续的；（二）双方办理结婚登记手续但确未共同生活的；（三）婚前给付并导致给付人生活困难的。适用前款第（二）、（三）项的规定，应当以双方离婚为条件"之规定，我国法律对当事人请求返还彩礼的情形作了明确规定，但是对返还彩礼的诉讼主体未作明确规定。如前所述，因彩礼不仅涉及婚姻男女双方，往往还涉及男女双方的父母或其他成员，最高人民法院对彩礼的给付人和接受人也作了广义的解释，所以要求返还彩礼无论是发生在婚约财产纠纷中还是离婚纠纷之中，均以实际接受彩礼的主体为返还主体更为妥当。这不仅符合权利与义务相一致原则，而且有助于解决在返还彩礼问题上出现的推脱及抗辩问题，同时也利于案件的执行，避免因一方个人财产受限而给对方当事人带来损失。

我国婚姻法禁止借婚姻索取财物，现实中给付彩礼也往往不是基于当事人自愿，一旦因彩礼发生纠纷，应当及时妥善解决，以防止道德风险发生，维护社会稳定。

编写人：四川省安岳县人民法院　凡磊

4

彩礼的认定及“共同生活”的判断标准

——王某某诉刘某某离婚案

【案件基本信息】

1. 裁判书字号

北京市朝阳区人民法院（2018）京0105民初59656号民事判决书

2. 案由：离婚纠纷

3. 当事人

原告：王某某

被告：刘某某

【基本案情】

原、被告于2017年11月通过网络相识，2018年1月26日，原被告登记结婚，原告系初婚，被告系再婚，婚后无子女。2017年12月14日，原告通过微信向被告转账13140元，转账截图显示“老婆随便花……”，2017年12月16日，原告通过微信向被告转账1314元。在筹备婚礼期间，原告通过招商银行分期分笔向被告给付总计金额为208000元的彩礼，被告对此予以认可。2018年1月6日，原告通过绑定该银行卡的微信向被告转账20000元，用于购买婚礼所穿衣服。2018年1月26日，原告通过农业银行向被告转账50000元，其称在登记结婚当天被告还向其索要钱，之后才进行结婚登记，故其对被告进行了转账。但在原告向被告转账后，由于没钱还信用卡借款，被告向原告转回30000元。另，原告称其为被告购买“三金”首饰花费21700元，并于2017年12月16日花费8451元给被告母亲购买项链。婚后双方一起居住过几天，现原告以被告陈述个人虚假信息、通过结婚获取财物为由，将被告诉至法院，要求判令解除原被告的婚姻关系，被告退还彩礼292605元。被告不同意离婚，并表示没有收到原告所述292605元这么多的彩礼。

【案件焦点】

1. 彩礼的认定；2. 夫妻共同生活的判断。

【法院裁判要旨】

北京市朝阳区人民法院经审理认为：婚姻关系的存续与维系以夫妻感情为基础。原、被告双方通过网络相识后，经过短暂的相处后即登记结婚，感情基础较为薄弱。庭审中，被告虽不同意离婚，但根据双方的陈述及举证，难以认定双方仍存在夫妻感情或有和好之可能。故本院准予双方离婚。

关于彩礼的认定。其中原告通过招商银行转账的208000系彩礼双方均无异议，本院予以认定。而农业银行转账的50000元以及通过微信转账的20000元亦是为达成结婚登记以及举办婚礼置备相关物品所给付之钱财，故亦应认定为彩礼。另，原告所述的微信转账13140元以及1314元，结合转账的情境以及双方的关系，应属双方在处恋爱关系中的赠与，不宜认定为彩礼。至于原告所述为被告购买“三金”以及为被告之母亲购买项链，原告未提交证据予以证明，被告亦不予认可，本院难以认定。

关于彩礼的返还。根据《最高人民法院关于适用〈中华人民共和国婚姻法〉若干问题的解释（二）》第十条之规定，当事人请求返还按照习俗给付的彩礼的，如果查明属于双方办理了结婚登记手续但确未共同生活的应当予以支持。而所谓夫妻的共同生活，主观上，夫妻双方应当有长期共同生活在一起的愿望；客观上，夫妻双方应当能互相扶持，共同履行夫妻义务和家庭义务，共担生活压力和风险，共创美好生活。夫妻的共同生活应当是一种较为持续和稳定的状态。结合原、被告之陈述，双方仅极为短暂的一起居住过几日，故本院认定原、被告虽办理了结婚登记但并未共同生活。现原告主张被告返还彩礼，本院将根据本案查明的具体情况对返还彩礼的数额予以认定。

综上，依据《中华人民共和国婚姻法》第三十二条、《最高人民法院关于适用〈中华人民共和国婚姻法〉若干问题的解释（二）》第十条之规定，判决如下：

一、准予原告王某某与被告刘某某离婚；

二、被告刘某某于本判决生效后七日内返还原告王某某彩礼钱278000元整；

三、驳回原告王某某的其他诉讼请求。

【法官后语】

我国自古以来，婚姻的缔结，就有男方或其家庭在婚姻订立意向初步达成时，按照当地风俗习惯向女方或其家庭赠送一定数量聘财、聘礼的传统，这种聘财、聘礼俗称“彩礼”。随着社会环境的变化以及生活条件的提高，不少地区的彩礼水涨船高，涉及的金额也越发增大，一旦婚姻无法订立或者订立后难以为继之时，双方就彩礼是否返还以及返还的数额问题容易产生争议。本案即是由此。

1. 彩礼的认定

男女双方在婚恋关系存续期间会发生各种金钱、财物往来，如何准确认定给付财产的性质，已成为司法实践的难点问题。我们认为，区别给付的财物是彩礼还是为维系及发展感情的一般赠与抑或是双方交往中的必要花费，应主要考虑以下三个方面因素：一是给付的目的。彩礼是为促成婚姻缔结而为之给付，数量大小、种类多少、金额高低取决于当地的风俗社情习惯，普通礼物与必要花费则不然。比如，本案中原告于2017年12月分两次向被告转账的13140元及1314元，结合双方当时的恋爱关系及转账记录留言，根据一般生活经验，原告此时给付金钱的行为系表达爱意而非为了结婚，因此不宜认定为彩礼。二是给付的主体。彩礼的给付主体一般为男方或其家庭成员，尤其在广大农村或者经济不发达地区，娶媳妇往往要举全家之力，收受一方通常也是女方或其家庭。而彩礼之外的金钱、财物往来，通常仅发生在男女双方之间。三是给付的时间。一般认为，彩礼的给付时间发生在双方谈婚论嫁开始至结婚登记之前，但不少地区仍以举办婚礼为实质结婚要件，法院审理时应充分尊重当地的风俗习惯，若财产给付是发生在登记后、举办婚礼前，其目的是促成婚姻缔结，仍应认定为彩礼。

2. 夫妻共同生活的认定

《最高人民法院关于适用〈中华人民共和国婚姻法〉若干问题的解释（二）》第十条对返还彩礼的三种情形予以明确，其中关于第二项中“共同生活”的认定，法律及司法解释并没有明确规定，司法实践中，法官对“确未共同生活”的不同理解会导致案例同案不同判，有损司法公正。我们认为，共同生活是一种长期、稳定的状态，除夫妻双方共同居住在同一住所外，还应从物质、精神、生活等多方面进行综合考量，做到主客观统一。主观上，双方具有携手共度余生的美好愿望，客观上，双方能够相互扶持照顾，相互抚慰理解，共同履行夫妻义务，承担家庭责任，抵御外界压力及风险。比如，本案中根据原被告陈述，双方登记后仅极为短暂的一起居住过几日，难以认定为共同生活。如果夫妻双方因工作或其他需要，导致两地分居，只要符合上述主客观情形，不宜认定为“确未共同生活”。此外，关于返还的具体数额，应根据双方的过错程度、彩礼使用情况，参考当地的风俗习惯，由法院结合案件的具体情况酌情予以确定。

编写人：北京市朝阳区人民法院 龙泉

5

同居期间的财产纠纷不能当然作为一方以双方存在婚约关系向另一方主张权利的依据

——杨某诉黄某婚约财产案

【案件基本信息】

1. 裁判书字号

安徽省霍山县人民法院（2018）皖1525民初1747号民事判决书

2. 案由：婚约财产纠纷

3. 当事人

原告：杨某

被告：黄某

【基本案情】

原告杨某与被告黄某于2016年相识，后相互交往并共同生活。期间，原告自2016年7月19日起至2017年4月28日止，通过网联交易20笔总计63366元；被告自2016年9月2日起至2017年12月31日止通过微信转账给原告20笔款项总计46440元；被告于2018年1月18日购买了一辆车牌号为苏EL68××大众牌小型轿车。原、被告交往期间，被告怀孕，于2018年3月进行药物引产。2018年7月2

日，杨某委托律师向被告发出律师函，要求被告返还500000元钱款及车牌号为苏EL68××大众牌汽车。原告杨某于2018年9月26日向霍山县人民法院提起诉讼，要求被告黄某返还人民币500000元。

【案件焦点】

男女相互交往并共同生活，是否能确定男女双方存在婚约关系，并以此作为向被告方主张权利的依据。

【法院裁判要旨】

根据原告的诉讼请求及其所依据的事实和理由，确定了本案案由系婚约财产纠纷。但根据本院所查明的事实，结合我国当地的风俗习惯，原、被告相互交往并共同生活，并不能确定原、被告双方存在婚约关系，事实上，原、被告之间应属同居关系，原告可主张就双方同居期间的共同财产进行分割，但在本案中，原告并未就此进行主张。当事人对自己提出的主张，有责任提供证据，对自己提出的诉讼请求所依据的事实或者反驳对方诉讼请求所依据的事实有责任提供证据加以证明。没有证据或者证据不足以证明当事人的事实主张的，由负有举证责任的当事人承担不利后果。本案原告所举证据不能证明原、被告双方存在婚约关系，也无证据证明涉案车辆系其以结婚为目的为被告购买，原告所支付给被告的钱款也不能视为其为以结婚为目的的支出，当属双方共同生活期间的经济交往。据此，原告主张被告返还人民币500000元，证据不足，本院不予支持。依照《最高人民法院关于适用〈中华人民共和国婚姻法〉若干问题的解释（二）》第十条，《中华人民共和国民事诉讼法》第六十四条第一款，《最高人民法院关于适用〈中华人民共和国民事诉讼法〉的解释》第九十条的规定，判决驳回原告杨某的诉讼请求。

【法官后语】

根据原告诉称，原告一直以结婚为目的，真诚和被告交往；而被告辩称，双方并未建立恋爱关系，双方交往不存在以结婚为目的。双方均未提供相关证据证明自己所陈述的事实。从本案所查明的事实看，双方的交往并未按当地风俗习惯履行“聘请媒人”“看人家”“定亲”“送日子”等婚约程序，因此，本案原被告之间相互交往的关系在某种意义上表现为双方属同居关系，即像现实生活中存在的“包养”“小三”现象一样。

审判实践中，婚约财产纠纷一般通常表现为彩礼返还的问题。那么，彩礼如何认定呢？传统意义上，狭义上讲就是一方在婚姻约定初步达成和按习俗结婚的时候，向另一方赠送的聘金、聘礼；广义上讲除狭义上的聘金、聘礼外，还包括恋爱期间为表达感情而馈赠对方的大额财物。从本案所查明的事实看，原告并未履行给付狭义上的聘金、聘礼，至多表现为原告为表达感情而馈赠对方的大额财物。根据所查明的事实，双方同居期间，相互之间通过网联、微信均有交易记录，无法看出原告为表达感情而馈赠对方的大额财物，只表明了双方在共同生活期间，为生产生活而连续发生了一系列的经济交往。因此，原告交付被告的钱物不具有婚约财产的性质。至于涉案车辆问题，虽在双方同居期间所购买，由于原告未能提供支付价款的相关证据，且原、被告双方对各自同居期间所得的财产也没有进行约定，因此，也无法认定该涉案车辆系原告为表达感情而馈赠对方的大额财物，同样也不具有婚约财产的性质。

综上，原、被告之间的相互交往应属同居关系，共同共有人对共有财产享有共同的权利，承担共同的义务。对共有财产的分割，双方没有协议，应当根据等分原则处理。原告可依据《最高人民法院关于适用〈中华人民共和国婚姻法〉若干问题的解释（二）》第一条，《中华人民共和国民法通则》第七十八条、第一百零八条就双方同居期间的共同共有的财产主张权利，但在本案中，原告并未就此进行主张。当事人对自己提出的主张，有责任提供证据，对自己提出的诉讼请求所依据的事实或者反驳对方诉讼请求所依据的事实有责任提供证据加以证明。没有证据或者证据不足以证明当事人的事实主张的，由负有举证责任的当事人承担不利后果。本案原告所举证据不能证明原、被告双方存在婚约关系，也无证据证明涉案车辆系其为表达感情或以结婚为目的为被告购买，原告所支付给被告的钱款也不能视为其以结婚为目的的支出。据此，原告主张被告返还人民币500000元，证据不足，依法不予支持。

编写人：安徽省霍山县人民法院　黄必胜

二、离婚纠纷

6

离婚案件中无过错方请求损害赔偿的法定情形

——陈某某诉季某离婚案

【案件基本信息】

1. 裁判书字号

福建省宁德市柘荣县人民法院（2018）闽0926民初418号民事判决书

2. 案由：离婚纠纷

3. 当事人

原告：陈某某

被告：季某

【基本案情】

陈某某（女）与季某（男）于2008年间经朋友介绍认识，2009年4月24日在柘荣县民政局登记结婚。婚后，于2010年11月3日生育儿子季某某。因家庭琐事产生矛盾，2014年8月，陈某某携带儿子季某某回娘家居住，期间，陈某某与他人同居并于2016年5月23日生育一男婴。2017年6月2日，陈某某向柘荣县人民法院起诉离婚，经法院判决不准予离婚后，双方仍分居生活，互不履行夫妻义务。陈某某与季某对离婚事项均无异议，但双方均主张要求抚养儿子季某某。季某认为陈某某在双方婚姻关系存续期间与他人同居并生育子女的行为，严重伤害了季某的感情，是对夫妻忠诚义务的彻底违背，请求人民法院判决陈某某赔偿其精神损害抚慰金100000元并向季某赔礼道歉，儿子季某某由季某抚养。

【案件焦点】

1. 离婚后婚生子季某某由谁抚养及抚养费由谁承担；2. 陈某某是否应承担损害赔偿金 100000 元。

【法院裁判要旨】

柘荣县人民法院经审理认为：陈某某与季某的婚姻关系合法有效。双方因家庭琐事造成夫妻感情不和，分居多年，互不履行夫妻义务，且陈某某在婚姻关系存续期间与他人同居。经本院调解无效，夫妻感情确已破裂。陈某某诉求离婚，季某亦已同意，应予准许。陈某某在婚姻存续期间与他人同居具有过错，季某主张损害赔偿符合法律规定，但请求损害赔偿金 100000 元偏高，酌情确定为 20000 元。季某主张陈某某的行为构成重婚罪，可另案起诉。关于季某某的抚养权问题，从有利于子女身心健康，保障其合法权益出发，结合陈某某在婚姻关系存续期间与他人同居的过错等具体情况，确定由季某抚养为宜。抚养费根据当地实际的生活水平，酌情确定为每月 1000 元，由陈某某负担。陈某某主张季某有实施家庭暴力的行为，证据不足，应承担举证不能的不利后果。

柘荣县人民法院依照《中华人民共和国婚姻法》第三条、第三十二条、第三十六条、第三十七条、第四十六条，《最高人民法院关于人民法院审理离婚案件如何认定夫妻感情确已破裂的若干具体意见》第七条，《最高人民法院关于人民法院审理离婚案件处理子女抚养问题的若干具体意见》第七条，《最高人民法院关于适用〈中华人民共和国民事诉讼法〉的解释》第九十条的规定，判决如下：

一、准予陈某某与季某离婚；

二、婚生儿子季某某由季某抚养，陈某某自本判决生效之日起，于每月 10 日支付抚养费 1000 元至季某某年满十八周岁止。陈某某应在本判决生效之日起十日内将季某某交由季某抚养；

三、陈某某自本判决生效之日起十日内，一次性支付季某损害赔偿金 20000 元。

【法官后语】

家事纠纷的基础是身份关系的存在，而身份关系的背后又存在着复杂的人际关系，使得该类较多涉及亲情、血缘以及道德伦理等复杂的情感因素。在婚姻关系中，夫妻之间应当履行忠实义务，相互尊重、帮助，维护平等、和谐、文明的婚姻家庭关系。依据《中华人民共和国婚姻法》第四十六条规定："有下列情形之一，导致离婚的，无过错方有权请求损害赔偿：（一）重婚的；（二）有配偶者与他人同居的；（三）实施家庭暴力的；（四）虐待、遗弃家庭成员的。"本案中，陈某某在婚姻关系存续期间与他人同居并生育子女，违背了夫妻之间的忠实义务，直接导致夫妻感情破裂。作为无过错方的季某请求损害赔偿，事实及法律依据充分，应予支持，但在损害赔偿额上，法律并未明确规定。本案在确定损害赔偿金额时，参照司法判例和各地司法实践经验，综合以下方面因素考虑：(1) 陈某某的过错程度；(2) 损害结果的严重程度；(3) 陈某某的经济能力；(4) 本地区的经济发展水平和平均生活水平。最终确定陈某某一次性支付季某损害赔偿金20000元。

本案另一个值得关注的是关于子女的抚养问题。在处理子女抚养问题时，应当遵循子女利益最大化原则。在实际离婚或抚养权案件中，父母成为矛盾冲突的双方当事人，且多数情况下矛盾较大、积怨较深等，在处理子女抚养问题时，双方一般先从各自的利益考虑，未成年子女作为社会和婚姻家庭的弱势群体，但父母双方从有利于子女身心健康，保障其合法权益出发，就本案而言，陈某某为了争夺抚养权甚至出现雇人抢夺、隐藏孩子的行为，使得孩子成为父母离婚的牺牲品和可以随意抢夺的物品。本案审理过程中，综合考虑了双方生活、工作情况和抚养条件以及陈某某在婚姻关系存续期间与他人同居的过错等具体情形，确定由季某抚养季某某为宜。

最后，值得一提的是从该案中也反映出当前仍有很多父母对子女的抚养权存在很大误解，把子女抚养权理解成所有权，认为孩子由谁抚养，孩子就是谁的，与另一方没有关系，把子女抚养关系变成子女归属关系。未成年子女作为独立的权利主体，父母应当尊重并承认其独立的权利，而并非将其视为父母的附属品和父母权利的客体。

编写人：福建省宁德市柘荣县人民法院　胡坤龙　叶佳佳

7

离婚财产分割协议是否存在胁迫情形的认定

——钟某诉刘某离婚后财产案

【案件基本信息】

1. 裁判书字号

江苏省无锡市中级人民法院（2018）苏02民终5004号民事判决书

2. 案由：离婚后财产纠纷

3. 当事人

原告（反诉被告、被上诉人）：钟某

被告（反诉原告、上诉人）：刘某

【基本案情】

钟某与刘某于2013年12月12日登记结婚，2014年6月14日生育一女。婚后购买的绿景雅苑18－12××室、悦诚花园36－1××室均登记在钟某、刘某名下。钟某与刘某于2018年5月14日至锡山区民政局办理离婚登记，并达成离婚协议，离婚协议书载明：因女方感情转移致使夫妻感情破裂，已无和好可能，现经夫妻双方自愿协商达成一致意见。其中，离婚协议第三条夫妻共同财产约定：（1）存款：双方名下存款各自支配。（2）房屋：夫妻共同所有的位于无锡市锡山区东亭街道恒大绿洲二期（绿景雅苑）18－12××及无锡市梁溪区金匮街道复地悦城花园36－1××的两处房产所有权及无锡市梁溪区金匮街道复地悦城407号、408号地下车位均为男方所有，房地产权证的业主姓名变更的手续自离婚后一个月内办理，女方必须协助男方办理变更的一切手续。（3）其他财产：男女双方各自的私人生活用品归各自所有，首饰归男方所有。第四条约定，双方确认在婚姻关系存续期间因购房及购买车位发生的债务由男方继续承担。

刘某为证明其是受到殴打、胁迫后订立离婚协议，向法庭提交了5月14日1

点27分的视频一份，证明钟某父亲对其撕扯头发的事实。2018年5月14日的无锡市第二人民医院的门诊病历，载明刘某诉称昨天晚上被人打伤头面部，之后感觉头痛头晕，无昏迷，无恶心呕吐。刘某提供2018年5月27日的报警记录，刘某至公安机关报警，称其前夫逼刘某写下一张9万元的借条。在笔录的最后，刘某称两套房子的房产证上都有其名字，现已被逼得净身出户，离婚证已办好，其不知道怎么办，但是9万元借条是不会认的。围绕上述证据钟某发表质证意见如下：2018年5月14日凌晨12点半，其发现刘某与“老沈”的微信聊天记录，发现刘某婚内出轨，1点多将刘某叫醒，质问“老沈”的情况，刘某见事情败露，就坐在地上不肯说，其父亲当时比较气愤就抓了刘某的头发，后被其制止了，未对刘某进行殴打或者胁迫。在签订离婚协议时，有民政局工作人员在场，负责登记的工作人员单独和钟某、刘某谈话，离婚协议亦经过修改，是双方的真实意思表示。

刘某当庭陈述离婚协议的签订过程为：5月14日凌晨，钟某看到了微信聊天记录就殴打她，钟某和他父亲说因为刘某婚内出轨，需净身出户。钟某还拍了本案所涉视频发在刘某朋友圈里，影响其声誉。5月14日，刘某与钟某、钟某父亲、小孩一起去了民政局，虽然其和民政局的工作人员有过单独交流，因当时很蒙，工作人员说什么，其都说好的。钟某负责离婚协议的修改，如果不签离婚协议，其怕被打，亦怕失去孩子。当天没有报警是因为担心钟某及钟某的父亲，可能会因家暴被抓，可能会失去工作。之后钟某的父亲到刘某工作的地方，当着孩子的面说各种辱骂的话语，其受不了才去报警。对于房产分割其当时很蒙，其当时问房子能不能加孩子的名字，但是钟某说孩子小加不上去。所以刘某认为离婚协议是在及神志不清的情况下被迫签字的。

钟某为证明刘某婚内出轨，提供了离婚协议书以及微信聊天记录，刘某发表质证意见为：微信聊天记录是与男性朋友开玩笑的。

【案件焦点】

离婚财产分割协议是否存在胁迫情形。

【法院裁判要旨】

无锡市锡山区人民法院经审理认为：离婚协议中关于财产分割的条款或者当事人因离婚就财产分割达成的协议，对男女双方具有法律约束力。钟某与刘某达成的离婚协议，约定夫妻共同所有的位于无锡市锡山区东亭街道恒大绿洲二期（绿景雅苑）18－12××及无锡市梁溪区金匮街道复地悦城花园 36－1××的两处房产所有权均为男方所有，该财产分割条款对双方具有法律约束力，双方均应遵守。现钟某依据离婚协议，请求刘某协助办理上述房产的过户登记手续，本院予以支持。至于刘某反诉称在订立财产分割协议时存在胁迫、暴力的情形，本院认为，刘某提供的证据不能证明在订立财产分割协议时存在胁迫、暴力的情形，从而导致刘某在订立离婚协议时违背了真实意思表示，本院对于其反诉请求不予支持。依照《中华人民共和国婚姻法》第三十九条，《最高人民法院关于适用〈中华人民共和国婚姻法〉若干问题的解释（二）》第八条、第九条，《中华人民共和国民事诉讼法》第一百四十二条之规定，判决如下：

一、刘某应于本判决生效后 10 日内协助钟某将位于无锡市锡山区绿景雅苑 18－12××室房屋、梁溪区悦诚花园 36－1××室房屋过户登记至钟某名下；

二、驳回刘某反诉的诉讼请求。

刘某以其在签订离婚协议时受到暴力胁迫为由提出上诉。无锡市中级人民法院认为，现有证据不能证明本案所涉财产分割协议是钟某对刘某进行暴力胁迫后签订的。本案双方当事人系在民政局协议离婚，签订本案所涉财产分割协议前刘某与民政局的工作人员有单独交流，在此情况下钟某无法暴力胁迫刘某签订财产分割协议。刘某的上诉请求与理由不能成立，应予驳回。依照《中华人民共和国民事诉讼法》第一百七十条第一款第一项的规定，判决如下：

驳回上诉，维持原判。

【法官后语】

本案的关键在于如何认定离婚财产分割协议是否存在胁迫情形。

离婚财产分割协议不同于一般的民事合同，离婚协议包含人身关系和财产关系，由于夫妻感情、家庭儿女等因素的介入，当事人通过离婚协议放弃了全部或大部分财产，事后不能以“显失公平”为由予以变更或撤销。《最高人民法院关于适用〈中华人民共和国婚姻法〉若干问题的解释（二）》第九条规定了一方当事人对离婚协议中财产分割反悔，如订立财产分割协议时存在欺诈、胁迫等情形，可以请求人民法院变更或撤销财产分割协议。

《中华人民共和国民法总则》第一百五十条规定，一方或者第三人以胁迫手段，使对方在违背真实意思的情况下实施的民事法律行为，受胁迫方有权请求人民法院或者仲裁机构予以撤销。《最高人民法院关于贯彻执行〈中华人民共和国民法通则〉若干问题的意见（试行）》对胁迫行为进行了更加具体的解释，即以给公民及其亲友的生命健康、荣誉、名誉、财产等造成损害，迫使对方作出违背真实的意思表示的，可以认定为胁迫行为。由此可见，民事上的胁迫构成要件包括（一）须有胁迫的故意，使被胁迫人产生恐惧心理之意思，被胁迫人基于该恐惧心理而为意思表示之故意；（二）须有胁迫的行为，即加害威胁被胁迫人；（三）胁迫的程度足以达到迫使对方作出违背真实意思表示的行为；（四）该胁迫行为与对方作出的意思表示存在因果关系。

结合本案，我们认为现有证据不能证明本案所涉财产分割协议是钟某对刘某进行暴力胁迫后签订。

一、本案中钟某发现刘某与异性暧昧的聊天记录，怀疑刘某出轨，在此情形下，钟某父亲撕扯了刘某头发，但该事实不足以证明签订财产分割协议时刘某受到暴力胁迫，亦不能证明该行为足以达到使刘某违背真实意思的程度。刘某另举证了其本人的报警笔录，该报警笔录中刘某主要陈述钟某逼其写下一张9万元借条的事实。在笔录的最后，刘某称“两套房子的房产证上都有其名字，现已被逼得净身出户，离婚证已办好，其不知道怎么办，但是9万元借条是不会认的”。该报警记录是在双方签订离婚协议后两周才发生的，刘某陈述报警的原因是“钟某的父亲到刘某工作的地方，当着孩子的面说各种辱骂的话语，其受不了才去报警”，该报警记录亦不能证明刘某在签订离婚协议时受到胁迫。

二、认定是否存在胁迫情形需考量签订离婚协议的客观环境、场合、当事人在签订协议时的具体行为表现。本案钟某、刘某到民政局协议离婚，签订本案所涉财产分割协议前刘某与民政局的工作人员有过单独交流，其间刘某并未向民政局工作人员反映自己受到暴力胁迫。且在民政局签订该离婚协议时存在部分修改删除的情况，证明双方存在协商之过程。故现有证据不能证明刘某在签订离婚协议时受到胁迫。

编写人：江苏省无锡市锡山区人民法院　王万钰　张洋

8

离婚双方当事人均未如实申报财产的司法认定

——周某诉曾某离婚案

【案件基本信息】

1. 裁判书字号

浙江省瑞安市人民法院（2018）浙0381民初7206号民事判决书

2. 案由：离婚纠纷

3. 当事人

原告：周某

被告：曾某

【基本案情】

原告周某与被告曾某于2007年1月26日办理结婚登记手续，婚初夫妻关系尚好，后因缺乏相互沟通与信任，被告猜疑原告作风不端，夫妻逐渐产生隔阂。原告认为双方夫妻关系已完全破裂，为此起诉至法院，请求判令二人离婚，并分割夫妻关系存续期间共同财产，具体包括：温州市瓯海区新桥街道三泱村三产返回安置房指标一套；丰田凯美锐汽车、卡罗拉汽车各一辆；共同存款76万元；共同债权有王某借款8万元。其中，安置房指标及两辆汽车均由被告擅自转让，其存在恶意转移财产行为，在夫妻财产分割上应不分或少分。

被告辩称，其不同意离婚，关于夫妻共同财产，安置房指标系夫妻双方协商一致转让并清偿夫妻共同债务，其转让车辆确实未告知原告，但车辆转让所得款项均已偿还债务。除原告主张的夫妻财产外，原告同时在诉讼中存在隐瞒其名下终身寿险、证券投资基金、股票等财产的行为。

另查明，法院于2018年6月5日向原被告送达《离婚案件财产申报告知书》《离婚案件财产申报表》《诚信诉讼告知书》，双方均未在举证期限内如实申报名下财产。

【案件焦点】

1. 当事人对财产状况难以举证；2. 离婚双方当事人均未如实申报财产的，司法认定及均存在过错时责任的确定。

【法院裁判要旨】

瑞安市人民法院经审理认为：原被告缺乏相互理解沟通，原告离婚态度坚定与固执，被告亦无诚心悔改与挽救，夫妻关系已无挽回余地，可以认定夫妻感情确已破裂。关于夫妻共同财产问题，《中华人民共和国婚姻法》规定，夫妻在婚姻关系存续期间所得的财产除婚姻法第十八条及夫妻约定归各自所有财产外，归夫妻共同所有；夫妻对共同所有的财产有平等的处理权。本案原、被告在本院向其送达《离婚案件财产申报告知书》《离婚案件财产申报表》后，均未在举证期限内如实填写申报名下财产。原告隐瞒诸如登记在其名下的基金、保险等夫妻共同财产项目，被告在夫妻关系发生危机时，未征得原告的同意，擅自将夫妻大额财产诸如安置房指标、车辆转移变卖，根据《中华人民共和国婚姻法》第四十七条规定，在夫妻共同财产分割时，本院均可对原、被告各自隐瞒或处分的财产部分予以少分，相比原告的行为，被告的行为性质上更为恶劣，并直接导致夫妻关系无法挽回，被告的过错程度更为明显，遂准许原被告离婚，对夫妻共同财产综合酌情按6：4比例进行分割，判决如下：

一、准许原告周某与被告曾某离婚；

二、婚生女曾某乙由原告周某抚养至成年，被告曾某自本判决生效后每月20日支付原告周某子女抚养费1000元，款交本院陶山法庭转付或直接汇入原告周某账户；

三、被告曾某享有每月两次探望婚生女曾某乙的权利，原告周某应予以协助、配合；

四、夫妻共同财产：登记在原告周某名下的长城久泰沪深300指数证券投资基金、小康之家·华彩人生（B）终身寿险、韶能股份股票及手镯坠子归原告周某所有，债权王某借款归被告曾某享有；被告曾某支付原告周某夫妻财产折价款959150元；

五、浙江温州瓯海农村商业银行瞿溪支行借款20万元及利息、上海浦发银行信用卡债务151227.45元及利息由原告周某负责偿还，被告曾某支付原告周某债务分担款175614元；

六、驳回原告周某、被告曾某的其他诉讼请求。

一审宣判后，原、被告均未上诉，判决已发生法律效力。

【法官后语】

随着社会发展和物质条件改善，人们拥有的财富不断增加，离婚纠纷中涉及共同财产分割的数量也不断增多，且财产类型呈多样化发展。经统计，瑞安市人民法院2018年共审结离婚案件2180件，其中涉及夫妻共同财产分割1700余件，占比高达77%，财产类型从传统的银行存款、不动产向股权、保险、股票、基金等扩张。共同财产的分割问题已成为审理离婚案件的重要难点。

一、离婚案件中财产申报制度的构建

为进一步化解离婚案件共同财产分割问题的实务困境，2018年7月18日，最高人民法院在总结家事审判方式和工作机制改革试点工作基础上，出台《关于进一步深化家事审判方式和工作机制改革的意见（试行）》（以下简称《意见》），其中第四十四条规定："对于涉及财产分割问题的离婚纠纷案件，人民法院在向当事人送达受理案件通知书和应诉通知书时，应当同时送达《家事案件当事人财产申报表》。当事人应当在举证期限届满前填写《家事案件当事人财产申报表》，全面、准确地申报夫妻共同财产和个人财产的有关状况。人民法院应当明确告知当事人不如实申报财产应承担的法律后果。对于拒不申报或故意不如实申报财产的当事人，除在分割夫妻共同财产时可依法对其少分或者不分外，还可对当事人予以训诫；情形严重者，可记入社会征信系统或从业诚信记录；构成妨碍民事诉讼的，可以采取罚款、拘留等强制措施。"上述规定构建了离婚案件财产申报制度，明确了在填写过程中不申报或者不如实申报后产生的法律后果。该规定有利于减轻法官办理此类案件中普遍存在的调查难、取证难的压力。双方当事人应当在举证期限内如实填写财产申报表，法官可以根据财产申报表直接剔除没有争议的部分，切入双方争议的焦点，将财产事实调查的重点在举证期间内即予以确定。双方当事人在经办人释明法律关系的前提下，使当事人忌惮隐瞒行为而可能产生的法律后果，最大限度地保证财产申报表的真实性。

二、离婚双方当事人均未如实申报财产的司法认定

在司法实践中，法院往往无法直接得出行为人的心理状态，所以对于行为人是否具有隐瞒财产的故意，只能根据其具体的行为来判断。对此，如何用好《离婚案件财产申报表》《离婚案件财产申报告知书》《诚信诉讼承诺书》三份材料是解决未如实申报财产在司法认定上的关键。基于此，本案中瑞安市人民法院在离婚案件的起诉和送达阶段，由书记员向双方当事人送达上述三份材料的并明确告知需要申报具体的财产种类及数量，以及双方当事人不如实申报的法律后果。但是在送达上述材料并详尽告知后，曾某和周某均未在举证期限内填写名下财产，由此可以推断双方当事人均有隐瞒财产的主观故意。事实上，上述情况在庭审中都有表现，如原告在诉状中隐瞒诸如登记在其名下的基金、保险等夫妻共同财产项目，被告在夫妻关系发生危机时，未征得原告的同意，擅自将夫妻大额财产诸如安置房指标、车辆转移变卖，根据《意见》第四十四条的规定，上述行为足以作为共同财产少分或者不分的依据。

三、双方当事人均未如实申报财产时利用过错原则确定责任的比列

具体到本案，当事人双方均违法反了《中华人民共和国婚姻法》第四十七条和《意见》中的相关规定，如都存在未如实填写财产申报表、女方故意隐瞒财产、男方在离婚时转移财产等情况。当双方都存在过错且过错情况不同的情况下，该如何对其名下的共同财产进行分割。经办人在处理本案的过程中参照适用民法理论中的过错原则，即根据行为人的过错程度来确定责任比例，但不同的是，过错原则是建立在侵权行为已经造成损害结果的情况下适用，而在本案财产分割尚未结束，损害的结果也不一定必然会发生的情况下，将原、被告双方隐瞒或者私下处置财产可能造成的损害结果作为参考，即根据双方主观上想要隐瞒或转移财产金额的大小，按照金额将适用标准客观化、量化，然后酌情确定一个过错比例，最后对需要进行分割的共同财产乘以上述比例得出各自所需分配的金额。所以根据上述双方主观上想要隐瞒或私自处置的价值进行比较，被告的过错更明显，情节也更为恶劣，因此法院依据各自隐瞒的财产金额、行为性质恶劣程度等综合情况，利用过错原则按6：4比例分割本案中原、被告名下的共同财产。

编写人：浙江省瑞安市人民法院　唐乔君

9

离婚诉讼中对未办理收养登记的未成年养子女的抚养权作出合理安排的不予准许离婚

——刘某诉罗某离婚案

【案件基本信息】

1. 裁判决书字号

重庆市第二中级人民法院作出（2018）渝02民终3027号民事判决书

2. 案由：离婚纠纷

3. 当事人

原告（上诉人）：刘某

被告（被上诉人）：罗某

【基本案情】

刘某与罗某于2003年12月8日登记结婚（罗某属再婚，并已有一女儿），婚后未生育子女。2007年7月7日，胡某与罗某签订抱养协议，随即罗某甲跟随刘某、罗某共同生活至今，但该收养未办理登记。后刘某因与罗某感情破裂起诉离婚，刘某、罗某均以各自理由拒绝抚养罗某甲。

【案件焦点】

在人民法院对夫妻双方未经登记收养多年的未成年子女罗某甲的抚养、教育、生活无法径行裁判的情况下，难以保障未成年人罗某甲的合法权益，应否准许刘某的离婚请求。

【法院裁判要旨】

重庆市万州区法院经审理认为：刘某起诉离婚，罗某同意离婚，是双方当事人的真实意思表示，因此刘某起诉离婚的诉讼请求应予以准许。收养应当向县级以上人民政府民政部门登记，收养关系自登记之日起成立。虽然罗某甲与刘某和罗某共同生活至今，但双方并未办理收养登记手续，因此双方与罗某甲的收养关系尚不成立，对罗某甲的抚养权不予处理。一审法院判决：准予刘某与罗某离婚。

刘某不服，提起上诉。重庆市第二中级人民法院经审理认为：离婚诉讼包括解除婚姻关系及子女监护、抚养的安排等，以有利于子女成长为出发点与目标。根据未成年人利益最大化原则，在双方对罗某甲的收养合法化或对其抚养关系作出妥善安排之前，不宜对双方婚姻关系予以解除，双方应继续安抚好罗某甲的教育、生活及身心健康成长。依据婚姻法的有关规定，判决不予准许离婚。

【法官后语】

离婚后，父母对于子女仍有抚养和教育的权利和义务。在夫妻离婚诉讼过程中，不能保障未成年子女生活、教育、成长的，原则上不准予离婚。

1. 离婚不影响夫妻双方对未成年子女的抚养和教育义务

婚姻因离婚的法律行为而终止。离婚是配偶双方依照法定的条件和程序解除婚姻关系的民事法律行为。离婚不仅直接涉及夫妻双方的人身关系，而且关系到子女和财产问题，对家庭和社会也会产生一定的影响。所以，离婚影响当事人的法律地位，同时还涉及财产分割、子女的监护以及对不能独立生活的家庭成员的抚养等问题，在婚姻家庭法中占有相当重要的地位。《中华人民共和国婚姻法》第三十六条第二款也规定了在夫妻离婚后，父母对于子女仍有抚养和教育的权利和义务。

2. 未办理收养登记的“收养”关系的处理

《中华人民共和国收养法》第十五条第一款规定：“收养应当向县级以上人民政府民政部门登记。收养关系自登记之日起成立。”收养登记是民政部门的行政职权。本案中，罗某、刘某夫妻于2007年7月7日抱养罗某甲至今依然未办理收养登记，因此，罗某、刘某与罗某甲并未形成法律意义上的收养关系。故人民法院不宜对未依法登记的收养的子女直接判决由夫妻一方进行抚养。

但是从2007年罗某甲实际由罗某与刘某进行抚养，双方之间已经形成了浓厚的亲情关系，且作为未成年人的罗某甲已脱离亲生父母的教育、抚养，十分依赖罗某、刘某进行学习和生活。如果夫妻双方欲解除婚姻关系，就必须对罗某甲作出妥善的安排，不宜由人民法院在离婚诉讼中径行作出判决。

3. 夫妻感情破裂只是法院考量当事人是否离婚的一个因素

司法实践中，法院判决夫妻双方离婚的依据是夫妻感情破裂。《中华人民共和国婚姻法》第三十二条规定，“男女一方要求离婚的，可由有关部门进行调解或直接向人民法院提出离婚诉讼。人民法院审理离婚案件，应当进行调解；如感情确已破裂，调解无效，应准予离婚”。在现实生活中，离婚涉及家庭关系变更、子女抚养及监护、财产分割、债权债务处理等内容，其中关于子女的抚养及监护纳入离婚案件中一并处理，表明法院在是否准许当事人离婚时，须以子女的抚养问题得到妥善安排为前提，并不仅仅将感情破裂作为唯一考虑的因素。如果当事人均拒绝抚养子女，法院并不能简单地依据夫妻感情确已破裂而在对未成年子女利益未进行有效保护的情况下判决离婚。

4. 不能保障未成年子女的成长原则上不准予离婚

夫妻离婚必须以保障未成年子女的生活、成长为原则。《中华人民共和国婚姻法》第三十六条规定，“父母与子女间的关系，不因父母离婚而消除。离婚后，子女无论由父或母直接抚养，仍是父母双方的子女。离婚后，父母对于子女仍有抚养和教育的权利和义务”。父母与子女之间具有血缘关系，是一种身份关系，他们之间的血缘关系带来的权利不因夫妻关系的解除而解除。未成年子女因其年幼不能独立生活，在生活、学习等各方面均依赖父母。如果夫妻双方离婚时对未成年人的利益不予以保护，势必对未成年人的健康成长造成严重影响，与婚姻法中有利于子女成长的出发点与目标不相符。在离婚诉讼过程中，夫妻双方应当对子女的监护或者不能独立生活的家庭成员的抚养作出妥善安排。本案中，双方当事人从2007年抱养罗某甲，他们之间已经形成了浓厚的亲情关系，如果夫妻双方欲解除婚姻关系，就必须对罗某甲作出妥善的安排。

从社会效果上分析。“没有无权利的义务，也没有无义务的权利”“人人具有追求幸福的权利”是现代法律蕴含的法理，表明人在追求幸福生活权利的同时，应当履行法定的义务。虽刘某与罗某在婚姻家庭生活中因琐事争吵，感情沟通方面存在不畅，存在影响夫妻感情和谐的因素，致使刘某欲解除婚姻关系，争取自己的幸福，其行为本身并无不当。但是因当时刘某与罗某未生育子女而抱养罗某甲后致使罗某甲在各方面脱离亲生父母，在生活、学习上依赖刘某、罗某，如果法院判决双方当事人离婚，那么罗某甲将处于无人抚养的状况，这与婚姻家庭的社会属性背道而驰。另外，刘某、罗某在二审明确表示以各自的理由不愿意抚养罗某甲，这不仅表明双方不履行抚养未成年人的义务，更是把责任推给了社会，其本质是在追求各自幸福的同时，抛弃了应履行的家庭义务，对社会造成不良影响，在法律、道德上不应得到支持。

编写人：重庆市第二中级人民法院　王高

10

夫妻婚内协议中一方在离婚时无条件放弃抚养权的约定无效

——邱某荣诉邱某娜离婚案

【案件基本信息】

1. 裁判书字号

福建省厦门市海沧区人民法院（2018）闽0205民初1858号民事判决书

2. 案由：离婚纠纷

3. 当事人

原告：邱某荣

被告：邱某娜

【基本案情】

邱某荣与邱某娜于2010年6月18日登记结婚。2011年2月19日育有婚生子邱某涛、2013年11月21日育有婚生子邱某铠。

2018年1月25日，邱某荣、邱某娜签订《婚内协议》，约定：男女双方……自结婚登记以来，夫妻双方感情总体良好，而今男方虽有赌博不良嗜好也有出轨行为但郑重承诺改正，女方也愿意给予男方机会，为维护家庭和谐生活，防止今后可能出现的夫妻婚姻感情、子女抚养、财产关系纠纷，现双方经过理智、平等协商，自愿就夫妻间前述事宜达成如下协议：……第五条对于婚生子抚养的约定，如将来双方离婚（包括协议离婚、男方或女方向法院提起离婚），不论原因以及双方经济能力如何，婚生子的抚养权均归女方，随女方生活，男方自愿放弃婚生子的抚养权。男方按月支付抚养费5000元（随着婚生子的成长需求可以递增），直到婚生子可以独立生活为止。男方及男方父母享有探视权，每周可探视一天。第六条约定签订本协议的目的是男女双方今后和睦相处，互敬互爱，衷心希望双方能白头偕老，并为此尽最大努力。因此双方承诺无条件遵守本协议约定的内容，如有违反则自愿按协议约定内容执行……

2018年3、4月份，邱某娜与邱某荣及邱某荣父母因自建房的租金收取及债务承担等产生矛盾，后双方分居。2018年6月初，邱某荣因认为夫妻感情确已破裂，遂诉至本院要求与邱某娜离婚及处理子女抚养权等。

【案件焦点】

夫妻婚内协议中一方在离婚时无条件放弃抚养权的约定是否有效。

【法院裁判要旨】

本院认为，邱某荣、邱某娜均确认夫妻感情确已破裂，同意离婚且经本院调解无效，本院予以照准。对于2018年1月25日签订的《婚内协议》，双方均未举证存在违背真实意思表示或有其他无效或可撤销的情况，因此在不违反法律规定的范围内，《婚内协议》中双方约定真实自愿、具体明确的内容应认定为有效。关于婚生子邱某涛、邱某铠的抚养，邱某娜要求按照《婚内协议》的约定，两个孩子均由己方抚养，但父母对子女抚养照顾是法定的权利义务，双方关于该项子女抚养权的约定违反法律规定，该部分内容无效，应从最有利于孩子健康成长的角度考量孩子的抚养问题。邱某涛、邱某铠自出生至父母双方分居，大部分时间均与父母共同生活，双方对孩子均有爱和关护。邱某娜主张邱某荣有长期赌博恶习且屡教不改，但举证证据仅能证明邱某荣确有参与赌博，邱某娜主张邱某荣曾犯强奸罪被判处刑罚不适合抚养孩子，但该犯罪行为发生在十几年前，邱某荣被判处刑罚时尚不满二十周岁，仅凭曾被判处刑罚不能判定邱某荣不适合抚养亲生子女。邱某娜主张邱某荣婚内出轨并染上疾病、邱某荣因赌博大量举债高利贷、邱某荣母亲患精神疾病无法帮忙照看孩子等，但均未举证证明，本院不予采信。综合双方的抚养条件和抚养能力，本着未成年人利益最大化原则，本院认为由邱某娜直接抚养邱某涛、邱某荣直接抚养邱某铠、双方各自承担抚养费用为宜。

【法官后语】

一、对未成年子女的抚养权利实为权利和义务的复合

在离婚率逐年攀升的社会大背景下，少子化的趋势使得夫妻在离婚时常常发生争抢未成年子女抚养权的情况。实际上，我国婚姻法中规定的离婚后由谁抚养子女指的是直接抚养，并非意味着孩子不随自己生活就失去抚养权。对未成年人子女来讲，无论父母是否离婚，都仍然是监护人，父母子女关系也不会因父母婚姻关系的解除而解除。离婚后，父母双方虽不再同时行使直接抚养权，但不直接抚养子女的一方仍然有承担抚养费的义务，这是另外一种间接抚养的方式。从父母的角度讲，是抚养未成年子女，从未成年子女的角度讲，被抚养的法律基础是子女拥有被抚养的权利，且该项权利与父母对子女的抚养义务相对应。抚养既是权利，也是义务，且该项权利和义务并不与婚姻状态关联。因此，通常意义上所讲的抚养权，是权利和义务的复合。《中华人民共和国宪法》第四十九条规定“父母有抚养教育未成年子女的义务”，《中华人民共和国婚姻法》第二十一条规定“父母对子女有抚养教育的义务”等，都从法律上肯定了父母对子女的法定抚养义务。而实践中，因深受中国传统抚育观的影响，夫妻更多地强调权利而努力争取对孩子的直接抚养，往往忽略抚养的义务属性。

二、夫妻一方不得以协议形式约定离婚时自愿放弃未成年子女的抚养权

民法意思自治原则赋予当事人可以自主决定放弃私法权利，但并非任何权利均可放弃。对未成年子女的抚养兼具权利和义务的复合属性，作为法定义务，父母对未成年子女的抚养是缘于父母子女身份关系而产生的，是父母必须承担的义务，即对子女在生活上照顾、经济上供养、精神上关爱，保障必要的生活条件，使其健康成长，这是父母的天职，在任何情况下都不能放弃。本案中男女双方在《婚内协议》中约定，将来双方离婚（包括协议离婚、男方或女方向法院提起离婚），不论原因以及双方经济能力如何，婚生子的抚养权均归女方，随女方生活，男方自愿放弃婚生子的抚养权。很显然，该部分约定违背了法律规定的抚养义务，应为无效。

三、未成年子女抚养权的确定应遵循子女利益最大化原则

虽然我国司法实践中对抚养权的裁判确定，一直强调“有利于子女身心健康，保障子女的合法权益”，但贯彻该原则时要“结合父母双方的抚养能力和抚养条件等具体情况”，即对未成年子女利益保护的关注仍局限于“谁有权担任抚养人”，而非

“谁担任抚养人对子女”最有利，除了《最高人民法院关于人民法院审理离婚案件处理子女抚养问题的若干具体意见》中规定对十周岁以上未成年子女在父母对抚养权归属产生争议时应考虑其本人意愿以外，婚姻法和司法解释均采用了夫妻双方的协商一致意见作为裁判归属的重要衡量标准，而没有赋予未成年子女应有的参与权与表达权。如本案中《婚内协议》关于未成年子女抚养权的约定体现的仍是父母本位的思想，即只要父母对抚养权约定好（哪怕是放弃），可以不考虑子女的利益和意愿。这就违背了以未成年子女利益最大化原则作为抚养权确定的标准和依据。父母离婚时对孩子无论是心理、精神还是生活都会造成影响，应最大限度的考量孩子的利益。

编写人：福建省厦门市海沧区人民法院 黄建和 刘亚帆

11

涉外婚姻能否依法适用调解

——D 某诉张某离婚案

【案件基本信息】

1. 裁判书字号

云南省鲁甸县人民法院（2018）云 0621 民初 1409 号民事判决书

2. 案由：离婚纠纷

3. 当事人

原告：D 某

被告：张某

【基本案情】

原告 D 某诉称，我与被告于 2011 年在浙江省义乌市认识，于 2013 年 8 月 6 日在昭通市民政局办理结婚登记手续，于 2014 年 3 月 9 日生育一女张某思其，于 2016 年 12 月 26 日生育一子张某烨，无共同财产及债权债务。因是跨国婚姻，生活方式不同，性格差异大，被告张某曾于 2018 年 1 月 30 日向法院起诉要求离婚，后经法院调解，双方自愿和好，但双方并未能实际和好，现夫妻感情确已完全破裂，为此，请求：一、判决准予原、被告双方离婚；二、双方共同生育的女儿张某思其由原告抚养，儿子张某烨由被告抚养；三、本案诉讼费用由被告承担。

被告张某口头辩称，原、被告因系跨国婚姻，双方生活习惯差异大，加之语言不通，不能有效沟通交流，现我同意离婚，关于两个小孩的抚养问题，同意原告的意见。

云南省鲁甸县人民法院经公开审理查明：原告D某系土耳其共和国公民，被告张某系中华人民共和国公民，户籍地为云南省鲁甸县。原告D某与被告张某于2011年在中国浙江省义乌市打工时认识，于2013年8月6日在中国云南省昭通市民政局办理了结婚登记手续，于2014年3月9日生育一女张某思其，于2016年12月26日生育一子张某烨，两个子女均具有中华人民共和国国籍，现张某思其在土耳其共和国生活，张某烨在中国云南省鲁甸县生活。原、被告双方因感情不和现已分居生活满二年。2018年3月，张某曾起诉要求离婚，经本院调解，二人自愿和好，但因双方文化、习俗差异较大，最终并未能实际和好，2018年7月18日，D某起诉要求离婚。另查明，原、被告婚姻关系存续期间无共同财产及债权债务。

【案件焦点】

本案是否适用中国法律，能否调解。

【法院裁判要旨】

云南省鲁甸县人民法院经审理认为：本案系涉外离婚纠纷，应适用涉外民事诉讼相关规定进行审理。原、被告在中国云南省昭通市登记结婚，婚姻关系缔结地为中国，故本院对本案有管辖权。根据《中华人民共和国涉外民事关系法律适用法》第二十七条“诉讼离婚，适用法院地法律”的规定，本案应适用我国法律。根据《中华人民共和国婚姻法》第三十一条规定，“男女双方自愿离婚的，准予离婚”。该法第三十二条第三款第四项“有下列情形之一，调解无效的，应准予离婚：（四）因感情不和分居满二年的”之规定，本案原被告因感情不和已分居生活满二年，曾经本院组织调解和好，但双方并未能实际和好，现原告D某起诉要求离婚，被告张某表示同意离婚，故原告的诉讼请求本院予以支持。对于婚生子女的抚养问题，根据《最高人民法院关于人民法院审理离婚案件处理子女抚养问题的若干具体意见》第一条、第三条的相关规定，综合考虑子女的生活现状，为有利于子女健康成长，女儿张某思其由父亲D某直接抚养较为适宜，儿子张某烨由母亲张某直接抚养较为适宜。

依照《中华人民共和国涉外民事关系法律适用法》第二十七条，《中华人民共和国婚姻法》第三十一条、第三十二条、第三十六条，以及《中华人民共和国民事诉讼法》第一百四十二条、第二百五十九条的规定，判决如下：

一、准予原告D某与被告张某离婚；

二、原、被告共同生育的女儿张某思其由原告D某抚养，儿子张某烨由被告张某抚养，原、被告双方互不支付子女抚养费。

【法官后语】

本案是我市首例涉外民事案件，为我市两级法院处理涉外民事案件提供了范本，在涉及国际法的适用、庭审翻译、涉外文书送达、裁判文书国际效力等方面建立了可供复制模板。为保证庭审活动的顺利进行，合议庭在庭前多次组织双方当事人及专业翻译公司协商文书翻译及庭审口译事宜，以确保庭审过程流畅，充分、平等地保障了双方当事人的合法权利。

就法律适用而言，本案作如下分析：

1. 关于本案的管辖问题

首先，我国法院对本案有管辖权。我国确定涉外离婚案件管辖权的一般原则是“原告就被告”，在特殊情况下采用“被告就原告”的原则。根据《中华人民共和国民事诉讼法》的规定，中国公民与外国人离婚，只要原告或被告中有一方在中国有住所，中国法院都有管辖权。

其次，关于级别管辖问题。根据《中华人民共和国民事诉讼法》第十八条的规定：“中级人民法院管辖下列第一审民事案件：（一）重大涉外案件；（二）在本辖区有重大影响的案件；（三）最高人民法院确定由中级人民法院管辖的案件。”本案明显不属于重大涉外案件，也不属于在本辖区有重大影响的案件。同时，《最高人民法院关于涉外民商事案件诉讼管辖若干问题的规定》第一条规定某些涉外民商事案件由特定中级人民法院管辖，但这些中级人民法院管辖的案件范围为第三条之规定，“（一）涉外合同和侵权纠纷案件；（二）信用证纠纷案件；（三）申请撤销、承认与强制执行国际仲裁裁决的案件；（四）审查有关涉外民商事仲裁条款效力的案件；（五）申请承认和强制执行外国法院民商事判决、裁定的案件”。显然，本案不在最高人民法院确定由中级人民法院管辖的案件范围。

综上，涉外离婚案件可以由我国境内的基层人民法院管辖。鉴于本案被告是中国公民张某的户籍地，即住所地位于鲁甸县，故鲁甸法院对本案有管辖权。

2. 关于婚姻的效力认定问题

根据《最高人民法院关于适用〈中华人民共和国民事诉讼法〉的解释》第五百二十二条规定：“有下列情形之一，人民法院可以认定为涉外民事案件：（一）当事人一方或者双方是外国人、无国籍人、外国企业或者组织的……”本案系涉外婚姻，虽然双方在中国大陆办理结婚证，但因土耳其和我国的婚姻制度差距甚远（土耳其是伊斯林国家，允许一夫多妻，虽然凯末尔革命后法律禁止一夫多妻，但由于历史原因，现在是一夫多妻与一夫一妻并存，一夫多妻中只有一个妻子能和丈夫在法律上取得注册证书。对正式的、非宗教的结婚仪式不重视，而由教长主持的伊斯林仪式的婚礼则相当隆重。甚至存在买卖婚姻、换婚、“劳役婚姻”、娶兄长遗孀等婚俗），就婚姻效力的认定适用哪国法律规定，需要以国际公约为依据。

根据1978年海牙《婚姻缔结和承认婚姻有效公约》（1991年5月1日生效）第二条规定：“婚姻的缔结，适用婚姻缔结地国家的法律。”同时，根据《中华人民共和国涉外民事关系法律适用法》第二十二条的规定：“结婚手续，符合婚姻缔结地法律、一方当事人经常居所地法律或者国籍国法律的，均为有效。”也就是本案婚姻的效力应当适用婚姻缔结地——中国的法律规定。因二人结婚登记时已经符合《中华人民共和国婚姻法》规定的结婚条件，且被告的护照、婚姻状况在办理结婚登记时已经过法定的公证和认证程序，应当认定二人婚姻有效。

3. 关于判定夫妻感情破裂适用哪国实体法的问题

《中华人民共和国涉外民事关系法律适用法》第二十七条规定：“诉讼离婚，适用法院地法律。”根据《中华人民共和国民法通则》第一百四十七条“中华人民共和国公民和外国人结婚适用婚姻缔结地法律，离婚适用受理案件的法院所在地法律”及《最高人民法院关于贯彻〈中华人民共和国民法通则〉若干问题的意见》第一百八十八条：“我国法院受理的涉外离婚案件，离婚以及因离婚引起的财产分割问题，适用我国法律”的规定，本案处理离婚的法律关系应当适用我国法律。

根据婚姻法第三十二条的规定，原、被告因感情不和已分居生活满二年，曾经本院组织调解和好，但未能实际和好，已达到法定认定夫妻感情完全破裂的条件，且双方均表示同意离婚，应判决准予离婚。

4. 关于针对子女抚养的问题

首先，实践中，我国法院处理国内离婚案件时，将子女抚养、夫妻财产分割问题作为离婚的法律后果一并加以解决。这与国际上通行的离婚诉讼的标的仅限于解除配偶身份关系显然有所不同。但根据前述，本案处理适用我国法律规定，应当在本案中一并处理子女抚养问题。

其次，关于子女由谁抚养的问题。由于土耳其与我国也存在制度差异，但根据《中华人民共和国涉外民事关系法律适用法》第二十五条的规定："父母子女人身、财产关系，适用共同经常居所地法律；没有共同经常居所地的，适用一方当事人经常居所地法律或者国籍国法律中有利于保护弱者权益的法律。"及《最高人民法院关于贯彻执行〈中华人民共和国民法通则〉若干问题的意见》第一百八十九条规定："父母子女相互之间的扶养、夫妻相互之间的扶养以及其他有扶养关系的人之间的扶养，应当适用与被扶养人有最密切联系国家的法律。扶养人和被扶养人的国籍、住所以及供养被扶养人的财产所在地，均可视为与被扶养人有最密切的联系。"本案应当适用我国法律规定。

跨国跨地区未成年子女的抚养，不仅要考虑其生身父母的经济条件，更要考虑未成年子女的身心健康和心智成长，这才是维护未成年人合法权益的根本。相对稳定的生活环境、相对熟悉的社交环境和相对固定的语言环境，对于维护未成年人的身心健康意义重大，相反，突如其来的新家人、完全陌生的居住环境和较为生疏的语言环境对幼小心灵的冲击不言而喻。抚养权何去何从，不是简单的经济条件的较量，而是经济、时间、情感等多种因素的平衡。

本案中，两个小孩均具有中国国籍，按照《中华人民共和国国籍法》第三条规定，我国不承认双重国籍，两个小孩已经在我国落户，具有中国国籍，作为中国公民，其权利义务适用我国法律规定。长女张某思其常年生活在土耳其，判决由原告抚养较为适宜；次子张某烨一直生活在鲁甸县，判由被告抚养较为适宜。根据小孩的生活、学习需要及原、被告当事人的意思表示，判决双方互不支付抚养费。

5. 关于我国的离婚判决书的域外效力问题

对中国和外国有双边司法协助条约的，我国的判决书，当事人请求外国司法部门确认其域外效力即可。但中国没有双边司法协助条约的，或外国司法部门不确认其效力的，必须在境外重新进入司法程序解除婚姻关系。

我国1992年和土耳其签订《关于民事、商事和刑事司法协助的协定》（1995年生效，民事方面的协助范围包括送达文书、调查取证、承认与执行法院裁决、承认与执行仲裁裁决四个方面），其中包含承认与执行法院裁决的协定，本案被告可持我院的判决书到土耳其请求其本国司法部门确认判决书域外效力即可。

编写人：云南省鲁甸县人民法院　叶丹

12

离婚财产分割协议与婚内财产约定的区分与认定

——张某江诉王某燕离婚案

【案件基本信息】

1. 载判书字号

北京市第三中级人民法院（2018）京03民终2542号民事判决书

2. 案由：离婚纠纷

3. 当事人

原告（被上诉人）：张某江

被告（上诉人）：王某燕

【基本案情】

原、被告于2003年12月25日登记结婚。双方婚后于2008年10月11日生育一女张某琪。在本次诉讼之前，原告曾于2016年1月20日向北京市密云区人民法院起诉要求与被告离婚，后被北京市密云区人民法院（2016）京0118民初841号民事判决书判决驳回诉讼请求；2017年1月12日，原告再次向北京市密云区人民法院起诉要求与被告离婚，后经北京市密云区人民法院调解后撤回起诉，本次系原告第三次起诉离婚，在本案审理过程中，被告同意与原告离婚。

关于造成原、被告夫妻感情破裂的原因，庭审中，原、被告均主张对方有婚内出轨行为，原告提交微信聊天记录等证实其主张，被告申请法庭调取公安机关出警记录，在调取的2016年1月27日城关派出所“110”接警单案情摘要处记载为“一男子报：在沙河体育彩票312房间有人卖淫嫖娼”。被告另主张原告在婚姻关系存续期间有家庭暴力情况，并向法庭申请调取公安机关出警记录及视频资料，在调取的2015年10月8日城关派出所“110”接警单案情摘要处记载“王某燕报警称：在花园小区9－4－××家庭暴力”。视频资料显示，原告确与他人同处一室，被告另提交住院病案以证实其主张，在其提交的住院病案出院诊断处记载“主要诊断：1. 臀部开放性损伤其他诊断；2. 头皮血肿”，入院时间为2015年10月9日。

双方争议的位于河北省抚宁县南戴河滨海花园15－2－4××号（房屋所有权证号：秦皇岛市房权证秦抚私房字第912582号），登记所有权人为原告，庭审中，双方认可属于夫妻共同财产，每平方米现值6000元。双方争议的位于内蒙古自治区锡林郭勒盟多伦县多伦淖尔镇善因社区善因路371号房屋，现登记于被告名下。庭审中，被告主张此房屋系其哥哥所有，仅用其名义登记，不属于夫妻共同财产，原告对被告此项答辩意见不予认可。双方未向法庭提交房屋所有权证。

双方争议的位于北京市密云区密云镇花园小区9号楼4单元××号房屋，现登记于原告名下，系原告婚前的个人财产。庭审中，被告提交分手协议一份，主张在原被告婚姻关系存续期间，二人对该房屋所有权进行约定，依据该协议约定，被告应当享有部分房屋产权，在协议中载明：“2. 男方名下一套房子（密云镇花园小区9号楼四单元一层）分东西2门，西门归女方所有，东门归甲方所有，单一一方无权处置，如卖房，需2人协商意见一致方可，房款2人各一半。”关于签署协议的目的，被告陈述协议系其书写，因原、被告结婚证丢失，在补办结婚证之前，被告要求原告签署分手协议，原告认可协议系其署名。

【案件焦点】

双方当事人签订的分手协议属于离婚财产分割协议还是属于婚内财产约定。

【法院裁判要旨】

北京市密云区人民法院经审理认为：关于北京市密云区密云镇花园小区9号楼4单元1××号房屋的归属问题，北京市密云区人民法院分析如下：根据本案案情，原告虽否认分手协议内容，但认可在分手协议中署名，故北京市密云区人民法院对分手协议真实性予以认定。涉案房屋原属原告婚前个人财产，故综合分手协议名称、内容以及双方陈述，可以认定签订协议时双方感情已经出现裂痕，但签订协议后原、被告并未办理离婚登记手续，故对于以离婚为目的签订离婚协议，在双方并未办理离婚手续的情况下，北京市密云区人民法院无法依据该协议内容分割财产，故无法按照该协议内容确认被告享有50%的房屋产权份额。

北京市密云区人民法院依照《中华人民共和国婚姻法》第三十二条、第三十七条、第三十九条规定，判决如下：

一、准许原告张某江与被告王某燕离婚；

二、双方婚生女张某琪由被告王某燕抚养，由原告张某江每月给付生活费1000元，医疗费、教育费凭票据由原告张某江、被告王某燕各负担二分之一，至张某琪十八周岁止；

三、位于河北省抚宁县南戴河滨海花园15－2－4××号（房屋所有权证号：秦皇岛市房权证秦抚私房字第9125××号）房屋归原告张某江所有，由原告张某江给付被告王某燕房屋折价款170000元，限本判决生效后三十日内给付；

四、驳回原告张某江的其他诉讼请求。

上诉人王某燕上诉请求：撤销原审判决第二项，依法改判。事实与理由：一审认定事实不清，适用法律有误，分手协议不属于离婚协议书，属于夫妻财产约定；一审法院未查清张某江名下全部夫妻共同财产，也未查清双方的夫妻共同债务，存在重大事实遗漏；张某江理应承担双方分居期间婚生女张某琪的抚养费及相应教育费、保险费支出。

被上诉人张某江辩称：同意一审判决，不同意王某燕的上诉请求。

北京市第三中级人民法院经审理认为：关于密云区1××号房屋的处理问题。根据查明的情况，密云区1××号房屋登记在张某江名下，系其婚前个人财产。虽然此后双方在分手协议中约定王某燕对1××号房屋享有一定份额，但根据该分手协议的内容，双方约定在孩子户口、入学等事办妥后，自愿办理离婚，解除夫妻关系，因此该分手协议实质上是以离婚为目的的离婚协议，在此后双方未协议离婚的情况下，法院应当根据实际情况而非依据该分手协议依法对夫妻共同财产进行分割。因此，原审法院未按照协议内容认定王某燕享有的房产份额，并无不当，应予维持。

北京市第三中级人民法院依照《中华人民共和国婚姻法》第三十二条、第三十七条、第三十九条，《中华人民共和国民事诉讼法》第一百七十条第一款第二项之规定，判决如下：

一、维持北京市密云区人民法院（2017）京0118民初8437号民事判决第一项、第二项、第三项；

二、撤销北京市密云区人民法院（2017）京0118民初8437号民事判决第四项；

三、所欠王某华共同债务10000元、范某琴共同债务20000元，由王某燕、张某江各自承担15000元；

四、驳回张某江的其他诉讼请求。

【法官后语】

离婚案件当事人往往对婚内财产约定及离婚协议的认定问题产生争议，常常存在双方当事人在婚姻关系存续期间达成离婚协议，并就财产分割及子女抚养等问题作出了约定，但是由于种种原因一方反悔，另一方往往认为双方婚姻关系存续期间达成了婚内财产约定，要求法院按照双方达成的离婚协议约定解除双方的婚姻关系，处理财产分割和子女抚养权问题，而反悔一方则否认离婚协议的效力，要求法院根据实际情况依法处理夫妻共同财产，司法实践中有时亦存在不同的观点。本案争议焦点在于双方当事人签订的分手协议属于离婚财产分割协议还是属于婚内财产约定，关于上述问题笔者主要作出如下分析：

一、离婚财产分割协议和婚内财产约定的法律概念

离婚协议是指以登记离婚或者到人民法院协议离婚为生效要件的财产分割协议，其本质是离婚协议，财产分割和子女抚养权等问题只是夫妻离婚需要附带解决的问题。婚内财产约定是指夫妻关于婚姻关系存续期间所得的财产以及婚前财产归各自所有、共同所有或部分所有、部分共同所有的书面约定。

二、离婚财产分割协议与婚内财产约定的区分

笔者认为离婚财产分割协议与婚内财产约定的区别主要包含以下三个方面：

（一）二者生效要件不同。离婚财产分割协议以登记离婚或者到人民法院协议离婚为生效要件。婚内财产约定自双方签字之日起即产生约束力，不以离婚为目的或者生效要件。

（二）二者约定财产内容不同。离婚财产分割协议是对夫妻共同财产进行分割约定，婚内财产约定可以是对婚姻关系存续期间财产也可以是对婚前财产进行约定。

（三）法律规定不同。关于离婚财产分割协议的法律规定为《最高人民法院关于适用〈中华人民共和国婚姻法〉若干问题的解释（三）》第十四条的规定，即当事人达成的以登记离婚或者到人民法院协议离婚为条件的财产分割协议，如果双方协议离婚未成，一方在离婚诉讼中反悔的，人民法院应当认定该财产分割协议没有生效，并根据实际情况依法对夫妻共同财产进行分割。关于婚内财产约定的法律规定为《中华人民共和国婚姻法》第十九条，即夫妻可以约定婚姻关系存续期间的所得财产以及婚前财产归各自所有、共同所有或部分各自所有、部分共同所有。约定应当采取书面形式。夫妻对婚姻关系存续期间所得的财产以及婚前财产的约定，对双方具有约束力。

三、本案中分手协议的性质认定

本案中，位于密云区1××号房屋登记在张某江名下，系其婚前个人财产，此后双方在分手协议中约定王某燕对1××号房屋享有一定份额，根据该分手协议的内容来看，双方约定在孩子户口、入学等事办妥后，自愿办理离婚，解除夫妻关系，因此该分手协议实质上是以离婚为目的的离婚财产分割协议，在此后双方未协议并成功办理离婚手续的情况下，法院应当根据实际情况对夫妻共同财产进行分割，故该分手协议不能作为财产分割的依据，法官关于该分手协议的认定是正确的。

编写人：北京市密云区人民法院　李娇

13

精神病人起诉离婚的相关法律问题

——王某娇诉郭某红离婚案

【案件基本信息】

1. 裁判书字号

陕西省商洛市中级人民法院（2018）陕 10 民终 37 号民事判决书

2. 案由：离婚纠纷

3. 当事人

原告（被上诉人）：王某娇（曾用名王某姣）

被告（上诉人）：郭某红

【基本案情】

原告王某娇与被告郭某红于2011年12月经人介绍相识，2012年5月16日，按照农村习俗举行结婚仪式，10月23日在商州区民政局补办结婚登记，10月26日生下男孩拜某阳。孩子出生后原告开始出现精神疾病症状，因严重精神障碍，2014年2月13日，原告王某娇在西安市精神卫生中心住院治疗。2016年正月2日，被告因故将原告送回娘家居住至今。2016年6月被告诉至本院要求离婚，本院判决驳回被告的请求。同年8月25日，原告在商洛市中医医院住院治疗。2017年正月17日，郭某红外出打工至今未归。2017年4月28日，原告父亲王某华向本院申请变更原告的监护人为自己，本院审理后于次月9日作出依法予以准许的判决。同年6月原告以其父亲为法定代理人诉至本院要求离婚。审理中原告法定代理人表示如果原告离婚，其愿意照顾原告的生活。

【案件焦点】

1. 原告要求被告支付离婚前的扶养费 9000 元是否正确；2. 原告要求离婚后被告支付住房补助 30000 元、精神损失费 50000 元及每月扶养费 500 元是否正确。

【法院裁判要旨】

陕西省商洛市商州区人民法院经审理认为：原告自2016年正月在娘家居住至今，双方并未共同居住生活，夫妻关系名存实亡，且被告同意离婚，故对原告要求离婚的请求应予支持。原告现患有精神疾病，无生活来源，亦无能力照管孩子和负担抚养费，故孩子拜某阳随被告生活更有利于孩子的成长，抚养费由被告承担。夫妻之间有相互扶养的义务，一方不履行扶养义务时，需要扶养的一方，有要求对方付给扶养费的权利，由于原告现在患病无生活来源，且生活不能自理，原告要求被告支付离婚前的扶养费应予支持。法律规定，在离婚时，一方生活困难，另一方应从其住房等个人财产中给予适当帮助，原告现患有精神疾病，离婚后生活确实存在困难，依据原被告的生活情况及离婚后原告的生活自理能力，被告应在住房、生活、医疗等方面一次性给予原告适当帮助。原告要求被告承担医药费2720元因无医疗费票据证明其支出，故不予支持。原告要求被告支付50000元精神损失费因无事实与法律依据，不予支持。原被告结婚多年且育有一子，依法不属于退还彩礼的情形，故对被告要求原告退还彩礼的请求不予支持。

陕西省商洛市商州区人民法院依照《中华人民共和国婚姻法》第二十条、第三十二条、第三十七条、第四十二条，《最高人民法院关于适用〈中华人民共和国婚姻法〉若干问题的解释（一）》第二十七条第二款，《最高人民法院关于适用〈中华人民共和国婚姻法〉若干问题的解释（二）》第十条之规定，作出如下判决：

一、准予原告王某娇与被告郭某红离婚；

二、婚生子拜某阳随被告生活，抚养费由被告承担；

三、被告郭某红支付原告王某娇生活费9000元；

四、被告郭某红在住房、生活、医疗等方面一次性补助原告王某娇40000元；

五、驳回原告其他诉讼请求。以上第三项、第四项限判决生效之日起30日内付清。

被告郭某红不服一审判决，提出上诉请求：一审判决认定事实错误，一次性补助40000元错误，应予撤销；一次性支付9000元生活费过高，请求改判为5000元。陕西省商洛市中级人民法院经审理认为：对一审查明的事实予以确认。关于生活费的问题：《中华人民共和国婚姻法》第二十条规定："夫妻之间有相互扶养的义务。一方不履行扶养义务时，需要扶养的一方，有要求对方付给扶养费的权利。"本案中，被上诉人王某娇因患病生活不能自理，也没有生活来源，在夫妻关系存续期间上诉人郭某红负有扶养的义务，依据查明的事实上诉人郭某红在本次离婚诉讼之前将被上诉人王某娇送到娘家生活，时间长达近16个月，一审据此判决上诉人郭某红给付被上诉人王某娇生活费9000元并无不妥。上诉人上诉认为一审判决支付9000元生活费过高，要求改判5000元，其在二审中没有充分的证据支持该主张，故上诉人的上诉请求没有事实依据，本院不予支持。关于一次性补助的问题：《中华人民共和国婚姻法》第四十二条规定："离婚时，如一方生活困难，另一方应从其住房等个人财产中给予适当帮助。具体办法由双方协议；协议不成时，由人民法院判决。"首先，上诉人上诉主张一审判决认定王某娇"精神病是孩子出生开始的"与事实不符，是法官主观臆断，认为被上诉人"精神分裂症"是婚前所患，一审对证据认定错误。经审查，上诉人一审主张被上诉人婚前患有精神病，其提交了西安市精神卫生中心的诊断证明书复印件及6份证人证言，一审认可该诊断证明书，因6份证人证言不符合证据的形式要件且没有其他证据相印证，一审判决没有采纳。本院认为，被上诉人王某娇患病情况，应依据专业机构的诊断、鉴定结论进行判断，故一审判决对郭某红提交证人证言的分析认定并无不妥。二审中，上诉人也未提供新的证据证实该主张，故上诉人该上诉理由不能成立，本院不予支持。其次，上诉人上诉主张一审判决其向王某娇提供40000元补助脱离实际，既不合法也不合理。本院认为，被上诉人王某娇患有精神病生活不能自理，也没有生活来源，在双方离婚后属于生活困难的一方，郭某红应给予适当帮助，一审结合本案的实际情况，判决上诉人郭某红一次性补助被上诉人王某娇40000元并无不当，故上诉人的该上诉理由不能成立，本院不予支持。

陕西省商洛市中级人民法院依照《中华人民共和国民事诉讼法》第一百七十七条第一款第一项规定，判决：

驳回上诉、维持原判。

【法官后语】

随着我国经济社会的不断发展，人民群众法制意识的不断提高，诉讼离婚率呈逐年上升的趋势，而精神病人这一群体的离婚诉讼问题也亟待我们引起重视。

1. 关于精神病人作为离婚案件原告时诉权的法律保护。《中华人民共和国民法总则》第二十一条规定："不能辨认自己行为的成年人为无民事行为能力人，由其法定代理人代理实施民事法律行为。”联系该法条的立法原意来看，无民事行为能力的精神病人有资格成为离婚案件的诉讼当事人，其依法享有民事诉讼权利能力，只是没有诉讼行为能力，不能亲自实施诉讼行为。根据我国现行民事法律，当精神病人作为被告参与离婚案件时，其父母当然可以作为监护人参加诉讼。同样，为保证诉权的平等，法律应当允许精神病人可以作为离婚案件适格的原告。本案原告王某娇虽是无民事行为能力的精神病人，其诉权仍受法律保护，即其有资格成为本案离婚案件的原告。由于郭某红在该离婚诉讼中处于被告地位，与原告有利害关系，其又是原告王某娇的配偶、第一顺序的法定监护人，若其继续作为原告第一顺序的法定监护人显然不利于保护原告的合法权益，所以作为第二顺序的原告父母可以依法申请变更监护人后，继而作为原告法定代理人代为起诉。本案原告起诉离婚时，其父母并未申请变更监护人，经初步了解案件事实，承办法官多次释明后，原告之父才申请变更自己为原告的监护人，继而作为原告的法定代理人代理原告起诉离婚，法院依法予以受理。

2. 关于无民事行为能力的精神病人要求对方支付离婚前扶养费的问题。《中华人民共和国婚姻法》第二十条规定：“夫妻之间有相互扶养的义务。一方不履行扶养义务时，需要扶养的一方，有要求对方付给扶养费的权利。”无民事行为能力的精神病人要求被告支付离婚前的扶养费是否应予准许，应当根据个案情况来综合考量分析。本案中原告在起诉离婚前实际上已在其父母家居住16个月，且系被告在本次离婚诉讼之前将原告送到娘家生活的，被告作为精神病人的监护人并未实际履行其监护职责，亦未积极履行夫妻间的扶养义务，因原告确系因患精神疾病生活不能自理，又无其他生活来源，有权利要求对方给付一定的扶养费，根据当事人的经济能力、本地经济发展水平等因素考虑，判决被告给付9000元离婚前的扶养费并无不妥。

3. 关于精神病人离婚时的经济帮助问题。精神病人离婚时的经济帮助问题是精神病人离婚案件普遍存在的问题。《中华人民共和国婚姻法》第四十二条规定：“离婚时，如一方生活困难，另一方应从其住房等个人财产中给予适当帮助。具体办法由双方协议；协议不成时，由人民法院判决。”婚姻法虽然规定了一方生活困难，另一方应适当帮助，但具体的经济帮助方式与数额的多少并未作明确规定，这就需要承办法官依据个案情况具体分析，本案原告父亲表示在原告离婚后其愿意照顾原告的生活，从保障原告作为精神病人在离婚后的生活、医疗等方面的合法权益角度考虑，也从被告自身的家庭经济状况、经济能力且需要抚养照顾孩子的实际情况来看，本案原告要求被告支付住房补助30000元及每月的扶养费500元，要求明显过高，判决一次性经济帮助40000元合法合理、较为妥当。

4. 关于精神病人要求的离婚损害赔偿问题。精神病人离婚的相关诉讼权利及请求经济帮助等权利依法应予维护，但是权利的维护与保障应当严格依法进行，针对无民事行为能力的精神病人在离婚诉讼时所提出的不合法的要求也应依法驳回。《中华人民共和国婚姻法》第四十六条规定："有下列情形之一，导致离婚的，无过错方有权请求损害赔偿：（一）重婚的；（二）有配偶者与他人同居的；（三）实施家庭暴力的；（四）虐待、遗弃家庭成员的。"《最高人民法院关于适用〈中华人民共和国婚姻法〉若干问题的解释（一）》第二十八条规定："婚姻法第四十六条规定的'损害赔偿'，包括物质损害赔偿和精神损害赔偿。涉及精神损害赔偿的，适用最高人民法院《关于确定民事侵权精神损害赔偿责任若干问题的解释》的有关规定。"结合本案，原告王某娇并不符合可以要求精神损害赔偿的情形，其要求承担精神损失费50000元依法不予准许。

编写人：陕西省商洛市商州区人民法院 朱妮

14

夫妻一方侵犯配偶权应承担精神损害赔偿

——周某海诉黄某离婚案

【案件基本信息】

1. 裁判书字号

重庆市开州区人民法院（2018）渝0154民初4486号民事判决书

2. 案由：离婚纠纷

3. 当事人

原告：周某海

被告：黄某

【基本案情】

原告周某海与被告黄某于2001年9月20日登记结婚，于2002年7月21日生育一女周甲，于2011年5月27日生育一女周乙，现随原告一起生活。2016年2月，被告与他人发生不正当关系，并生育子女，遂被告于2018年4月6日和8日向原告出具悔悔书和保证书。在庭审过程中，被告黄某同意离婚。婚生女周甲出具书面意见：若原、被告离婚，愿意随原告周某海生活。

【案件焦点】

无过错一方基于配偶权被侵犯有权要求对方承担精神损害赔偿，赔偿数额可根据侵权人的过错程度、损害结果、经济能力以及受诉法院所在地平均生活水平等因素综合考虑认定。

【法院裁判要旨】

重庆市开州区人民法院经审理认为：本案中，原告要求离婚，被告在庭审中同意离婚，故对于原告的离婚诉讼请求，本院依法予以支持。关于子女抚养问题，婚生女周甲于庭审中提交书面意见若原被告离婚，愿意随原告生活，根据《最高人民法院关于人民法院审理离婚案件处理子女抚养问题的若干具体意见》第五条："父母双方对十周岁以上的未成年子女随父或随母生活发生争执的，应考虑子女的意见"，以及考虑到婚生女周甲和周乙现和原告一起生活，故婚生女周甲和周乙随原告生活，被告给付抚养费，抚养费标准：结合当地实际生活水平，以每人每月750元为宜。关于精神损害金问题，原告诉请精神抚慰金10万元，根据《中华人民共和国婚姻法》第四十六条规定："有下列情形之一，导致离婚，无过错方有权请求损害赔偿：（二）有配偶者与他人同居的……"由于被告在婚姻存续期间与他人同居，并生育子女，有被告出具悔悔书和保证书佐证，结合本案的被告的过错程度，本院酌情认定5万元。对于原被告提出分割夫妻共同财产和共同债务承担的请求，由于未向本院提交证据证明，本院不予以支持。综上，根据《中华人民共和国婚姻法》第三十二条、第四十六条，《中华人民共和国民事诉讼法》第六十四条第一款，《最高人民法院关于人民法院审理离婚案件处理子女抚养问题的若干具体意见》第五条规定，判决如下：

一、准许原告周某海与被告黄某离婚；

二、婚生女周甲和周乙随原告周某海生活，被告黄某从2018年7月起每人每月给付抚养费750元，付至小孩年满18周岁之日止；

三、被告黄某于本判决生效之日起十日内一次性支付原告周某海精神损害赔偿金50000元；

四、驳回原告周某海其他诉讼请求。

【法官后语】

配偶权是指配偶之间要求对方陪伴、钟爱和帮助的权利。《中华人民共和国婚姻法》第四十六条增加配偶权制度的规定，该条采取封闭式规定四种法定情形：重婚；与他人同居；实施家庭暴力；虐待、遗弃家庭成员。其中，重婚、与他人同居情形亦违反婚姻法第四条规定，夫妻之间相互负有忠实义务。结合本案，按照“举轻以明重”当然解释规则，被告符合“与他人同居”的法定情形，被告在婚姻存续期间与他人同居，并生育子女，严重伤害了夫妻感情，违反夫妻间的忠实义务，也违反一夫一妻原则，侵犯了丈夫的配偶权，给其造成了精神压力和痛苦，无过错方在离婚时有权提出损害赔偿。无过错一方按照《中华人民共和国婚姻法》第四十六条规定请求损害赔偿，笔者认为根据现行法律规定及立法精神在法律适用时应注意以下几个方面：

1. 离婚损害赔偿请求权适用条件：（1）须诉讼离婚或协议离婚。法院判决不准许离婚的案件，对离婚损害赔偿请求权亦不予支持；当事人不起诉离婚，仅提起损害赔偿请求的，人民法院不予受理。（2）仅限定于以下法定情形，属于封闭式规定，穷尽式列举，不能扩张其适用范围。

2. 离婚损害赔偿请求权时间：（1）无过错方作为离婚诉讼的原告时，需在离婚诉讼中提出。（2）无过错方作为离婚诉讼的被告时，原则上须在离婚时提出，但有两个例外：若被告不同意离婚，亦未提起损害赔偿请求的，可以在离婚后一年内就此单独提起诉讼；若原告在一审时未提出损害赔偿请求，二审期间提出的，法院应当调解，调解不成的，告知当事人在离婚后一年内另行起诉。（3）协议离婚时，若已放弃损害赔偿请求权的，不得再次主张；未放弃的，可于协议离婚后一年内提出。

3. 离婚损害赔偿请求权的内容：（1）物质损害赔偿和精神损害赔偿。（2）《最高人民法院关于适用〈中华人民共和国婚姻法〉若干问题的解释〈三〉》第十一条规定，夫妻一方擅自处分夫妻共同共有的房屋造成另一方损失，离婚时另一方请求赔偿损失的，人民法院应予支持。该条应理解为对《中华人民共和国婚姻法》第四十六条的补充规定，其赔偿请求权的内容仅限于财产损害赔偿，不包括精神损害赔偿。(3) 请求权的权利人仅为无过错一方，赔偿义务人为具有过错的配偶，第三人不承担赔偿责任，若夫妻双方具有《中华人民共和国婚姻法》第四十六条规定的过错行为，任何一方均丧失离婚损害赔偿请求权。

4. 离婚精神损害赔偿数额考量的因素：法律规定适用于《最高人民法院关于确定民事侵权精神损害赔偿责任若干问题的解释》第十条的规定，对确定离婚精神损害赔偿有指导借鉴意义，结合离婚精神损害赔偿基于配偶权遭受侵害而产生的特殊性，笔者建议在司法实践中，在确定离婚损害赔偿数额的标准上应考量以下因素：(1) 侵权人的过错程度。过错应包括故意和过失，故意侵权造成无过错方的精神损害程度要大于过失侵权造成的精神损害程度，因此，故意侵权的赔偿数额应大于过失侵权的赔偿数额。(2) 侵害行为的具体情节。结合侵权人采取手段、场合、行为方式等，确定损害事实的大小，为赔偿数额提供依据。(3) 侵权行为所造成的后果。根据损害后果的轻重，可以确定是否承担赔偿责任以及赔偿数额的大小，亦可通过受害人的健康状况、精神状态以及造成社会影响确定赔偿责任大小。(4) 侵权人承担责任的经济能力。该因素直接关系到未来案件执行到位情况以及司法公信力，法官应结合侵权人的经济能力综合考虑赔偿的数额。(5) 受诉法院所在地平均生活水平。我国各地域存在经济发展不平衡的现实情况，法官应结合当地平均生活水平综合考虑赔偿数额。(6) 加害人、受害人事后的态度。如果加害人在事后认错态度较好，在财产分割上作出巨大让步以及愿意更多承担子女抚养和教育费用，或取得受害人谅解，法官在考虑赔偿数额时应加以考量。上述前三项属于法官裁判考量的法定因素，后三项属于酌定因素，具体到司法实践中，法官应结合具体案件综合各种因素，具体问题具体分析，既要坚持以法律为准绳的裁判原则，又要遵循法律的精神和公平正义的价值观念，确保判决实现法律效果和社会效果的统一。

编写人：重庆市开州区人民法院　王凯

15

离婚案件中未取得房产证的房产及一方缴纳的养老保险金的分割

——韦某某诉张某某离婚案

【案件基本信息】

1. 裁判文书字号

广西壮族自治区河池市中级人民法院（2018）桂12民终1064号民事判决书

2. 案由：离婚纠纷

3. 当事人

原告（被上诉人）：韦某某

被告（上诉人）：张某某

【基本案情】

2009年3月，原告韦某某与被告张某某经人介绍认识后于2011年3月29日登记结婚，双方均属再婚。婚后双方未共同生育有子女，被告原有的三个女儿均已独立生活。原、被告结婚后夫妻感情开始尚好，但由于双方在共同生活中未能妥善处理生活中的矛盾，常因一些家庭琐事发生争吵，导致夫妻感情日益恶化。2017年4月21日，被告向本院提出离婚诉讼，本院判决不准许离婚。此后，原、被告双方仍未和好，互不往来。

原、被告认识后，被告于2010年12月16日与潘某娥、钟某菊签订《房屋转让协议书》，取得位于罗城仫佬族自治县东门镇永乐街86号的一间瓦房及一块晒坪约100平方米的使用权，随后将瓦房拆除建成一座两层楼房。在婚姻存续期间，双方购买了电视机、洗衣机、空调、热水器各一台，还购买了一台车牌号为桂MD1177的五菱荣光小汽车。被告从2009年5月起在罗城仫佬族自治县社会保障局缴纳有个人社会养老保险，个人实缴保险费累计56397元。

【案件焦点】

1. 原、被告双方夫妻感情是否已破裂，应否准许离婚；2. 未取得房屋产权证的房产能否分割；3. 原、被告双方婚姻存续期间被告购买的养老保险金应否分割。

【法院裁判要旨】

广西河池市罗城仫佬族自治县人民法院经审理认为：夫妻感情是维系夫妻关系稳定的桥梁和纽带，人民法院审理离婚案件是以确认夫妻感情是否确已破裂作为是否准许离婚的唯一标准。现本案原、被告均表示同意离婚，表明双方夫妻感情确已破裂，应准许原、被告离婚。

对于原告请求分割夫妻共同财产及给予精神损害赔偿问题，广西河池市罗城仫佬族自治县人民法院分析认为：一、原告请求享有位于罗城仫佬族自治县东门镇永宁街二巷的楼房使用权的问题。因原、被告争议的楼房是在取得潘某娥、钟某菊转让的一间瓦房和晒坪的基础上建起来的，目前尚未取得房屋产权证。原、被告对房屋所有权问题意见分歧较大，经协商未能达成一致意见。根据《最高人民法院关于适用〈中华人民共和国婚姻法〉若干问题的解释（二）》第二十一条的规定："离婚时双方对尚未取得所有权或者尚未取得完全所有权的房屋有争议且协商不成的，人民法院不宜判决房屋所有权的归属，应当根据实际情况判决由当事人使用。当事人就前款规定的房屋取得完全所有权后，有争议的，可以另行向人民法院提起诉讼。"本案中，原告患有疾病，无其他住处，而被告在黄金镇寺门街老家有房屋居住，且从2017年7月与原告发生矛盾后被告就没有在东门镇永宁街二巷的房屋居住，因此，原告请求对该房屋享有居住权，理由充分，本院予以支持。二、原告请求对被告购买的社会养老保险金56397元进行分割。根据《最高人民法院关于适用〈中华人民共和国婚姻法〉若干问题的解释（二）》第十一条第三项规定，婚姻关系存续期间男女双方实际取得或应当取得的养老保险金应当认定为夫妻共同财产。《最高人民法院关于适用〈中华人民共和国婚姻法〉若干问题的解释（三）》第十三条规定："离婚时夫妻一方尚未退休、不符合领取养老保险金条件，另一方请求按照夫妻共同财产分割养老保险金的，人民法院不予支持；婚后以夫妻共同财产缴付养老保险费，离婚时一方主张将养老金账户中婚姻关系存续期间个人实际缴付部分作为夫妻共同财产分割的，人民法院应予支持。"本案原告请求分割被告购买的社会养老保险金56397元，从原告提供的被告个人缴纳明细表来看，这56397元实为被告定期缴纳的养老保险费累计数额。其中，被告在与原告婚姻存续期间以夫妻共同财产交纳的养老保险费依法应为夫妻共同财产，原告请求对被告缴纳的社会养老保险费进行分割于法有据，应予以支持。具体数额应以原、被告登记结婚后缴纳的社会养老保险费部分为准，即从 2011 年 4 月起计算至 2017 年 12 月止，共计 51148.4 元，原告享有 50% 的份额，即 25574.2 元。由于社会养老保险费已交至国库，按现行养老保险金管理制度规定，养老保险费缴纳者未达到退休年龄不可领取养老保险金或取出保险费，因此，被告应给予原告同等数额的补偿，即 25574.2 元。被告辩称其缴纳的养老保险费是其女儿筹钱来缴纳，但未提供充分证据证实，不予采信。三、原告请求对电视机、洗衣机、空调、热水器等家电进行分割。鉴于原、被告在庭审中表示可以一人要两样，原告要电视机、洗衣机，被告要空调、热水器，本院依法照准。四、原告请求对夫妻共同财产小汽车进行分割。由于双方对汽车的当前实际价值意见分歧较大，且双方均不申请委托专门机构进行价格评估。因此，对原、被告共同购买的小汽车暂不予处理，当事人主张权利的可另行起诉。五、原告请求对一扇铁大门、四扇小门及玻璃的价值进行分割。本院认为，房屋的门窗属于房屋的主要组成部分，应与房屋一并处理。本案中原告仅主张对位于东门镇永宁街二巷的房屋享有居住权，而不主张所有权，因此，对原告主张单独对一扇铁大门、四扇小门及玻璃的价值进行分割，不予支持。六、原告提出有夫妻共同债务 35000 元，被告提出有夫妻共同债务 194294 元，因双方均未能提供有力证据加以证明，且双方意见分歧较大，不予认定。七、原告请求赔偿精神损害 30000 元。在原被告婚姻关系存续期间，原告有病被告给钱医治，虽然在 2017 年被告起诉与原告离婚未能获准后把房屋门窗、家电拉走，断了水电，存在过错，但原告换了房屋锁头并继续居住在该房屋后，被告没有对原告进行干涉，因此，不构成对原告的虐待或遗弃，对原告请求被告赔偿精神损害 30000 元，不予支持。

广西壮族自治区河池市罗城仫佬族自治县人民法院依照《中华人民共和国婚姻法》第三十二条、第三十九条，《最高人民法院关于适用〈中华人民共和国婚姻法〉若干问题的解释（二）》第十一条、第二十一条，《最高人民法院关于适用〈中华人民共和国婚姻法〉若干问题的解释（三）》第十三条，《中华人民共和国民事诉讼法》第六十四条及《最高人民法院关于民事诉讼证据的若干规定》第二条之规定，判决如下：一、准许原告韦某某与被告张某某离婚；二、原告韦某某对位于罗城仫佬族自治县东门镇永宁街二巷的原、被告争议的楼房享有居住权；三、原告韦某某享有被告张某某名下的养老保险费25574.2元，被告张某某应以补偿的方式在本判决生效之日起十五日内付清给原告韦某某；四、原、被告婚姻关系存续期间购买的电视机一台、洗衣机一台归原告韦某某所有，空调一台、热水器一台归被告张某某所有。

被告张某某不服一审判决，提出上诉。广西壮族自治区河池市中级人民法院审理认为：一审法院判决被上诉人对双方夫妻共有的位于罗城仫佬族自治县东门镇永宁街二巷的房子享有居住权是否超出韦某某一审诉讼请求的问题。韦某某向一审法院起诉请求判决其对该房子享有使用权，一审法院判决其对该房屋享有居住权。房屋使用权和居住权均属于用益权的范畴，但使用权比居住权权范围更广，因此一审判决并未超出韦某某的诉讼请求。一审判决只判决确认韦某某对该房屋享有居住权，并没有否定和剥夺张某某对该房屋享有居住的权利，即双方对该房屋都有居住的权利。因此，张某某上诉称一审判决韦某某对该房屋享有居住权而使张某某对该房屋丧失居住权的主张，理由不成立，本院不予支持。因该房屋尚未取得产权证，在本案中对其权属不予处理，待取得产权证后双方均可另行起诉请求处理。双方据本案判决结果，对该房屋所享有的权利状态及其期限应至今后处理该房屋权属的另案终止时止，彼时双方对该房屋的权利由该案另行确定。因此，张某某上诉称一审判决没有确定韦某某对该房屋享有居住权的截止时间是错误的主张，本院不予支持。

对于张某某上诉称，一审判决未对夫妻共同债务进行处理的情况下，就单纯对张某某的养老保险金进行分割错误的问题。韦某某和张某某对各自主张的债务各自均没有提供证据证实，无法认定，因此一审判决对双方主张的债务不予认定和处理，由双方另行案处理，而对已经查明的张某某的养老保险依法进行分割并无不妥，应予以维持。

河池市中级人民法院审理依照《中华人民共和国民事诉讼法》第一百七十条第一款第一项规定，判决如下：

驳回上诉，维持原判。

【法官后语】

本案中，原、被告在婚姻存续期间建造的房屋但未取得房产证该如何处理，婚姻存续期间一方缴纳的社会养老保险金是否属于夫妻共同财产，双方各持己见，是本案最主要的争议焦点。根据《最高人民法院关于适用〈中华人民共和国婚姻法〉若干问题的解释（二）》第二十一条的规定："离婚时双方对尚未取得所有权或者尚未取得完全所有权的房屋有争议且协商不成的，人民法院不宜判决房屋所有权的归属，应当根据实际情况判决由当事人使用。当事人就前款规定的房屋取得完全所有权后，有争议的，可以另行向人民法院提起诉讼。"本案中，位于罗城仫佬族自治县东门镇永宁街二巷的房屋系原被告在婚姻存续期间共同建造，离婚时该房屋未取得房屋产权登记证，依法不能进行分割，但原告患有疾病，无其他住处，而被告在另有住处，且从2017年7月与原告发生矛盾后被告就没有在该房屋居住，因此，原告请求对该房屋享有居住权，理由充分。当然，被告对该房也同样享有居住权。

同时，根据《最高人民法院关于适用〈中华人民共和国婚姻法〉若干问题的解释（二）》第十一条第三项规定，婚姻关系存续期间男女双方实际取得或应当取得的养老保险金应当认定为夫妻共同财产。本案被告在婚姻存续期间按期缴纳了养老保险费，虽然在离婚时还没有领到养老保险金，但已为日后领取或结算养老保险金提供了根本条件，一旦时机成熟，基于婚姻关系存续期间参与的养老保险必定获得相应的养老保险金，但到底应当取得多少养老金，就离婚时现有条件无法进行预先测算。同时，保险金按规定通常也是在职工退休后才能发放，其发放数额和发放年限也是因人、因时、因事而异，因此其具有不可预测性和不确定性，当然也就不具有进行实物分割的可操作性。但是，养老保险金账户下的养老保险费数额在特定的时间段既是确定的，也是可以以证据形式明示的，应属于夫妻共同财产。可自夫妻关系确立之月起至法院判决之月止养老保险金账户下的保险费金额为依据，以现有价格补偿为手段，将其与离婚双方其他可实物、价金分割的共同财产在分割时进行利益调剂、补偿和衡平，找齐离婚双方的利益落差，从而达到从法律处理上分割该应当取得的养老保险金的目的。

编写人：广西壮族自治区河池市罗城仫佬族自治县人民法院　吴昀懋

16

离婚纠纷中妇女合法权益维护

——朱某飞诉何某霞离婚案

【案件基本信息】

1. 裁判书字号

安徽省芜湖经济技术开发区人民法院（2018）皖0291民初889号民事判决书

2. 案由：离婚纠纷

3. 当事人

原告：朱某飞

被告：何某霞

【基本案情】

原告朱某飞与被告何某霞于1998年2月20日登记结婚，1998年12月1日育有一子朱某奇。原、被告婚后因家庭琐事发生争吵产生矛盾，自2013年2月起原、被告开始分居生活。原告朱某飞曾于2014年1月13日、2015年1月13日、2016年1月7日、2016年5月11日在芜湖经济技术开发区人民法院起诉离婚，均未得到法院支持。

另查明，被告何某霞2012年7月患病，后被确诊为慢性肾炎，长期往返于皖南医学院弋矶山医院、南京博大肾科医院门诊治疗，现仍未治愈。2013年2月，原告朱某飞离家，双方开始分居，原告朱某飞自此停止向被告何某霞支付家用及治疗费用（婚生子朱某奇的生活费除外）。

2013年10月25日，原告朱某飞与芜湖经济技术开发区万春街道征地拆迁安置工作领导组签订拆迁补偿安置协议，原、被告居住的房屋被拆迁。根据原、被告家庭人口情况（安置人口为三人，原告朱某飞、被告何某霞及婚生子朱某奇）及相关政策，原、被告回迁了两套住房，一套为芜湖经济技术开发区万春新苑乐苑5幢1

单元21××室，面积为81.88㎡（以下简称小套房），另一套为芜湖经济技术开发区万春新苑雅苑49幢3单元23××室，面积为115.79㎡（以下简称大套房）。2016年4月，经芜湖经济技术开发区万春街道及派出所协调，被告何某霞及婚生子朱某奇住进了小套房。在本案审理过程中，原、被告及婚生子朱某奇均表示同意将大套房分给婚生子朱某奇所有。

庭审中，被告何某霞提供了原告朱某飞在2012年8月4日至2012年11月1日，从建设银行账户6227000640020267×××（户名为原告朱某飞）陆续取款710000元的取款凭证六张及2012年10月30日原告朱某飞存款5000元的存款凭单一张、2012年10月30日顾某宁存款100000元的存款凭条一张，要求将上述款项作为夫妻共同财产予以分割。原告朱某飞辩称自己只是打工的（电焊工），上述款项均系老板所有，自己只是帮老板对外付款。

【案件焦点】

双方夫妻感情是否破裂。

【法院裁判要旨】

安徽省芜湖经济技术开发区人民法院经审理认为：1. 确定是否应该解除原、被告的婚姻关系，关键看双方夫妻感情是否破裂。本案中，原、被告自2013年2月起已分居生活，相互不履行夫妻义务，且自2014年1月起，原告朱某飞共五次向法院起诉要求离婚，夫妻感情确已完全破裂，故对原告朱某飞要求与被告何某霞离婚的诉讼请求，依法予以准许。2. 根据婚姻法规定，夫妻有互相扶养的义务，被告何某霞2012年7月被确诊患有慢性肾炎，至今未治愈，而原告朱某飞于2013年2月离家，并停止向被告何某霞支付家用及治疗费用，在未对被告何某霞的生活作出妥善安排的情况下还陆续向法院起诉要求离婚，给被告何某霞造成了很大的精神压力和生活困难，故本院认为原告朱某飞应依法支付被告何某霞2013年2月（分居时）起至2018年2月（起诉时）止的生活费，支付标准酌定按每月1000元计算，合计60000元；同时原告朱某飞还应依法为被告何某霞提供一定的经济帮助，本院酌定原告朱某飞一次性给付被告何某霞经济帮助100000元。3. 房产分割部分：回迁的两套住房属于原、被告以及婚生子朱某奇家庭共有财产，因朱某奇要求在本案中一并处理房产分割，且原、被告及朱某奇一致同意将大套房分割给朱某奇所有，故本院同意在本案中一并处理房产的分割，并对原、被告及朱某奇要求将大套房分割给朱某奇所有的意见予以认可。关于小套房的分割，鉴于小套房现由被告何某霞居住以及被告何某霞患病的实际情况，小套房宜归被告何某霞所有，被告何某霞应给予原告朱某飞经济补偿，结合当前房价及照顾女方权益等因素，本院酌定被告对原告经济补偿150000元。4. 对于2012年8月4日至2012年11月1日原告朱某飞六次从其名下账户支取现金710000元，原告朱某飞辩解是其老板的，自己只是代老板对外支付，对该辩解意见原告朱某飞并未举证予以证明，该辩解意见也有违常理，与其从事的工种不相吻合，而且从其发生的时间来看，被告何某霞2012年7月患病，2013年2月双方分居，2014年1月原告朱某飞第一次提起离婚诉讼，在此期间原告朱某飞在短短两个多月时间内支取现金710000元，对款项的去向与用途也没有给予合理的解释，本院有理由相信原告朱某飞是在离婚前转移夫妻共同财产。综上，本院认定原告朱某飞支取的710000元为原、被告夫妻共同财产，鉴于原告朱某飞存在转移夫妻共同财产的行为，在分割时依法应当少分。关于2012年10月30日原告朱某飞存款5000元，该款有与原告朱某飞支取的款项相重合的可能，且被告何某霞未举证证明该款仍存于该账户，故本院对该笔款项不予认定。关于顾某宁存款100000元，因与本案没有关联性，本院也不予认定。5. 债权债务部分，被告何某霞举出欠条一份证明原、被告有50000元共同债权，因原告朱某飞否认该笔债权且涉及案外人利益，不宜在本案中确认。被告何某霞主张因生病向家人借款，因未举证予以证明，且涉及案外人利益，本院在本案中不作处理。

依照《中华人民共和国婚姻法》第十七条、第二十条、第三十二条、第三十九条第一款、第四十二条、第四十七条第一款，《最高人民法院关于民事诉讼证据的若干规定》第二条规定，判决如下：一、准予原告朱某飞与被告何某霞离婚；二、原告朱某飞支付被告何某霞2013年2月至2018年2月期间的生活费共计60000元以及离婚时的经济补偿金100000元，以上合计160000元；三、确认位于芜湖经济技术开发区万春新苑雅苑49幢3单元23××室的房产归婚生子朱某奇所有，位于芜湖经济技术开发区万春新苑乐苑5幢1单元21××室的房产归被告何某霞所有，被告何某霞就该套房产补偿原告朱某飞150000元；四、共同存款710000元，原告朱某飞分得310000元，被告何某霞分得400000元，由原告朱某飞支付给被告何某霞400000元；五、上述第二、第三、第四项中，原、被告相互支付的款项相折抵后，原告朱某飞应于本判决生效后十日内一次性支付被告何某霞410000元。

宣判后，原、被告均未提起上诉，判决已经发生法律效力。

【法官后语】

一、夫妻间有相互扶养的义务

夫妻间有相互扶养的义务，一方不履行扶养义务时，需要扶养的一方，有要求对方付给扶养费的权利。本案中，何某霞患有慢性肾炎后，朱某飞未尽到作为丈夫的扶养义务，停止支付家庭费用，亦未帮助何某霞治疗疾病，在未对何某霞的生活作出妥善安排的情况下多次向法院起诉要求离婚，故应依法支付何某霞2013年2月（分居时）起至2018年2月（起诉时）止的生活费；同时，由于何某霞患有疾病，劳动能力有限，为维护妇女权益，酌定朱某飞一次性给予何某霞100000元经济帮助，用于未来生活以及治病需要。

二、一方有隐匿或转移夫妻共同财产的行为，在分割财产时可以少分或不分

离婚时，一方隐藏、转移、变卖、毁损夫妻共同财产，或伪造债务企图侵占另一方财产的，分割夫妻共同财产时，对隐藏、转移、变卖、毁损夫妻共同财产或伪造债务的一方，可以少分或不分。本案中，2012年8月4日至2012年11月1日，朱某飞六次从其名下账户支取现金710000元，从取款发生的时间来看，何某霞2012年7月患病，2013年2月双方分居，2014年1月原告朱某飞第一次提起离婚诉讼，在此期间原告朱某飞短短两个多月时间内支取现金710000元，对款项的去向与用途也没有给予合理的解释，因此，法院有理由相信朱某飞是在离婚前转移夫妻共同财产。因此应认定支取的710000元应属夫妻共同财产，鉴于朱某飞存在转移夫妻共同财产的行为，在分割时依法应当少分。

编写人：安徽省芜湖经济技术开发区人民法院　朱依雯

17

涉及以车辆过户为目的结婚后离婚的纠纷中，财产分割时应严格审查双方在婚姻存续期间是否共同生活、有无共同财产

——任某某诉程某某离婚案

【案件基本信息】

1. 裁判书字号

北京市第二中级人民法院（2018）京02民终3513号民事判决书

2. 案由：离婚纠纷

3. 当事人

原告：任某某

被告：程某某

【基本案情】

2013年3月27日，程某某（甲方）与任某某（乙方）签订京牌指标租借协议一份，约定：由甲方现有的北京小客车更新指标一个愿意以有偿形式长期出借给乙方终身使用，乙方自愿给甲方适当补偿，小客车京牌指标终身补偿金额为35000元等。此后，任某某给付程某某35000元。

2015年2月1日，任某某给付程某某15000元。次日，程某某与任某某签订《协议书》一份，约定：程某某自愿与任某某结婚；婚后程某某自愿无偿地将自己名下的京牌小轿车一辆更名为任某某所有；婚前双方各自财产归个人所有，互不影响；一旦感情破裂造成离婚，程某某不对任某某提出任何财产上的要求；一旦任某某提出离婚请求，程某某不得以任何理由拖延办理。

2016年1月12日，任某某与程某某办理结婚登记。此后，任某某与程某某因程某某名下京牌小汽车过户问题发生纠纷，后双方和解。2016年11月3日，程某

某将其名下车牌号为京 MP18××小汽车过户到任某某名下。2016 年 11 月 6 日，程某某收到任某某委托他人给付的 2 万元。本案审理中，双方均认可双方之间没有感情，没有共同生活，无共同子女，无夫妻共同财产，无共同债权债务，双方有协议约定各自的财产归各自所有。

因程某某迟迟不遵守承诺与任某某离婚，故任某某诉至法院，要求离婚。程某某表示：同意离婚，但是要求任某某将车辆返还，并给其 106 万元。

【案件焦点】

1. 车辆应当归属于谁；2. 程某某是否有权要求分割任某某在婚姻存续期间获得的财产。

【法院裁判要旨】

北京市丰台区人民法院经审理认为：任某某要求离婚，程某某表示同意，本院对任某某的离婚请求予以准许。任某某与程某某之间并无感情，亦没有共同生活，且程某某在与任某某签订的《协议书》中承诺"一旦感情破裂造成离婚，程某某不对任某某提出任何财产上的要求"。至今为止，任某某已给付程某某 7 万元，基于公平原则，本院认为车牌号为京 MP18××汽车应当由任某某所有为宜。程某某要求任某某返还小汽车，并给付其 106 万元的诉讼请求，缺乏事实和法律依据，本院不予支持。综上所述，依照《中华人民共和国婚姻法》第三十二条之规定，判决如下：

一、准予原告任某某与被告程某某离婚；

二、车牌号为京 MP18××汽车由原告任某某所有；

三、驳回被告程某某的诉讼请求。

程某某不服原审判决，提起上诉。北京市第二中级人民法院同意一审法院裁判意见。

【法官后语】

一、涉及车辆过户结婚的离婚诉讼与普通离婚诉讼之差异

随着北京、上海等一线城市小汽车号牌政策日趋收紧，车牌已经成为一种稀缺资源，目前社会上出现了一批以结婚为手段实现车辆过户的人群，甚至还有专

门为这一事项提供中介服务的灰色产业链。笔者在家事案件的审理中就遇到了这类当事人之间发生的离婚诉讼，且这类案件的数量仍在不断增多。涉及车辆过户结婚的离婚诉讼与常规离婚诉讼之间存在一定差异，主要体现在以下几个方面：结婚目的不同、婚姻状态不同，以及进行离婚诉讼的原因不同。这类婚姻的目的在于实现小汽车号牌的转移，一般不共同生活，离婚诉讼发生一般因其中一方不按照双方之前约定及时解除婚姻关系而诉至法院。这些与普通的离婚诉讼均存在较明显不同。

二、涉及车辆过户结婚的离婚诉讼财产分割之处理

1. 夫妻共同财产的范畴

按照婚姻法相关规定，夫妻共同财产是指在夫妻双方婚前或婚后未对夫妻财产作出约定或者约定无效的情况下，直接适用法律规定的夫妻财产制度。《中华人民共和国婚姻法》对夫妻财产制采取的是法定财产制与约定财产制相结合的制度，并明确规定，在没有约定或约定不明确时，才适用法定财产制。可见，从领取结婚证开始，到解除夫妻关系为止的婚姻关系存续的整个期间的劳动所得、生产经营所得、投资所得、知识产权的收益、继承和赠与所得，以及其他合法所得都是夫妻共同财产。

2. 涉及以车辆过户为目的的婚姻中财产应如何认定

对于以车辆过户为目的的婚姻中，一方在婚姻存续期间所得的财产，如果双方没有作出婚内财产约定，是否理所当然地成为夫妻共同财产呢？一种观点认为：应当依照婚姻法以及相关法律的规定，认定在夫妻关系存续期间获得财产利益，均属于夫妻共同财产，均应在离婚时进行分割；另一种观点认为：应当严格审查双方是否有真实的结婚意愿、有无感情基础、是否实际共同生活，以此作为认定形成夫妻共同财产的标准，如果完全没有真正的结婚意愿，毫无感情基础，亦未共同生活，则不应当认定为在婚姻关系存续期间形成夫妻共同财产，在离婚时予以分割。

3. 涉及车辆过户为目的婚姻的夫妻共同财产的分割

首先，看双方是否对于婚前、婚姻期间的财产进行了明确约定，如本案中，双方对于婚前财产进行了明确约定，但对于婚姻存续期间的财产，双方并未进行明确约定。在双方并未明确约定进行婚内财产约定时，笔者倾向于第二种观点，即应严格审查双方是否有真实的结婚意愿、有无感情基础、是否实际共同生活，

以此作为认定形成夫妻共同财产的标准，如果完全没有真正的结婚意愿，毫无感情基础，亦未共同生活，则不应当认定为在婚姻关系存续期间形成夫妻共同财产，在离婚时不应进行分割。因为双方在并无真正的婚姻合意，仅仅为了进行车辆过户而产生的形式婚姻中，如果法院将各自名下的财产进行混同并认定为夫妻共同财产进行分割处理，实际上有悖于公平原则，最终将可能导致裁判结果偏离公平正义。

在本案中，任某某与程某某对于婚姻存续期间的财产，双方虽然没有明确进行约定，但是在审理期间，经过法院询问，双方认可在双方婚姻存续期间，二人毫无感情、没有共同子女、没有共同生活，没有形成夫妻共同财产。因此程某某要求分割女方在婚姻存续期间获得的财产利益的请求缺乏事实和法律依据，一审法院没有支持该诉求。此外，关于车辆的归属，一审法院依据公平原则，判归由女方所有。当事人上诉至二审法院后，这一裁判结果最终也得以维持。

编写人：北京市丰台区人民法院　金滢

三、离婚后财产纠纷

18

离婚时法院能否对夫妻关系存续期间的土地承包经营权进行处理

——刘某某诉杨某、杨某某离婚后财产案

【案件基本信息】

1. 裁判书字号

四川省金堂县人民法院（2018）川0121民初2708号民事判决书

2. 案由：离婚后财产纠纷

3. 当事人

原告：刘某某

被告：杨某、杨某某

【基本案情】

原告与被告杨某于2013年6月6日经金堂县人民法院调解离婚，原、被告婚姻关系存续期间所承包的土地经营权未在离婚调解书中分割。离婚后原告多次找到被告要求分割被告代表家庭取得的农村土地承包经营权，但是被告均拒绝分割。原、被告离婚至今，国家依据承包地发放的耕保基金一直由被告领取，原告多次找被告要求其返还属于原告的部分，均遭到被告的拒绝。

【案件焦点】

1. 如何确认家庭承包的内涵；2. 法院能否对夫妻关系存续期间的土地承包经营权进行处理。

【法院裁判要旨】

四川省金堂县人民法院经审理认为：根据《中华人民共和国农村土地承包法》第三条规定，“国家实行农村土地承包经营制度”。第十三条规定：“农民集体所有的土地依法属于村农民集体所有的，由村集体经济组织或者村民委员会发包……”第二十条规定：“土地承包应当按照以下程序进行：（一）本集体经济组织成员的村民会议选举产生承包工作小组；（二）承包工作小组依照法律、法规的规定拟订并公布承包方案；（三）依法召开本集体经济组织成员的村民会议，讨论通过承包方案；（四）公开组织实施承包方案；（五）签订承包合同。”由此可以看出，农村土地承包应由村集体经济组织或者村民委员会按法定的程序进行。原告主张分割农村土地承包经营权，实则是要求与村集体经济组织重新签订农村土地承包经营合同，并主张对应土地的使用权和经营权。《中华人民共和国土地管理法》第十六条规定：“土地所有权和使用权争议，由当事人协商解决；协商不成的，由人民政府处理。”故原告主张的分割土地承包经营权应由人民政府处理，不属于人民法院民事诉讼受案范围。关于原告主张被告返还耕保基金，因耕保基金是对承包农村土地并依法保护耕地的村民给予的经济支持，原告是否享有耕保基金应由政府职能部门予以审查认定，不属于人民法院民事诉讼受案范围。原告主张律师费由被告负担，原告主张律师费的基础是起诉分割土地承包经营权和返还耕保基金，因分割土地承包经营权和返还耕保基金不属于人民法院民事诉讼受案范围，故对原告主张的律师费不予处理。

四川省金堂县人民法院依照《中华人民共和国民事诉讼法》第一百一十九条，《最高人民法院关于适用〈中华人民共和国民事诉讼法〉的解释》第二百零八条第二款的规定，裁定如下：

驳回原告刘某某的起诉。

【法官后语】

《中华人民共和国婚姻法》第三十九条规定：“离婚时，夫妻的共同财产由双方协议处理；协议不成时，由人民法院根据财产的具体情况，照顾子女和女方权益的原则判决。夫或妻在家庭土地承包经营中享有的权益等，应当依法予以保护。”因此，夫妻关系存续期间取得的土地承包经营权，应当属于夫妻共同财产并进行分割。但是土地承包经营权的分割实质为户内成员土地承包经营权的分割，家庭承包经营权系通过承包合同取得，承包方是本集体经济组织的农户，是以本集体经济组织内部的农户家庭为单位实行的农村土地承包经营，家庭承包方式的农村土地承包经营权属于农户家庭，而不属于某一个家庭成员，作为农户家庭成员个人并未与发包方签订土地承包合同，自然不能取得土地承包经营权。

《中华人民共和国农村土地承包法》第十三条规定：“农民集体所有的土地依法属于村农民集体所有的，由村集体经济组织或者村民委员会发包；已经分别属于村内两个以上农村集体经济组织的农民集体所有的，由村内各该农村集体经济组织或者村民小组发包。村集体经济组织或者村民委员会发包的，不得改变村内各集体经济组织农民集体所有的土地的所有权。国家所有依法由农民集体使用的农村土地，由使用该土地的农村集体经济组织、村民委员会或者村民小组发包。”第十九条规定：“土地承包应当遵循以下原则：（一）按照规定统一组织承包时，本集体经济组织成员依法平等地行使承包土地的权利，也可以自愿放弃承包土地的权利；（二）民主协商，公平合理；（三）承包方案应当按照本法第十三条的规定，依法经本集体经济组织成员的村民会议三分之二以上成员或者三分之二以上村民代表的同意；（四）承包程序合法。”第二十条规定：“土地承包应当按照以下程序进行：（一）本集体经济组织成员的村民会议选举产生承包工作小组；（二）承包工作小组依照法律、法规的规定拟订并公布承包方案；（三）依法召开本集体经济组织成员的村民会议，讨论通过承包方案；（四）公开组织实施承包方案；（五）签订承包合同。”

由此可见，农村土地承包应由村集体经济组织或者村民委员会按法定的程序进行并由县级以上地方人民政府向承包方发证。本案原告主张分割农村土地承包经营权，实则是要求与村集体经济组织重新签订农村土地承包经营合同，并主张对应土地的使用权和经营权。如果要对原家庭土地承包经营权进行分割，应由合同的主体即发包方与承包方重新签订合同。如果法院强行分割家庭承包土地经营权，实际上就是在没有发包方加入的情况下擅自解除承包合同并代发包方重新订立两份合同，重新确定发包方和承包方的权利义务。《中华人民共和国土地管理法》第十六条规定："土地所有权和使用权争议，由当事人协商解决；协商不成的，由人民政府处理。"《最高人民法院关于审理涉及农村土地承包纠纷案件适用法律问题的解释》第一条规定："下列涉及农村土地承包民事纠纷，人民法院应当依法受理：（一）承包合同纠纷；（二）承包经营权侵权纠纷；（三）承包经营权流转纠纷；（四）承包地征收补偿费用分配纠纷；（五）承包经营权继承纠纷。集体经济组织成员因未实际取得土地承包经营权提起民事诉讼的，人民法院应当告知其向有关行政主管部门申请解决。"基于上述规定，法院分割家庭土地承包经营权有司法权代替行政权的嫌疑。法院对家庭土地承包经营权进行分割也难以获得很好的法律效果和社会效果，在原发包过程中，为了公平起见，需要综合考虑多方因素，如地块的肥沃与贫瘠、距离村庄的远近等，发包方是按照每户的人数而不是每一个成员对应每块田地去分配，因此当事人无法证明其主张的土地四至具体范围，法官想要作出正确的裁判是很困难的，也难以让当事人信服。

综上所述，不论是从法理、情理还是社会现实来看，对家庭土地承包经营权进行分割都不宜由法院直接处理，而应当依法向政府相关部门提出申请，经依法审查后通知发包方与原农户变更土地承包合同，结合原承包合同订立时该户的人数进行合理分割，并在分割后及时订立新的土地承包合同，从而真正达到保护当事人权益的目的。

至于本案原告主张被告返还耕保基金，因耕保基金是对承包农村土地并依法保护耕地的村民给予的经济支持，原告是否享有耕保基金应由政府职能部门予以审查认定，不属于人民法院民事诉讼受案范围。原告主张律师费由被告负担，原告主张律师费的基础是起诉分割土地承包经营权和返还耕保基金，因分割土地承包经营权和返还耕保基金不属于人民法院民事诉讼受案范围，故对原告主张的律师费不予处理。

编写人：四川省金堂县人民法院　廖栩

19

离婚时赠与的未办理过户登记的不动产仍是原夫妻双方的共同财产

——张某根诉沈某离婚后财产案

【案件基本信息】

1. 裁判书字号

四川省洪雅县人民法院（2018）川1423民初714号民事判决书

2. 案由：离婚后财产纠纷

3. 当事人

原告：张某根

被告：沈某

【基本案情】

原、被告曾系夫妻关系，2008年3月31日因夫妻感情不和在洪雅县民政局办理离婚，离婚协议载明：儿子张某林随男方（原告）生活，女方（被告）每月给付抚养费500元，位于洪川镇青衣路107号的三个门面产权属于儿子所有，经营权属原告，另门市里的一切财物归原告所有；夫妻关系存续期间，2007年之前的一切债务由女方（被告）偿还。关于门市的购买，原告在婚姻关系存续期间于1995年至1996年缴纳过部分集资款，2000年5月办理产权登记在被告名下。

2007年3月19日，原告因经营副食批发部需要以该门市作为抵押向三宝信用社贷款35万元，按离婚协议约定2007年之前的债务由女方偿还，所以该笔贷款应由被告偿还（该贷款原告已于2016年12月29日通过自己离婚后购买的房屋转抵押续贷为个人贷款，赎回该门市。）。

需要说明的是，2013年2月至2014年2月，被告向案外人张某梅借款95.5万元，已经通过诉讼并申请了该门市的财产保全，执行期间原告儿子张某林以父母离婚协议约定该门市从2008年3月31日离婚之日即属于自己所有，于是，于2017年4月30日向法院提起了执行异议申请，经听证后法院以该门市登记在被告名下，张某林不是门市的所有权人，不享有足以排除强制执行的民事权益驳回了执行异议。后于2018年1月26日通过民事诉讼，法院认定门市的赠与行为因房屋系不动产，至今未办理变更登记，其行为不发生赠与的法律效力。原告张某根向本院提出以下诉讼请求：（1）请求依法分割位于洪川镇青衣路1××号（现洪雅县洪川镇滨河路27号×层）的原夫妻共同财产；（2）依法判令被告承担夫妻关系存续期间的债务35万元及利息。被告沈某未到庭答辩。

【案件焦点】

1. 争议的房产如何确定所有权；2. 如何处理争议房产。

【法院裁判要旨】

洪雅县人民法院经审理认为：原、被告于2008年3月31日因夫妻感情不和在洪雅县民政局登记离婚，离婚协议载明该门市赠与儿子，后因通过民事诉讼，法院认定门市的赠与行为因房屋系不动产，不发生赠与的法律效力，该民事判决书现已发生法律效力。诉争三间门市是由经营门面和门面后对应的厨房、厕所、饭厅、卧室组成，建筑面积120平方米。在2011年门市产权第二次换证时，仍然登记在被告名下，庭审中原告陈述是因续贷时银行要求需旧证换新证方能继续贷款缘由形成，并且在原、被告婚姻关系存续期间即1995年至1996年确实由原、被告共同分次向洪雅县中药开发股份合作公司购买门市时缴纳集资款项的客观事实加以证明，故应认定为该三间门市属于原、被告夫妻共同财产。基于原告在本案中未提供财产如何具体分割和明确的诉求，依据婚姻关系夫妻对夫妻共同财产，应享有平等的处理权的法律条文规定，故依法确认原、被告各享有该三间门市一半的所有权。

2007年3月19日，原告因经营副食批发部向银行贷款35万元，是在夫妻关系存续期间所形成的债务，应属于夫妻共同债务。但在形成夫妻共同债务之后，原告因经营需要多次续贷，最后于2016年11月29日通过自己离婚后购买的房屋转抵押赎回了该门市，其35万元的贷款已经转变为个人贷款关系，因此，应认定其夫妻共同债务已经视为归还。对原告已经偿还了的35万元中，被告应承担的夫妻共同债务部分，原告享有可另行主张向被告追偿的权利，但在本案不宜进行处理，故原告提出由被告偿还35万元及利息理由，本院不予支持。本案因被告经本院依法公告传唤未到庭，涉及其他权益问题在本案中不宜进行处理，可另案主张。

洪雅县人民法院依照《中华人民共和国婚姻法》第十七条、第三十九条，《中华人民共和国民事诉讼法》第一百四十四条，《最高人民法院关于适用〈中华人民共和国婚姻法〉若干问题的解释（二）》第二十五条，《最高人民法院关于适用〈中华人民共和国婚姻法〉若干问题的解释（三）》第十八条规定，缺席判决如下：

一、确认位于洪雅县洪川镇青衣路1××号（与洪雅县洪川镇滨河路27号×层系同一房屋，新证是洪雅房权证监证字第00068××号，旧证是洪房权证洪川镇字第H－013930038××号，国有土地使用权证是洪国用2012第16××号，其建筑面积120平方米）。三个门市为原告张某根与被告沈某原夫妻共同财产，各自均享有一半的所有权；

二、驳回原告张某根其他诉讼请求。

【法官后语】

在现实中，很多诉讼离婚案，经过法院调解，原、被告夫妻双方有些会协商将共同所有的夫妻财产赠与子女，其中就有不动产。离婚后，当事人没有及时去过户，那离婚时的赠与协议怎么认定效力呢？《中华人民共和国物权法》中规定不动产物权的设立、变更、转让和消灭，应当依照法律规定登记，经依法登记的，发生效力，未经依法登记，不发生效力，应当登记的，自记载于不动产登记簿时发生效力，不动产登记簿是物权归属和内容的根据。本案中，虽然原、被告在协议离婚时约定将夫妻共同所有的房屋即门市赠与儿子，但因未经有关机关依法登记，其赠与行为不发生法律效力，该行为也经洪雅县人民法院确认赠与行为无效。所以当再提到案涉房屋权属时，应以不动产登记簿载明的权属为准，经洪雅县人民法院确认，案涉房屋仍为原、被告的夫妻共同财产，原、被告平等地享有，现两人已经离婚，原告诉至本院确认享有该房屋的份额，自然为所有权的一半。

另本案中还涉及用案涉房屋贷款，因多次续贷自己做生意使用，案涉房屋房产证一直在银行抵押，之后原告转用自有的其他房屋抵押将案涉房屋房产证赎回，该贷款实际已经是原告自己房屋抵押的贷款，不涉及案涉房屋，案涉房屋没有附加的义务，为原、被告所共有的财产，经洪雅县人民法院分割为一人一半。

《离婚协议书》约定将房产赠与子女后但并未办理过户至该子女名下的，只要未过户，子女对该房就不享有所有权。《离婚协议书》是离婚的夫妻之间对于离婚财产如何处理的安排，并非与子女之间签订的书面赠与合同，也不能依照《最高人民法院关于贯彻执行〈中华人民共和国民法通则〉若干问题的意见（试行）》第一百二十八条的规定认定赠与有效。

编写人：四川省洪雅县人民法院　熊晗

20

离婚后违建房屋的分割

——洪某恋诉陈某志离婚后财产案

【案件基本信息】

1. 裁判书字号

福建省厦门市翔安区人民法院（2018）闽0213民初1971号民事判决书

2. 案由：离婚后财产纠纷

3. 当事人

原告：洪某恋

被告：陈某志

【基本案情】

洪某恋与陈某志于2006年1月10日登记结婚。在婚姻关系存续期间，陈某志沉迷于赌博和六合彩，并且与其他女性存在不正当的男女关系，在日常生活中完全没有尽到一个作为丈夫和父亲应尽的义务。在这种情况下，洪某恋认为夫妻感情已经破裂，无和好的可能，故于2017年12月18日到厦门市翔安区民政局办理协议离婚。当日，双方签署一份《离婚协议书》，其中第三条载明："三、婚后共同财产：1. 位于厦门市翔安区新店镇溪尾村田墘54号房屋正后面一栋4层楼归女方所有。"2016年7月2日，洪某恋与案外人潘某洪签订了一份《房屋租赁合同》，由潘某洪承租讼争房屋作为住房使用，每月租金1600元，租金每季度支付一次，于每季度前15天内交纳房租。至今合同仍然在履行，但是一直由陈某志在收取租金。根据离婚协议书的约定，自2017年12月18日开始，陈某志丧失对讼争房屋的权利，因此其收取的从2017年12月18日至2018年6月15日共6个月租金9600元应该返还给洪某恋。离婚以来，洪某恋独自一人靠卖早点承担两个子女的生活费和教育费用等，陈某志非但未支付任何抚养费用，而且还将收取的租金据为己有，严重损害了洪某恋的合法权益，故提起诉讼。

【案件焦点】

离婚后违建房屋如何分割。

【法院裁判要旨】

福建省厦门市翔安区人民法院经审理认为：洪某恋与陈某志离婚时，离婚协议书虽然约定位于厦门市翔安区新店镇溪尾村田墘54号房屋正后面一栋4层楼房屋（没有门牌号）归洪某恋所有，但根据查明的事实，该房屋并未取得不动产权证，亦无宅基地审批及批建手续；同时，双方对涉讼房屋的建设出资等存在争议，洪某恋虽主张其曾出资42.5万元，但陈某志予以否认，且洪某恋未能举证证明。因此，洪某恋提供的现有证据不足以证明涉讼房屋属夫妻共同财产，离婚协议书中关于房屋归洪某恋所有的约定应属无效。综上，洪某恋主张对房屋享有占有、使用、收益和处分权利及陈某志返还9600元租金的诉求，证据不足，本院不予支持。

厦门市翔安区人民法院依照《中华人民共和国民事诉讼法》第六十四条第一款，《最高人民法院关于适用〈中华人民共和国民事诉讼法〉的解释》第九十条之规定，判决如下：

驳回洪某恋的诉讼请求。

【法官后语】

该案例涉及离婚后财产分割中的违建房屋的分割问题，在实践过程中，离婚后财产分配问题通常也是离婚纠纷中双方当事人争议较大的问题，也是审判过程中较棘手的问题。根据现有的国家关于农村自建房屋权属确认问题的相关规定，农村房屋建设应当依法取得不动产权证，并办理宅基地审批及批建手续后，方可确认该处房屋归谁所有。具体到本案中，首先，厦门市翔安区新店镇溪尾村田墘 54 号房屋正后面一栋 4 层楼房屋（没有门牌号）未取得不动产权证，也未办理宅基地审批及批建手续，应当认定为违建房屋，亦无法认定该处房屋归原告洪某恋所有；其次，洪某恋在诉讼过程中虽主张其曾出资 42.5 万元用于建造该处房屋，但被告陈某志对此主张予以否认，且洪某恋未能举证证明其曾出资建造房屋，也无法依此判定该处房屋归原告洪某恋所有。综上，因为该处房屋无法确认为原告洪某恋所有，当然也无法认定该涉讼房屋属夫妻共同财产，所以在离婚协议书中的关于厦门市翔安区新店镇溪尾村田墘 54 号房屋正后面一栋 4 层楼房屋（没有门牌号）归洪某恋所有的约定应属无效。洪某恋主张对房屋享有占有、使用、收益和处分权利及陈某志返还 9600 元租金的诉求无法得到支持。

在具体实践过程中，我们应当注意以下三个方面：（1）在离婚诉讼审理过程中，涉及离婚后财产分割的部分，应当对该部分财产是否属于夫妻共同财产或者属于某一方可单独支配的范畴，该部分财产方可纳入夫妻离婚后财产分割的部分，如若财产权属不明或者分割的财产侵犯他人合法权益，那么在离婚协议中关于该部分财产的约定应当认定为无效；（2）在《中华人民共和国婚姻法》中也应当对该部分内容进行充分释明，提高公民法律意识及维护自身权益的意识，同时也减少在夫妻感情破裂后涉及财产分割中的纠纷问题；（3）应加强对审判过程中出现的具体案例的宣传力度，以鲜明的案例阐释法律，提高公众知晓率。

另外，应加强与政府部门的联动，城市行政执法机关应当加强对违章建设的打击力度，发现一起取缔一起，消除群众违建的侥幸心理。

编写人：福建省厦门市翔安区人民法院　何真

21

《夫妻财产约定协议书》是否可以撤销

——严某诉浦某离婚后财产案

【案件基本信息】

1. 调解书字号

江苏省盐城市中级人民法院（2018）苏09民终3503号民事调解书

2. 案由：离婚后财产纠纷

3. 当事人

原告：严某

被告：浦某

【基本案情】

2014年10月10日，被告浦某父母出资首付款购买了位于江苏省滨海县东坎镇金厦广场某房屋，该房屋产权登记所有人为浦某。原告严某与被告浦某于2014年11月8日登记结婚。当日，被告浦某将该房屋产权的50%赠与给原告严某，并将该房屋的产权变更为严某、浦某共有，各占50%。

2017年3月11日，原告严某与被告浦某签订《夫妻财产约定协议书》，协议约定"位于滨海县金厦广场某房屋及屋内的一切装修、家具、家电均归严某所有，浦某放弃该房产的一切权利，在本协议签订之后，浦某自愿为该房产偿还贷款"。协议签订后，双方未办理房屋产权变更登记。

2018年3月8日，原告严某诉至法院要求与被告浦某离婚，经法院主持调解，双方达成协议，原告严某与被告浦某自愿离婚，共同财产另案处理。后严某诉至滨海县人民法院，诉讼请求：1. 请求确认《夫妻财产约定协议书》有效；2. 判决被告浦某立即履行《夫妻财产约定协议书》，判决滨海县金厦广场某室房屋归原告严某所有，浦某承担自起诉之日起涉案房屋的银行贷款。案件审理中，浦某认为协议无效且严重损害其利益，显失公平，不愿意将涉案房屋另外50%产权继续赠与严某。请求驳回原告严某的诉讼请求。

【案件焦点】

1. 原、被告双方于2017年3月11日签订的《夫妻财产约定协议书》是赠与行为，还是婚内财产的约定；2. 被告是否可以撤销该协议。

【法院裁判要旨】

江苏省滨海县人民法院经审理认为：本案涉案房屋虽然由被告浦某父母出资首付购买，但登记在被告名下，依法应当视为其父母将该房屋赠与被告，其产权归被告所有。涉案房屋于2014年10月购买，原、被告于同年11月8日结婚，该房屋为被告的婚前财产。当日，被告自愿将自有房屋产权的50%赠与原告严某，是对其享有的房屋所有权的处理，且办理了产权变更登记，合法有效。至此，原告即享有该房屋的50%所有权。后原、被告于2017年3月11日签订协议约定被告将涉案房屋的全部所有权归原告所有。原告无偿得到涉案房屋另外50%产权，该约定应当认定属于是赠与行为，也就是被告愿意将自己享有的婚前财产的另外50%产权继续赠与原告，但至今未实际履行，尚未办理产权变更登记。按照相关法律规定，不动产所有权转移以登记为准。因原、被告至今尚未办理产权变更登记，即房屋的所有权尚未发生转移。庭审中，被告不再愿意将涉案房屋另外50%的产权继续赠与给原告，法律意义上讲，被告在行使任意撤销权。故原告要求判令涉案房屋归其所有的诉求无法律依据。

江苏省滨海县人民法院依据《中华人民共和国婚姻法》第十九条，《最高人民法院关于适用〈中华人民共和国婚姻法〉若干问题的解释（三）》第六条，《中华人民共和国民法通则》第六十一条，《中华人民共和国合同法》第一百八十六条、第一百八十七条、第一百八十八条之规定，作出如下判决：

驳回原告严某的诉讼请求。

宣判后，严某向江苏省盐城市中级人民法院提起上诉。经法院主持调解，双方在二审法院达成调解协议：滨海县东坎镇金厦广场某室房屋归浦某所有，严某搬出该房屋，浦某补偿严某45万元（注：45万元约为该争议房产的一半价值）。

【法官后语】

《中华人民共和国婚姻法》规定，“夫妻可以约定婚姻关系存续期间所得的财产以及婚前财产归各自所有、共同所有或部分各自所有、部分共同所有。夫妻对婚姻关系存续期间所得的财产以及婚前财产的约定，对双方具有约束力”。婚姻法规定的夫妻财产制度实际上是以法定财产制为主，约定财产制为补充。上述法律规定实际上允许婚姻关系当事人通过约定自由处分婚前个人财产或婚后共同财产，即个人有权依据自己的意思处分自己的财产。本案中浦某、严某在婚姻关系存续期间签订协议，将被告浦某婚前房产约定为原告严某个人所有，浦某自愿放弃其原有的份额，本质上是浦某对其婚姻财产权利的处分，其将争议房产的份额权利给予严某，未违反法律的强制性规定，应认定为有效。

赠与是赠与人将自己的财产无偿给予受赠人。夫妻之间关于不动产归属无偿转移的约定，其改变了约定所涉及财产的权利归属，其在本质上并非夫妻财产制契约，仍属于夫妻间赠与的范畴。至于当事人将此种协议命名为“约定”还是“赠与”并不影响对其法律性质的判断。本案中严某、浦某双方签订协议约定浦某所有的婚前房产为严某个人所有，严某无偿获得配偶的婚前房产，虽然明为“协议”，但本质上仍是夫妻之间的赠与行为。

夫妻财产协议对婚姻关系双方当事人具有一定约束力。那么，在夫妻双方离婚分割财产时可否以此婚内财产协议为判决的依据？笔者认为这里的“约束力”仅指合同的约束力，而不是物权的约束力。《中华人民共和国物权法》第十五条规定：“当事人之间订立有关设立、变更、转让和消灭不动产物权的合同，除法律另有规定或者合同另有约定外，自合同成立时生效；未办理物权登记的，不影响合同效力。”可引起不动产物权变动的有效民事合同，对当事人仅具有债权上的约束力，不具有直接发生物权变动的物权效力，即必须通过物权登记，才发生物权变动的物权效力。

本案中原、被告在婚姻关系存续期间签订协议，约定将被告婚前一半的房产约定为原告的个人财产，但这一民事合同仅具有合同上的约束力，其未经登记不能产生物权变动的物权效力。因为赠与在本质上是一种单方允诺行为（一方让渡财产，另一方接受财产），所以法律允许赠与人在赠与财产的权利转移之前撤销赠与，具有公益、道德义务性质和经公证的赠与除外，这同样体现了民法的意思自治原则。

讼争房屋的产权未进行物权变更登记，不发生物权变更的效力。被告对讼争房屋的权利尚未转移给原告，被告仍有权撤销赠与。在被告作出撤销赠与的意思表示后，只要这一意思表示发生在权利转移之前，就是有效的。

本案中赠与一方在房屋变更登记前撤销对另一方的房屋赠与，不属于违背道德义务，不属于公益性质且未经过公证。因此，赠与人可行使任意撤销权。任意撤销权的后果是生效的赠与合同从此失去效力，合同双方的权利义务解除，赠与物的所有权不变，受赠人的履行请求权也随之消灭。故本案中被告浦某在行使任意撤销权后，原告严某的诉讼请求便无法律依据，不应得到支持。

编写人：江苏省滨海县人民法院　刘天畅　郑东林

22

夫妻一方在极短存续的婚姻关系期间所购房屋离婚后取得所有权的，不宜直接认定为夫妻共同财产

——刘某诉孙某离婚后财产案

【案件基本信息】

1. 裁判书字号

江苏省南京市中级人民法院（2018）苏01民终4885号民事裁定书

2. 案由：离婚后财产纠纷

3. 当事人

原告：刘某

被告：孙某

【基本案情】

原、被告于2013年5月14日办理结婚登记，在办理婚姻登记的声明书中载明：双方声明自1999年10月6日起同居。2013年5月24日在安徽省怀远县人民

法院调解离婚，民事调解书载明：一、原告刘某与被告孙某离婚；二、婚生子女刘某敏、刘某利、刘某伟均由原告刘某抚养，不要求刘某负担抚养费。

另查明，2013年5月16日，孙某与案外人张某签订《南京市存量房买卖合同》一份，购买位于南京市浦口区珍珠花苑某某号房屋，建筑面积为110.92平方米，转让价款900000元。2013年5月27日，上述房屋登记于孙某名下。2013年9月2日，孙某以上述房屋向银行设定一般抵押权，被担保主债权数额630000元，债务履行期限为29年。2016年7月22日，孙某以上述房屋向案外人杨某设定一般抵押权，被担保主债权数额1300000元，债务履行期限为10个月。2016年10月14日，浦口法院对上述房屋进行司法冻结，限制期限3年。2016年11月18日，江宁法院对上述房屋进行司法冻结，限制期限2016年11月18日起至2019年11月17日。

庭审中，原告提交的收款收据复印件载明：孙某对浦口区珍珠花苑某某号房屋于2013年4月28日支付定金20000元、2013年5月17日支付首付款160000元。被告认可该证据，陈述诉争房屋于2013年5月购买。原、被告一致认可房屋贷款630000元，定金和首付款是离婚前付的，原告未参与还贷。

原告陈述，离婚时，原告不知道被告购买了诉争房屋。离婚前原告天天在家带孩子，对被告在外的事情都不知道。在离婚几个月后，因三名子女需要抚养，原告搬至诉争房屋居住，几个月后发现诉争房屋房产证，知道被告在离婚前购买该房屋，原告与被告及三名子女、被告父母均在该房屋中生活，直至2017年下半年。对诉争房屋办理房屋贷款抵押、向他人设立抵押债权及被法院司法查封均不知情。原、被告离婚后未复婚。离婚后，原、被告财产各自独立。原、被告还有其他夫妻共同财产，但是原告不主张。现要求确认原告对诉争房产享有一半份额，不要求实际分割。

【案件焦点】

夫妻一方在极短存续的婚姻关系期间以个人名义购买房屋并支付首付款，在婚姻关系解除后办理按揭贷款取得房屋所有权，该房屋能否认定为夫妻共同财产。

【法院裁判要旨】

南京市浦口区人民法院经审理认为：公民合法的民事权益受法律保护。夫妻共同财产是婚姻关系存续期间的一方或双方获得的财产或收益，一般是指在夫妻关系存续期间夫妻所共同拥有或取得的财产。婚姻关系存续期间，即夫妻双方缔结婚姻关系到婚姻关系自然终止或依法解除的期间，在双方无特殊约定或法律规定的情况下，不论一方还是双方取得的财产，均应视为夫妻共同财产。

原告刘某与被告孙某缔结合法的婚姻关系仅两天，孙某即以个人名义与案外人签订购房合同，缔结婚姻十日后，双方即通过法院调解离婚，被告在离婚前支付了定金和房屋首付款。原、被告在缔结婚姻关系前系同居关系，无合法的婚姻关系，原告陈述离婚前只带孩子，对被告在外的事情均不知情，且原告未提供证据证明双方同居期间共同进行家庭经济建设或购房款系双方共同财产。对于男女双方缔结婚姻关系后，仅短期维持数日婚姻关系即离婚，一方以个人名义购买了房屋，并于双方离婚后办理按揭贷款并取得房屋所有权，如果另一方不能证明购买房屋的款项系双方共同财产，则不能认定房屋购买款项系短期存续的婚姻期间夫妻共同财产，故不能认定被告购房款系双方共同财产。被告在离婚后办理了诉争房屋的按揭贷款和房屋产权登记，并进行还贷，原告未曾参与还贷。综上，本院认为，诉争房屋不属夫妻关系存续期间取得的财产，应属被告个人财产，不能作为夫妻共同财产予以分割。原、被告结婚前和离婚后同居期间的财产关系不属本案的审理范围。原告对自己的主张所依据的事实有提供证据加以证明的义务。没有证据或证据不足以证明当事人的事实主张的，由负有举证责任的当事人承担不利后果。综合本案查明的情况，本院认为原告主张确认对位于南京市浦口区珍珠花苑某某号房屋享有一半的份额，证据不足，对原告的诉请，不予支持。

南京市浦口区人民法院依照《中华人民共和国民法通则》第五条，《中华人民共和国婚姻法》第十七条、第十八条，《中华人民共和国物权法》第九条、第十四条，《中华人民共和国民事诉讼法》第六十四条第一款之规定，判决如下：

驳回原告刘某的诉讼请求。

原告刘某上诉至南京市中级人民法院，南京市中级人民法院于 2018 年 6 月 5 日裁定：本案按上诉人刘某自动撤回上诉处理。一审判决自本裁定书送达之日起发生法律效力。本裁定为终审裁定。

【法官后语】

夫妻共同财产，是指在夫妻关系存续期间夫妻所共同拥有的财产。所谓夫妻关系存续期间，是指夫妻结婚后到一方死亡或者离婚之前这段时间，这期间夫妻所得的财产，除约定的外，均属于夫妻共同财产。

夫妻共同财产一般具有以下特征：

第一，时间的限定性。

即从婚姻登记机关登记开始，到解除夫妻关系或夫妻关系自然终止之日的婚姻关系存续的整个期间的合法所得都是夫妻共同财产。

既包括结婚之后夫妻双方共同生活期间，也包括婚后分居期间。合法婚姻从登记领取结婚证之日起，到配偶一方死亡或离婚生效时止。1994年2月1日《婚姻登记管理条例》施行前，双方未办理结婚登记即以夫妻名义同居，被认定为事实婚姻的，从同居之日起，就是婚姻关系存续期间。在1994年2月1日《婚姻登记管理条例》施行后，双方未办理结婚登记即以夫妻名义同居，根据婚姻法规定补办结婚登记的，从结婚证载明的婚姻有效起始日起算；未补办结婚证，而是在同居后办理结婚登记的，从结婚证载明的登记之日起算。夫妻分居或离婚判决未生效的期间，仍为婚姻关系存续期间。1994年2月1日之后，恋爱或未办理结婚登记的同居期间，不属于婚姻关系存续期间。

第二，夫妻共同财产的范围限定性。

夫妻共同财产的范围限于合法的夫妻一方或双方在婚后所得的财产。未形成婚姻关系的双方，如未婚同居、婚外同居等，以及无效或被撤销婚姻的男女双方，所取得的财产无论是否为共有财产均不能成为夫妻共同财产。

夫妻一方的婚前财产为夫妻一方所得的个人财产，不因缔结婚姻关系而自然转化为夫妻共同财产。

婚后所得的财产，是指财产权的取得时间或确定可以取得时间是在婚姻关系存续期间。即从婚姻关系生效之日起，到配偶一方死亡或离婚生效时止。对于夫妻一方婚后所得的财产，除了依照《中华人民共和国婚姻法》第十八条规定的一方因伤残补助、遗嘱或赠与合同中确定只归夫或妻一方的财产、一方专用的生活用品或者夫妻约定归一方个人所有之外，均属于夫妻共同财产。

第三，夫妻共同财产的来源。

为夫妻双方或一方所得的财产，既包括夫妻通过劳动所得的财产，也包括其他非劳动所得的合法财产或者婚前财产转化为婚后财产的情况，法律规定为个人财产的和夫妻约定为个人财产的除外。劳动所得包括工资、奖金、生产、经营的收益等，非劳动收入包括未指定归一人所有的继承或受赠与获得的财产等。对于婚前财产自愿转化的，如将婚前取得的资金购买房屋登记于双方或对方一人名下、婚前购置房屋婚后加名等，则视为个人财产已经转化为夫妻共同财产，但对于婚前财产婚后虽转化形态或自然流转，但未涉及对方姓名的，除经营获得的收益外，不应视为已经转化为夫妻共同财产。

关于知识产权收益，必须是在婚姻关系存续期间通过劳动取得或者确定可以取得的为夫妻共同财产，对财产权利的取得，不要求对财产实际占有，如果一方在婚前获得某项知识产权收益，但并未实际取得，而是在婚后才支付费用，此笔收益不属于夫妻共同财产，如果在婚后产生知识产权劳动成果，明确了可以获得的收益，但直到婚姻关系终止前也没有实际得到这笔收益，那么这笔收益也属于夫妻共同财产。

通过上述可知，夫妻共同财产是婚姻关系存续期间的一方或双方获得的财产或收益。确定财产是否属于夫妻共同财产，应综合考虑财产的取得时间、来源、范围。

本案中，对于男女双方缔结婚姻关系后，仅短期维持数日婚姻关系即离婚，一方以个人名义购买了房屋，并于双方离婚后办理按揭贷款并取得房屋所有权，购房款一般是个人或家庭的重大财产，短期内难以取得，夫妻关系存续极短，未建立起共同建设家庭的基础，不能将款项来源简单推定为夫妻共有或一方个人财产转化为夫妻共同财产，如果另一方不能证明购买房屋的款项系双方共同财产，则不能认定房屋购买款项系短期存续的婚姻期间夫妻共同财产，故不能认定被告购房款系双方共同财产。房屋在离婚后办理按揭贷款和房屋产权登记，并进行还贷，房屋的产权实际取得时间也是在离婚后，婚姻期间并未进行共同还款，故不存在在婚姻期间还贷及对应增值部分作为共同财产分割的基础。

对于原、被告双方的婚前即离婚后的同居，无合法婚姻关系，不具备夫妻共同财产的条件，即使有共同财产，亦应当以同居关系析产处理，不能作为婚后一方购房当然成为夫妻共同财产的依据。

综上，婚姻关系存续期间极短，一方购房并于离婚后办理按揭贷款并取得产权的，考虑购房款来源、房屋取得时间及夫妻共同财产的范围，本案诉争房屋及还贷、房屋增值不属于夫妻共同财产。

2018年宪法修正案规定："公民的合法的私有财产不受侵犯。"加大私有财产的保护力度。这次宪法修正案中"侵犯"一词在现代汉语中有侵入、触犯、非法干涉、损害权利之意。"不受侵犯"即不得侵入和触犯，不受非法干涉，权利不受损害，从而强调了保护私有财产的严肃性，引导人们通过合法经营、辛勤劳动致富。该案在审理中通过严格审查原告主张夫妻共同财产分割的依据，制约未作出贡献一方通过极其短期的婚姻关系达到分割对方财产或者将对方财产转化为共同财产的目的，体现了宪法财产保护的严肃性，充分保护了公民合法私有财产，有利于慎重选择缔结婚姻、家庭的稳定和社会的和谐，符合民法公平公正的精神，同时也维护了良好的道德风尚。

编写人：江苏省南京市浦口区人民法院　汪会中

23

夫妻共同债务的认定

——张某立诉孙某连离婚后财产案

【案件基本信息】

1. 裁判书字号

北京市第三中级人民法院（2018）京03民终11811号民事判决书

2. 案由：离婚后财产纠纷

3. 当事人

原告（被上诉人）：张某立

被告（上诉人）：孙某连

【基本案情】

张某立、孙某连于2001年2月20日登记结婚，2016年7月，孙某连以离婚纠纷为由将张某立诉至本院，要求解除婚姻关系，同年12月14日，本院一审判决张某立、孙某连离婚，在该案民事判决书审理查明部分载明“2012 年 2 月，张某立曾向法院起诉要求与孙某连离婚，本院以夫妻感情尚未破裂驳回其诉讼请求。2015 年 12 月，孙某连诉至本院，要求与张某立离婚，后撤回起诉。现孙某连再次诉至法院。案件受理后，张某立本人经本院多次传唤未出庭参加诉讼，但委托其父张某义出庭代理，并提交书面答辩意见。开庭过程中，本院亦当庭通过电话联系方式向张某立询问，其表示不同意离婚，但认可分居 5 年”，该案案号为（2016）京 0118 民初 5336 号。该案判决后，张某立提起上诉并主张有欠付胡某荣的共同债务 30000 元，2017 年 4 月 25 日，北京市第三中级人民法院作出终审判决，对一审浮财分割部分进行部分改判，维持判决离婚内容，针对张某立所主张涉及欠付胡某荣的债务，二审认定意见为：“有关张某立主张婚姻关系存续期间的共同债务 3 万元，张某立虽提供诊断证明及胡某荣出具的证明予以证实，但胡某荣并未出庭作证，张某立亦未提供其他证据加以佐证，在孙某连对此不予认可的情况下，本院对张某立的该项主张不予采纳。”

在本案审理过程中，张某立之委托诉讼代理人张某义针对张某立主张欠付胡某荣的债务，提交署名胡某荣，落款日期为 2016 年 3 月 31 日的证明一份，内容载明：“张某立在 2016 年 3 月，因其父亲在中日友好医院治病，从我这里借款叁万元……（未还）”，张某立另提交姓名为张某义的中日友好医院住院费用结算表一张，记载住院日期为 2016 年 3 月 18 日至 2016 年 4 月 6 日，在住院预收医疗款明细表中记载 2016 年 3 月 31 日预交医疗费现金 30000 元，记载入院日期为 2016 年 3 月 18 日，出院日期为 2016 年 4 月 6 日中日友好医院的住院诊断证明书一份，入院日期为 2016 年 6 月 22 日，出院日期为 2016 年 6 月 29 日中日友好医院的住院诊断证明书一份，中日友好医院住院收费票据等证据证实其主张，庭审中，孙某连对张某立上述证据均不予认可。另经询问张某立之委托诉讼代理人张某义，张某义陈述胡某荣系张某立表姨，现实际欠付金额为 10000 元。

关于张某立所主张欠付王某臣之借款，张某立之委托诉讼代理人张某义在庭审中提交署名王某臣，落款日期为 2017 年 3 月 16 日证明一份，载明：“张某立于 2017 年 3 月 16 日由西田各庄镇西田各庄村一街 44 号王某臣手中借款两万元（通过银行转账方式）去北京德尔康尼骨科医院看病，借款未还。”另提交姓名为张某立，入院日期为 2017 年 3 月 14 日，出院日期为 2017 年 3 月 26 日北京德尔康尼骨科医院北京市医疗保险住院费用清单一份，北京德尔康尼骨科医院出院诊断证明书一份证实就医事实；针对打款事实，其提交北京农商银行个人储蓄对账单一份，载明2017年3月14日，王某臣自其账户中支取20000元，庭审中，孙某连对上述证据亦不予认可。经询问，张某立之委托诉讼代理人张某义自述王某臣系其女婿。

【案件焦点】

1. 夫妻共同债务的认定；2. 举证责任的分配。

【法院裁判要旨】

北京市密云区人民法院经审理认为：夫妻为共同生活所负的债务为夫妻共同债务。根据本案现已查明事实，本案所涉两笔债务产生于张某立、孙某连分居及感情恶化期间，其中，张某立所主张的第一笔债务系在两人分居情况下两次离婚诉讼的间歇期产生，第二笔债务产生于张某立、孙某连离婚案件二审审理期间，庭审中，张某立就其在上述特殊时间进行举债的必要性并未有充分的证据予以证实；另外，按照张某立陈述，上述款项用于家庭生活之用，但综合考虑两名借款人均系张某立亲属，按照常理推断，二人应对张某立与孙某连分居、离婚一事有所知晓，结合张某立、孙某连分居事实，难以认定上述款项属于夫妻共同生活之用；此外，在本案审理过程中，孙某连对上述债务并不认可，故综合上述意见，张某立在本案中之主张缺乏事实和法律依据，对其在本案中的诉讼请求，本院难以支持。

北京市密云区人民法院依照《中华人民共和国婚姻法》第四十一条，《中华人民共和国民事诉讼法》第六十四条，《最高人民法院关于适用〈中华人民共和国民事诉讼法〉的解释》第九十条之规定，判决如下：

驳回原告张某立的全部诉讼请求。

张某立不服一审判决，提出上诉。北京市第三中级人民法院经审理认为：《最高人民法院关于适用〈中华人民共和国民事诉讼法〉的解释》第九十条规定，当事人对自己提出的诉讼请求所依据的事实或者反驳对方诉讼请求所依据的事实，应当提供证据加以证明，但法律另有规定的除外。在作出判决前，当事人未能提供证据或者证据不足以证明其事实主张的，由负有举证证明责任的当事人承担不利的后果。

本案中，张某立主张其从胡某荣处借款3万元和从王某臣处借款2万元为夫妻共同债务，孙某连对该两笔借款的真实性及数额均不予认可。

关于张某立主张的从胡某荣处借款 3 万元。在双方离婚诉讼中，张某立曾主张过该笔债务，该案二审法院认为："张某立虽提供诊断证明及胡某荣出具的证明予以证实，但胡某荣并未出庭作证，张某立亦未提供其他证据加以佐证，在孙某连对此不予认可的情况下，本院对张某立的该项主张不予采纳。"本案中，张某立再次提交胡某荣出具的证明及相关医院诊断证明、票据证明该笔债务，但胡某荣仍未出庭作证，张某立亦未提供其他证据予以佐证；且根据张某立自认的双方分居时间，该笔债务产生于双方分居及两次离婚诉讼的间歇期间，张某立并未充分举证证明该笔款项系作为家庭生活之用，故对于该笔债务，本院难以认定。

关于张某立主张的从王某臣处借款 2 万元。根据张某立提交的王某臣出具的证明内容，该笔借款系通过银行转账方式，与张某立所提交的相应银行存取款明细中取现存现的方式存在矛盾之处。且该笔债务发生于双方离婚诉讼二审审理期间，张某立对于其在此期间进行举债的必要性以及用于家庭共同生活并无充分举证，故本院对于该笔债务亦难以认定。综合上述认定，一审法院在孙某连对于上述债务不予认可的情况下，对于张某立的诉讼请求不予支持，并无不当，本院予以维持。

综上所述，张某立的上诉请求均不能成立，应予驳回。一审法院判决认定事实清楚，适用法律正确，应予维持。北京市第三中级人民法院依照《中华人民共和国民事诉讼法》第一百七十条第一款第一项之规定，作出如下判决：

驳回上诉，维持原判。

【法官后语】

随着社会经济的不断发展，离婚率亦随之攀升。2018 年 1 月 17 日，最高人民法院就夫妻共同债务问题发布了《最高人民法院关于审理涉及夫妻债务纠纷案件适用法律有关问题的解释》，就当前司法实践中争议较大的夫妻共同债务认定问题作出较为明确的规定。

《最高人民法院关于审理涉及夫妻债务纠纷案件适用法律有关问题的解释》的出台，是对《最高人民法院关于适用〈中华人民共和国婚姻法〉若干问题的解释（二）》第二十四条的补充和完善，扭转了婚姻存续期间债务一律认定为夫妻共同债务的司法局面，保护了非举债配偶方的合法权益，增加了债权人的举证责任。

现在，关于审理涉及夫妻债务纠纷案件适用法律有关问题的解释认定夫妻共同债务的基本逻辑是：

夫妻有共同举债意思表示的，按共同意思表示认定；无明确共同意思表示的但符合家事代理范围的推定夫妻有共同意思表示；无法推定夫妻有共同意思表示的借款的用途即以是否用于夫妻共同生活、共同生产经营来确定是否属于夫妻债务。

需要强调的是，家庭日常生活需要的支出是指通常情况下必要的家庭日常消费，主要包括正常的衣食消费、日用品购买、子女抚养教育、老人赡养等各项费用，是维系一个家庭正常生活所必需的开支，立足点在于“必要”。农村承包经营户有其特殊性，农村承包经营户一般以家庭为单位，家庭日常生活与承包经营行为经常交织在一起，二者难以严格区分，故根据当地一般标准判断为正常承包经营所负的债务，也可以认定为家庭日常生活需要所负债务；当然，如果为承包经营所负的债务数额较大，超出了当地一般家庭生活需要的范围，则仍然需要由债权人举证证明该债务用于夫妻共同生产经营。需要指出的是，随着我国经济社会和人们家庭观念、家庭生活方式的不断发展变化，在认定是否属于家庭日常生活需要支出时，也要随着社会的发展变化而不断变化。

还有一个重要问题就是夫妻共同债务的举证责任分配。

首先，债权人对基础的债权债务关系需要尽到举证责任，如举证《借条》《借款协议》，并且夫妻双方均作为债务人签字，或者虽然在签订《借条》《借款协议》时仅有夫妻一方签字，但事后夫妻另一方通过其他形式追认，如出具《还款承诺书》等。

其次，债权人仅能证明夫妻一方以个人名义负债的，但根据“家事代理制度”，对于日常家事范围内的债务，推定为夫妻共同债务，债权人一般无须举证，对于债务是否属于日常家事范围，应结合夫妻共同生活的状态（如双方的职业、身份、资产、收入、兴趣、家庭人数等）和当地一般社会生活习惯予以认定；非举债配偶方如果反驳主张不属于夫妻共同债务，则需要举证证明举债人所负债务并非用于家庭日常生活。

最后，对于超出日常家事范畴的债务，原则上不作为共同债务，债权人主张属于夫妻共同债务的，需要举证证明，如证明债务用于购置家庭住房等。如果债权人不能证明夫妻一方超出家庭日常生活需要所负的债务是用于夫妻共同生活、共同生产经营，则不能认定为夫妻共同债务。新司法解释与过去的司法政策相比，对司法实践影响最大的变化是将借款用途的举证责任分配给了债权人，但其实在司法实践中，债权人举证债务人的借款用途往往也是比较困难的，新司法解释之所以把该项举证责任分配给债权人，有利于引导债权人对于大额债权债务实行共债共签，体现从源头控制纠纷、更加注重交易安全的价值取向，符合当下的社会现实和公众期待，也有利于强化公众的市场风险意识。

具体到本案，原告主张婚姻存续期间两笔借款系夫妻共同债务，但就举债合意、是否用于共同生活问题，原告均无法作出举证；从证据证明力来看，原告虽提交了住院凭证及相关转账凭证，但证据关联性不足以认定系存在举债及用于上述治疗。故对原告主张存在夫妻共同债务的诉讼请求，本院难以支持。

编写人：北京市密云区人民法院　陈玉霞

四、同居关系纠纷

24

同居期间财产分割处理

——游某（男）诉游某（女）同居关系析产案

【案件基本信息】

1. 裁判书字号

四川省广安市邻水县人民法院（2018）川1623民初2539号民事判决书

2. 案由：同居关系析产纠纷

3. 当事人

原告：游某（男）

被告：游某（女）

【基本案情】

游某（男）与游某（女）于2016年春节期间相识后开始交往，并于2018年2月11日按照农村习俗举行婚礼，同年6月6日生育一子游某某。游某（女）于2016年4月17日以个人名义在重庆市认购了重庆市某某房地产开发有限公司开发的位于重庆市巴南区渝南大道某地的商品房一套，同日由游某（男）通过平安银行信用卡和招商银行信用卡共计转账20000元以交付购房定金，同年5月10日游某（男）通过中国民生银行信用卡、兴业银行信用卡、平安银行信用卡共计转账51007.76元（其中10000元系被告游英转账至原告游伟银行卡上）以交付购房首付款。游某（女）与重庆市某某房地产开发有限公司签订商品房买卖合同后，以所购房屋作为抵押与中国建设银行股份有限公司重庆市分行签订了借款210000元的按揭贷款合同，从2016年7月28日起原、被告共同出资还贷。2018年7月29日，游某（男）与游某（女）共同通过房屋中介机构将所购重庆市巴南区渝南大道某地的商品房以600000元的价格出售给买主谢某华，买主谢某华通过手机和银行转账的方式先后支付给游某（女）20000元定金、200000元还贷款和380000元购房尾款，后游某（女）一次性还清银行贷款170000余元，并于2018年8月27日、2018年8月28日、2018年9月2日、2018年9月4日分别通过微信和手机向游某（男）转账共计35000元，目前尚余卖房款394000元在游某（女）处。

【案件焦点】

同居生活期间双方共同收入购置的财产如何处理。

【法院裁判要旨】

四川省邻水县人民法院经审理认为：游某（男）与游某（女）相识交往后以共同生活为目的而购置房屋，在相互交往和同居生活期间，虽然游某（女）以个人名义购房并经不动产登记为个人单独所有，但游某（男）交付定金和大部分首付款，并在购得房屋后与游某（女）共同还贷和共同出卖房屋，故游某（男）与游某（女）所购置房屋应按一般共有财产进行处理。本案基于游某（男）与游某（女）在同居生活期间生育非婚生子的特殊家庭关系，在双方共同出资、共同还贷和共同出卖房屋的情况下，游某（男）与游某（女）共同出卖房屋所得价款余额394000元应按共同共有进行处理，由游某（男）与游某（女）各自享有50%的份额。游某（男）要求按照购房出资比例分割同居期间共同财产的诉讼请求于法无据，本院不予支持。游某（女）辩称所购房屋系个人财产及游某（男）所交付的定金和首付款均系赠与行为的意见，因游某（女）所提供证据不足以证明其主张的事实，且于法无据，本院不予采纳。

四川省邻水县人民法院依照《中华人民共和国物权法》第一百零三条，《最高人民法院关于适用〈中华人民共和国婚姻法〉若干问题的解释（一）》第五条第二项，《最高人民法院关于适用〈中华人民共和国婚姻法〉若干问题的解释（二）》第一条第二款，《最高人民法院关于人民法院审理未办理结婚登记而以夫妻名义同居生活案件的若干意见》第十条和《中华人民共和国民事诉讼法》第六十四条第一款的规定，判决如下：

限游某（女）于本判决生效之日起三十日内给付游某（男）共同出卖房屋所得价款余额的一半即人民币197000元。

【法官后语】

未办理结婚登记而共同生活，发生在1994年2月1日之后，一律认定为同居关系。非婚同居期间的财产关系既不同于婚姻关系存续期间的财产关系，也不同于一般的合伙关系；既不能按照婚姻法的有关规定处理，也不宜按照民法中有关合伙财产的关系处理。

一方面，《关于人民法院审理未办理结婚登记而以夫妻名义同居生活案件的若干意见》（以下简称《若干意见》）第十条规定：解除非法同居关系时，同居生活期间双方共同所得的收入和购置的财产，按一般共有财产处理。《中华人民共和国物权法》第一百零三条规定，共有人对共有的不动产或者动产没有约定为按份共有或者共同共有，或者约定不明确的，除共有人具有家庭关系等外，视为按份共有。同居关系，具有法定婚姻的某些特点，虽然两者性质不同，夫妻共同财产具有人生关系属性，受婚姻法特别制约，同居期间购置的财产类似合伙投资性质，但又不能完全简单地按照多劳多得、少劳少得予以处理。

另一方面，同居期间的财产虽然登记在某个人名下，但不能简单地认为以个人名义购房并经不动产登记为个人单独所有，产权即为该登记名义人所有，应考虑到双方的出资情况。并且《若干意见》第八条规定：具体分割财产时应照顾妇女、儿童的利益，考虑财产的实际情况和双方的过错程度，妥善分割，应根据对共同财产的贡献大小，出资比例等多方面因素综合考虑，妥善处理。本案中［游某（男）与游某（女）在同居生活期间生育非婚生子的特殊家庭关系，在双方共同出资、共同还贷和共同出卖房屋的情况下］，为保护双方的合法权益，本案同居关系宜参照适用婚姻法的夫妻共同财产的处理原则来处理同居期间购置的共同财产。这主要是出于公平原则的考虑。

公平原则是指在民事活动中以利益均衡作为价值判断标准，在民事主体之间发生利益关系摩擦时，以权利和义务是否均衡来平衡双方的利益。民法中的公平原则是民法的最高原则，在与其他民法原则的关系上，公平原则对其他民法原则起着指导和统率的作用。民法上的公平原则通常情况下在普遍民事法律规则中已有反映，但它不仅通过权利、义务的一般规则加以贯彻，还通过对处理结果上不公平的民事关系的一些特别规则加以贯彻。

编写人：四川省广安市邻水县人民法院　张娟

25

无效婚姻同居期间所得之财产处理不宜以可能涉及合法婚姻当事人利益要求另行起诉

——黄某诉徐某婚姻无效案

【案件基本信息】

1. 裁判书字号

江苏省无锡市中级人民法院（2018）苏02民终2182号民事裁定书

2. 案由：婚姻无效纠纷

3. 当事人

原告（上诉人）：黄某

被告（被上诉人）：徐某

【基本案情】

徐某在与案外人梅某已登记结婚的情况下，隐瞒婚姻真实情况又与黄某登记结婚，并于登记结婚后与黄某共同购买了无锡市××号房屋。在此期间，黄某经诊断患有慢性肾炎综合征。2017年6月，徐某因犯重婚罪，被判处有期徒刑六个月。生效判决确认黄某与徐某婚姻无效。后黄某诉至法院，请求判令：1. 依法分割共同购买的无锡市××号房屋；2. 徐某偿还其借款110208.11元；3. 徐某一次性支付医疗赔偿金200000元；4. 徐某返还其相关证件与私人物品；5. 徐某赔偿调查费、交通费、误工费23880元；6. 徐某赔偿精神损害抚慰金100000元。

【案件焦点】

无效婚姻同居期间所得之财产处理可能涉及合法婚姻当事人利益的应否另案处理。

【法院裁判要旨】

江苏省无锡市滨湖区人民法院经审理认为：徐某在与案外人梅某已经结婚的情况下，再次与黄某登记结婚，构成重婚，黄某与徐某的婚姻无效。关于黄某主张分割无锡市××号房屋的诉请，因该房产购置于徐某与案外人梅某合法婚姻关系存续期间，涉及第三人利益，故本案不予处理，可另行起诉。关于黄某主张徐某返还110208.11元的诉请，结合黄某提供的证据认定其中103188元为借款，应由徐某归还。关于黄某主张因徐某生活不检点，导致其患有慢性肾炎综合征需要终生治疗，并赔偿200000元的诉请，因黄某提供的证据不足以证实徐某对黄某患有慢性肾炎综合征存在过错，也无法证明两者之间存在因果关系，不予支持。关于黄某诉请徐某返还证件与私人物品的主张，其提供的证据不足以证实相关物品由徐某占有，对此不予支持。关于黄某诉请徐某赔偿调查费、交通费、误工费23880元的主张，缺乏法律依据，不予支持。关于黄某诉请徐某支付精神损害抚慰金100000元的主张，酌定徐某赔偿精神损害抚慰金10000元。

江苏省无锡市滨湖区人民法院依照《中华人民共和国合同法》第二百零六条，《中华人民共和国侵权责任法》第二条之规定，判决如下：

一、徐某于判决发生法律效力后立即给付黄某103188元；

二、徐某于判决发生法律效力后立即赔偿黄某精神损害抚慰金10000元；

三、驳回黄某的其他诉讼请求。

黄某、徐某均不服一审判决，提出上诉。江苏省无锡市中级人民法院经审理认为：当事人就无效婚姻同居期间所得之财产处理协议不成时，得请求人民法院根据照顾无过错方的原则予以判决。本案中，黄某请求分割的无锡市××号房屋系黄某与徐某于无效婚姻同居期间共同购买，属于本案争议财产之核心内容。虽购买案涉房产时，梅某系徐某的合法配偶，该房产的处理可能会涉及梅某的权益，但根据《最高人民法院关于适用〈中华人民共和国婚姻法〉若干问题的解释（一）》第十六条关于“人民法院审理重婚导致的无效婚姻案件时，涉及财产处理的，应当准许合法婚姻当事人作为有独立请求权的第三人参加诉讼”之规定，梅某可以申请作为本案当事人参加诉讼。基于减少诉累及保障当事人行使诉权的基本诉讼原理，黄某要求在本案中直接分割无锡市××号房屋，具有法律依据，且该项诉请在原审庭审中已进行举证和质证，并无另案处理的必要。同时，黄某在本案中提出的精神损害赔偿金及一次性经济补助等诉请与房产分割均由无效婚姻引发，各诉请之间存在牵连关系，宜结合房产分割等情况进行整体评价。据此，原审判决遗漏当事人诉讼请求，经二审调解无果，依法应发回重审。

江苏省无锡市中级人民法院依照《中华人民共和国民事诉讼法》第一百七十条第一款第四项，《最高人民法院关于适用〈中华人民共和国民事诉讼法〉的解释》第三百二十六条之规定，裁定如下：

一、撤销无锡市滨湖区人民法院（2017）苏0211民初1279号之一民事判决；

二、本案发回无锡市滨湖区人民法院重审。

【法官后语】

人民法院审理民事案件，应当保障和便利当事人行使诉讼权利。诉讼程序的安排应当避免当事人蒙受程序上的不利益。实践中，法院在一审案中就当事人提出的多个诉讼请求进行强制分离，对某些诉讼请求不予实体处理，并要求当事人另行起诉的情形不在少数。因民事诉讼法未对另案处理作出明确规定，理论上就诉讼标的的理解亦不一致，实践中“另案处理”已呈现出某种程度的随意性，诉讼请求对案件审理范围的约束功能较难实现，容易引发当事人不满。

就本案而言，在法院已确认黄某与徐某的婚姻无效，且《最高人民法院关于适用〈中华人民共和国婚姻法〉若干问题的解释（一）》已明确无效婚姻案件中涉及财产处理的合法婚姻当事人可以作为第三人参加诉讼的情况下，法院不得以无效婚姻同居期间所涉财产分割可能涉及合法婚姻当事人利益为由不予处理。

1. 黄某主张分割同居财产具有法律依据。《中华人民共和国婚姻法》第十二条的规定，当事人就无效婚姻同居期间所得之财产处理协议不成时，得请求人民法院根据照顾无过错方的原则予以判决。根据现已查明的事实，黄某请求分割的无锡市××号房屋系黄某与徐某同居期间共同购买，符合法律规定的“同居期间所得之财产”请求依法判决的前提条件。

2. 合法婚姻当事人可以作为第三人参加诉讼，不得将其怠于行使诉权的不利益转嫁于原告。基于保护合法婚姻当事人财产权益的考虑，《中华人民共和国婚姻法》第十二条规定，对重婚导致的婚姻无效的财产处理，不得侵害合法婚姻当事人的财产权益。围绕诉讼安排，《最高人民法院关于适用〈中华人民共和国婚姻法〉若干问题的解释（一）》第十六条规定，人民法院审理重婚导致的无效婚姻案件时，涉及财产处理的，应当准许合法婚姻当事人作为有独立请求权的第三人参加诉讼。由上述立法及司法解释可知，法律并未将无效婚姻案件财产处理可能会涉及合法婚姻当事人财产权益的情形作为另案诉讼情形加以规定，而是赋予了合法婚姻当事人作为有独立请求权的第三人参加诉讼的权利。本案中，梅某在诉讼过程中仍是徐某的配偶，其知晓本案诉讼的可能性较大。如审理中为查明事实或防范可能出现的损害合法婚姻当事人利益情形，法院可以通过向梅某告知诉讼情况及相关权利的方式保障其程序参与权，亦可依法通知其作为第三人参加诉讼。一审法院在已就该项诉请组织双方举证和质证的情况下，未就不予处理的处理方式征询双方意见，径行在判决书中要求当事人另行起诉，不利于保障当事人诉权并人为导致诉累，不应提倡。

3. 牵连的诉讼请求应当在一个案件中进行整体评价。本案中，黄某提出的精神损害赔偿金及一次性经济补助等诉请与房产分割均由无效婚姻引发，无论是从法律关系角度考虑，抑或从社会生活观念出发，该些诉讼请求均由“一事”引发，故在一审案中处理符合当事人期待，也有利于一次性解决纠纷。进一步而言，本案中黄某的各诉请之间存在牵连关系，精神损害赔偿金、房产分割、一次性经济补偿等诉请无论是否支持，相关金额及比例均宜在一案中进行整体评价，避免在不同案件处理中可能出现的利益评价失衡问题。

编写人：江苏省无锡市中级人民法院 徐振华 宁尚成

五、抚养纠纷

26

司法实践中对离婚协议约定抚养费数额的认定

——汪某涵诉汪某抚养费案

【案件基本信息】

1. 裁判书字号

福建省永泰县人民法院（2018）闽0125民初745号民事判决书

2. 案由：抚养费纠纷

3. 当事人

原告：汪某涵

法定代理人：陈某玲

被告：汪某

【基本案情】

原告汪某涵系陈某玲与汪某之子。2017年10月5日，陈某玲与汪某因感情破裂协议离婚，双方签订《离婚协议书》一份，其中第二条约定："儿子汪某涵归女方陈某玲抚养与监护，随女方生活。男方汪某在每个月16日前支付给女方儿子抚养费为4000元直至儿子满二十三周岁止。男方可随时探视儿子。"同日，双方办理了离婚登记手续。后被告汪某自2017年12月起未按约足额支付抚养费，其中2017年12月支付3000元、2018年1月支付2000元、2018年2月支付3000元、2018年3月支付2000元、2018年4月支付2000元，即截至2018年3月17日，被告尚欠

6000元抚养费未予支付。陈某玲起诉至法院。汪某辩称其每月工资仅4109.68元，还需赡养年老体弱多病的母亲，每月给付4000元的抚养费已超出其实际承受能力，且抚养费的给付期限一般至子女十八周岁为止，其系因疏忽大意签订了显失公平的离婚协议，该协议并非其真实意思表示，请求变更每月支付抚养费1500元至孩子十八周岁止。

【案件焦点】

若一方认为离婚协议中对抚养费的数额约定偏高，法官是否可以依据自由裁量权对约定的原数额作出调整。

【法院裁判要旨】

福建省永泰县人民法院经审理认为：父母与子女间的关系，不因父母离婚而消除。离婚后，父母对子女仍有抚养和教育的权利和义务。子女由一方抚养的，另一方应负担必要的抚养费，抚养费的数额及期限，由双方协议，协议不成时由法院判决。被告汪某作为完全民事行为能力人，其与陈某玲协议离婚时自愿签订《离婚协议书》，其中对子女抚养及财产分割等都作出了明确具体的约定，应系双方的真实意思表示，且不违反法律强制性规定，协议合法有效，并已经婚姻登记机关备案，被告应按照协议内容全面履行自己的义务。汪某辩称因疏忽大意签订了显失公平的离婚协议，该协议并非其真实意思表示，但未提供相应证据予以证明，故不予采信。同时，离婚后，汪某的工作收入情况并未发生重大明显变化，赡养母亲亦不能成为其减少给付抚养费的法定理由，故其要求减少抚养费数额、变更给付期限，于法无据，应不予支持，故原告要求被告支付截至2018年3月17日尚欠的抚养费6000元及以后按协议内容足额、按时支付抚养费，于法有据，予以支持。综上，依照《中华人民共和国婚姻法》第三十七条，《中华人民共和国合同法》第八条、第六十条，《中华人民共和国民事诉讼法》第六十四条之规定，判决如下：

一、被告汪某应于本判决生效之日向原告汪某涵支付抚养费6000元（截至2018年3月17日）；

二、被告汪某应于2018年4月起每月16日前支付原告汪某涵抚养费4000元至原告年满二十三周岁止（其中2018年4月已付2000元）。

【法官后语】

离婚后父母双方都有平等负担子女生活费和教育费的经济责任，这是法律规定父母对未成年子女的抚养和抚育费负担的强制性的、无条件的、平等的义务。根据《中华人民共和国婚姻法》第三十七条规定：离婚后，一方抚养的子女，另一方应负担必要的生活费和教育费的一部或者全部，负担费用的多少和期限的长短，由双方协议，协议不成时，由人民法院判决。

离婚协议属于契约的范畴，在达成离婚协议的过程中，当协议离婚的双方具有民事行为能力，内容是双方真实意思表示且不违背法律规定和公序良俗时，所达成的协议对双方具有约束力。再者，离婚协议实际隐含着双方处理财产分割、子女抚养等一系列问题的考虑，最终达成的协议是双方妥协商定的结果，无法定事由，不可轻易变更。例如，给付方患重病或者丧失劳动能力，又无经济来源，确实无力按原协议确定的数额给付，给付方因违法犯罪被收监失去经济能力无力支付的或者子女随着升学及年龄增长所需费用显著增加，此时依据形势变更原则，可以主张对抚养费的数额和支付方式进行相应调整。本案中，陈某玲与汪某签订的离婚协议系双方的真实意思表示，且不违反法律规定，协议合法有效。综合考虑孩子在福州居住就学，即将步入初中，以及汪某诉讼时的身体健康状况和工作收入与签订离婚协议时相比并无明显变化的实际情况，显然不适用形势变更原则，故汪某应当按离婚协议约定全面履行自己的义务。

此外，《最高人民法院关于人民法院审理离婚案件处理子女抚养问题的若干具体意见》第七条规定：子女抚育费的数额，可以根据子女的实际需要、双方父母的负担能力和当地的实际生活水平确定。有固定收入的，抚育费一般可按其月总收入的百分之二十至三十的比例给付，负担两个以上子女抚育费的，比例可适当提高，但一般不得超过月总收入的百分之五十。无固定收入的，抚育费的数额可依据当年总收入或同行业平均收入，参照上述比例确定，有特殊情况的，可适当提高或降低上述比例。

因此，夫妻双方在协议离婚时，需根据自身实际情况三思而后行，不要因为急于离婚而随意签署协议，离婚协议具有合同效力，对当事人具有法律约束力，无法定事由或经对方同意，不得变更。

编写人：福建省永泰县人民法院　林凡圆

27

成年在校大学生不享有要求父母支付抚养费的权利

——王某1诉王某2抚养费案

【案件基本信息】

1. 裁判书字号

北京市第一中级人民法院（2018）京01民终4939号民事判决书

2. 案由：抚养费纠纷

3. 当事人

原告（上诉人）：王某1

被告（上诉人）：王某2

【基本案情】

李某与王某2原系夫妻，1999年7月17日生育一子王某1。2004年3月18日，王某2与李某经北京市第一中级人民法院调解离婚，调解协议中约定王某1归李某抚养，王某2支付抚养费至王某1独立生活时止。离婚后，王某2支付王某1抚养费至2017年7月王某1满十八周岁，此后至今王某2未向王某1支付抚养费。王某1以其2017年7月已被我国台北科技大学录取，请求王某2继续支付抚养费并增加至2100元并支付其在大学期间所需住宿费、交通费用以及电脑、手机、眼镜等费用支出。王某2以王某1已成年，能够独立生活为由，不同意向其支付抚养费及其他费用。另查明王某2现每月收入约7000元。

【案件焦点】

王某2是否应当向王某1支付抚养费及其他相应费用。

【法院裁判要旨】

北京市海淀区人民法院经审理认为：父母与子女间的关系不因父母离婚而消

除，双方对子女均有抚养教育的义务。本案中，王某1之母李某与王某2在离婚协议中的约定，系双方真实意思表示，内容合法有效，双方应按约定内容各自履行相应的义务。离婚协议中约定王某2给付抚养费至王某1独立生活时止，虽然案件审理时王某1已年满十八周岁，但其符合《最高人民法院关于人民法院审理离婚案件处理子女抚养问题的若干具体意见》第十二条之情形，属于尚未独立生活的成年子女，其父亲王某2又有给付能力，因而仍应负担必要的抚养费。同时，鉴于我国台北科技大学和中国台湾地区有关规定，不允许在校生在外专职或兼职工作。综上，可以认定王某1尚不具备独立生活的能力。故法院对王某1要求王某2支付其抚养费的主张予以支持，具体数额根据王某2的收入情况确定其支付抚养费2000元为宜。因该抚养费中已包含了王某1在大学学习期间的必要生活和学习费用，故对于王某1要求王某2支付大学学杂费及住宿费、交通费、电脑费、手机费、医药费和配眼镜费的主张，在王某2明确表示其不同意支付王某1抚养费及其他费用的情况下，王某1另行要求王某2的上述费用的诉讼请求缺乏法律依据，法院不予支持。王某1要求王某2支付其中学培训费及高考服务费的主张，系其十八周岁前的费用支出，此期间王某2已根据约定支付了相应的抚养费，故王某1的该项主张在王某2不同意支付的情况下亦缺乏法律依据，法院不予支持。

北京市海淀区人民法院依照《中华人民共和国民事诉讼法》第六十四条第一款，《最高人民法院关于适用〈中华人民共和国婚姻法〉若干问题解释（三）》第三条，《最高人民法院关于人民法院审理离婚案件处理子女抚养问题的若干具体意见》第十二条、第十八条规定，判决：

一、王某2自2017年8月起按每月2000元的标准向王某1支付抚养费，支付至王某1独立生活时止；

二、驳回王某1的其他诉讼请求。

王某1、王某2不服一审判决，均提出上诉。北京市第一中级人民法院经审理认为，本案中，双方当事人诉争的焦点在于王某2是否应当向王某1支付抚养费及其他相应费用。

一、关于诉争的抚养费问题。《中华人民共和国婚姻法》第二十一条第二款规定，父母不履行抚养义务时，未成年的或不能独立生活的子女，有要求父母给付抚养费的权利。依据查明的事实，王某1就本案提起诉讼时已年满18周岁，不属于未成年人，且其在本案中主张的抚养费亦是年满18周岁以后的费用，因此本案中王某1的主张能否成立，首先需明确的是王某1是否属于不能独立生活的子女。关于不能独立生活的子女如何界定，《中华人民共和国婚姻法》中并无明确规定。最高人民法院在1993年11月3日公布的《关于人民法院审理离婚案件处理子女抚养问题的若干具体意见》第十二条规定，尚未独立生活的成年子女有下列情形之一，父母又有给付能力的，仍应负担必要的抚育费：（1）丧失劳动能力或虽未完全丧失劳动能力，但其收入不足以维持生活的；（2）尚在校就读的；（3）确无独立生活能力和条件的。本案一审判决即据此支持了王某1主张的部分抚养费请求。但在2001年12月27日开始施行的《最高人民法院关于适用〈中华人民共和国婚姻法〉若干问题的解释（一）》第二十条规定，婚姻法第二十一条规定的"不能独立生活的子女"，是指尚在校接受高中及其以下学历教育，或者丧失或未完全丧失劳动能力等非因主观原因而无法维持正常生活的成年子女。从该条的规定看，对于尚在校就读子女的学历限定在了高中及以下。而本案中王某1已经高中毕业，正处于就读大学阶段，因此不符合本条中规定的学历情形。由于该司法解释是修正后的《中华人民共和国婚姻法》实施之后作出，且该解释第三十三条明确规定"此前最高人民法院作出的相关司法解释如与本解释相抵触，以本解释为准"。因此本案应适用《最高人民法院关于适用〈中华人民共和国婚姻法〉若干问题的解释（一）》第二十条规定作出认定。鉴于王某1已经完成高中学历教育且并未丧失劳动能力，系完全民事行为能力人，故王某1不属于不能独立生活的子女，其要求王某2给付抚养费的主张，没有法律依据，本院不予支持。一审法院支持了王某1要求支付抚养费的部分主张，属于适用法律错误，本院依法予以纠正。

二、关于诉争的其他费用问题。王某1上诉主张王某2应向王某1支付大学学杂费、住宿费、机票费、中学培训费及高考服务费、电脑费、手机费、医药费、配眼镜费等费用。上述费用中，既包含大学期间产生的费用，亦包含在此之前产生的费用。王某2均不同意支付。《最高人民法院关于适用〈中华人民共和国婚姻法〉若干问题的解释（一）》第二十一条规定，婚姻法第二十一条所称"抚养费"，包括子女生活费、教育费、医疗费等费用。也就是说，子女生活、学习和医疗等必要费用包括在抚养费之中，是抚养费的组成部分及具体体现。而如前所述，王某1目前不属于不能独立生活的子女，其要求王某2支付抚养费的主张本院不予支持。因此对于王某1主张要求王某2支付大学学杂费、住宿费及交通费等费用，本院亦无法予以支持。对于王某1要求王某2支付其中学、高中期间产生的费用，因相关费用包含在抚养费中，而在此期间王某2已按照约定支付了相应的抚养费，故王某1的该项主张没有法律依据，本院不予支持。

需要说明的是，虽然现实生活中绝大部分在大学学习期间已成年的子女仍由父母供养，但此为父母道德上的自愿行为而非现行法律规定下父母的法定义务。本案中，王某1、王某2虽因支付抚养费引发争议，但背后实际反映出王某1、王某2之间因王某2离婚后双方长期不接触而产生了情感隔阂，甚至是对立情绪。而双方应当明确的是，双方之间的父子亲情已然无法割裂，不和谐的父子关系只会对双方及家庭今后的生活产生负面影响。本院希望双方能够在相互尊重、互相体谅的基础上，加强感情沟通，消除矛盾，尽快修复关系。

北京市第一中级人民法院依照《中华人民共和国婚姻法》第二十一条第二款，《最高人民法院关于适用〈中华人民共和国婚姻法〉若干问题的解释（一）》第二十条、第二十一条，《中华人民共和国民事诉讼法》第一百七十条第一款第二项之规定，判决如下：

一、撤销北京市海淀区人民法院（2017）京0108民初46495号民事判决；

二、驳回王某1的诉讼请求；

三、驳回王某1的上诉请求。

【法官后语】

本案涉及的主要问题是：已成年但仍在高等院校接受全日制脱产教育的大学生是否有权要求父母支付抚养费。

根据我国目前关于父母对子女的抚养义务的法律规定，父母对子女的抚养义务的法律规定虽然有所变化，但基本原则是相同的，即父母对子女的抚养义务并非无条件、无期限。一般来说，父母的抚养义务是否作为法定义务，是以子女是否成年来区分。对于未成年子女，父母所负担的抚养义务是无条件的；对于成年子女，只有当其属于法律规定的“不能独立生活的子女”，抚养义务方才成为法定义务。如果父母愿意继续抚养子女（如支付学费、生活费等），则属于道德层面的自愿行为，而非履行法定义务。而不能独立生活的子女，则指在读于高中及高中以下学校的子女，以及由于自身身体原因丧失或未完全丧失劳动能力等非主观原因而无法独立生活的子女。因此，高校在读成年子女不属于“不能独立生活的子女”，故而不享有向父母主张抚养费的权利。

基于我国现行的教育体制，在高等院校就读的大学生，年龄基本都超过十八周岁，已经成为成年人，既不属于法律规定的未成年子女抚养义务的年龄范围，又不符合法律规定的“不能独立生活的子女”的学历情形。虽然实践中，大多数父母基于感情、道德、习惯仍将正在大学接受教育的子女提供生活费和教育费视为父母不可推卸的责任，父母也都认同并理解子女虽已成年但不具备靠自己的能力独立支付高等教育的费用，将支付子女抚养费用视为自己应尽的义务。但是，婚姻法及司法解释相关法条的立法初衷是借助法律的制约来培养青年独立自主、自力更生的意识，促使青少年在竞争日益激烈的社会中得以立足。结束九年制义务教育和高中教育，在读大学生的年龄绝大多数已超过十八周岁，作为完全民事行为能力人，与父母处于平等的民事主体地位，生理和心理都基本具备了独立生活的能力和条件，理应靠自己的劳动收入来独立生活。这样既可以鼓励成年子女勤工俭学、自力更生，也可以有效避免“啃老”现象发生。因此，包括本科在内的高等教育学费被排除在作为抚养费之一的教育费用之外，而父母对成年子女的抚养，也不再是一种法定义务，而是一种可以由父母选择行使与否、与子女达成教育费协议所产生的约定义务。

作为成年大学生，学会生存与自立是最基本的技能，其应当为自己的选择和行为承担责任。况且根据国家现有的相关政策，在校大学生不必完全依赖父母，而可以通过减、免、助、贷、奖完成学业，在自我奋斗的过程中完成自我实现。

编写人：北京市第一中级人民法院　葛媛媛　杨磊

28

亲子关系的法律推定

——徐某某诉卢某某抚养费案

【案件基本信息】

1. 裁判书字号

北京市第二中级人民法院（2018）京02民终11410号民事判决书

2. 案由：抚养费纠纷

3. 当事人

原告：徐某某

被告：卢某某

【基本案情】

徐某某之母徐某在卢某某单位工作时与卢某某相识，卢某某系徐某的直属领导，后二人发生“关系”。1997年7月徐某发现怀孕，1998年4月徐某某出生。徐某某两岁时，徐某发现其发育迟缓，后经鉴定为：精神发育问题伴精神障碍。但卢某某对此不闻不问。徐某为徐某某治病多年，花费四十余万元。现徐某某每月需生活费4000元左右；每月治疗、康复费用1000元；每月雇保姆照顾、护理费用2600元，徐某无力负担，多次与卢某某联系，卢某某置之不理，徐某某无奈诉至法院，要求判令被告每月支付原告生活费及保姆费。卢某某认为徐某某与卢某某不存在亲子关系，不同意徐某某的全部诉讼请求。

【案件焦点】

徐某某与卢某某是否存在亲子关系。

【法院裁判要旨】

北京市丰台区人民法院经审理认为：当事人一方起诉请求确认亲子关系，并提供必要证据予以证明，另一方没有相反证据又拒绝做亲子鉴定的，人民法院可以推定请求确认亲子关系一方的主张成立。本案中，徐某某提供的录音证据表明徐某与卢某某及卢某某战友张某全、顾某根就抚养徐某某问题进行商谈，徐某多次表示徐某某系卢某某之女，卢某某应共同负担起抚养责任，卢某某及其战友均未表示否认，仅就如何抚养徐某某事宜未能达成一致。卢某某虽质证表示不认可证明目的，并出具张某全、顾某根关于录音的说明，但其主张仅出于息事宁人及同情的考虑，协商解决徐某某抚养问题，与常理不符。本院认定徐某某对存在亲子关系已提供必要证据予以证明，卢某某没有相反证据且拒绝做亲子鉴定，本院推定徐某某与卢某某存在亲子关系。父母对子女负有法定抚养义务。非婚生子女享有与婚生子女同等的权利，任何人不得加以危害和歧视。不直接抚养非婚生子女的生父或生母，应当负担子女的生活费和教育费，直至子女能独立生活为止。本案中，徐某某智力残疾等级1级，生活不能自理，徐某某要求卢某某承担抚养义务，于法有据。关于生活费，本院结合徐某某的生活需求、卢某某的支付能力及当地的生活水平，酌定卢某某每月支付徐某某1500元，对徐某某请求过高部分，本院不予支持。关于保姆费，徐某某未提供证据予以佐证，本院不予支持。综上所述，依据《中华人民共和国婚姻法》第二十五条，《最高人民法院关于适用〈中华人民共和国婚姻法〉若干问题的解释（三）》第二条，《中华人民共和国民事诉讼法》第六十四条第一款之规定，判决如下：

一、被告卢某某自2018年8月起每月给付原告徐某某生活费1500元，至其能独立生活为止；

二、驳回原告徐某某的其他诉讼请求。

卢某某不服原审判决，提起上诉。北京市第二中级人民法院经审理认为：本案中，徐某某及其法定代理人已提交通话录音、短信截图、谈话录音、微信截图等证据证明徐某某之法定代理人徐某曾多次就徐某某抚养问题与卢某某及其战友进行商谈，卢某某虽不认可，但并未提供证据予以证明，且拒绝进行亲子鉴定，一审法院据此推定徐某某与卢某某存在亲子关系并无不当。

本案中，徐某某智力残疾等级1级，生活不能自理，一审法院根据徐某某的实际需求、卢某某的负担能力及当地生活水平，酌定卢某某每月支付徐某某生活费1500元亦属适当，本院予以维持。卢某某上诉认为一审法院推定双方之间存在亲子关系属适用法律错误，既不能提供相应证据又拒绝进行亲子鉴定，故本院对其上诉请求不予支持。

综上所述，卢某某的上诉请求不能成立，应予驳回。一审判决认定事实清楚，适用法律正确，本院应予维持。依照《中华人民共和国民事诉讼法》第一百七十条第一款第一项之规定，判决如下：

驳回上诉，维持原判。

【法官后语】

是否构成亲子关系属于身份关系的认定，在离婚纠纷、继承纠纷、抚养纠纷中均有涉及。目前，亲子鉴定技术准确率非常高，且检材的收集方法对人体健康不存在损害。但亲子鉴定涉及人身属性，必须双方配合才能启动，不能强制进行。在案件审理过程中，当事人基于胜诉把握、自身名誉以及其他家庭关系的考虑，坚决不同意进行亲子鉴定或者关于是否同意进行亲子鉴定产生意见反复的情形经常出现。一旦亲子关系一方拒绝做鉴定的，则鉴定程序无法进行，人民法院无法准确确定亲子关系是否存在。

基于此，《最高人民法院关于适用〈中华人民共和国婚姻法〉若干问题的解释（三）》（以下简称《婚姻法解释三》）第二条规定："夫妻一方向人民法院起诉请求确认亲子关系不存在，并已提供必要证据予以证明，另一方没有相反证据又拒绝做亲子鉴定的，人民法院可以推定请求确认亲子关系不存在一方的主张成立。当事人一方起诉请求确认亲子关系，并提供必要证据予以证明，另一方没有相反证据又拒绝做亲子鉴定的，人民法院可以推定请求确认亲子关系一方的主张成立。"该条规定即对当事人拒绝做亲子鉴定时，如何认定亲子关系提供了法律依据。

该条规定一方面，使拒绝做亲子鉴定的一方承担不利后果，从而引导当事人更愿意接受亲子鉴定程序，更利于人民法院查明事实。

另一方面，在一方拒绝做亲子鉴定时，需要另一方提供"必要"证据时，才能适用上述规定。何为"必要"证据，实践中，关于身份关系举证较为困难，故不应科以较为严格的举证责任，证据只需要达到民事诉讼中的高度盖然性标准即可。如当事人已经穷尽举证手段，其提供的证据已形成证据链条，法官在审查证据后能形成自由心证，即达到高度盖然性证明标准。

综上，本案在卢某某拒不同意做亲子关系鉴定的情况下，徐某某提供的证据形成了证据锁链，能达到高度盖然性证明标准。因此，法院认定徐某某的举证已达到必要证据的要求，根据《婚姻法解释三》的规定，认定徐某某与卢某某存在亲子关系。该案对《婚姻法解释三》第二条适用的前提以及“必要”证据的认定提供了有益的借鉴。

编写人：北京市丰台区人民法院 张莹

29

变更抚养关系纠纷案件可参考八周岁以上未成年人意见

——马某华诉李某变更抚养关系案

【案件基本信息】

1. 裁判书字号

北京市大兴区人民法院（2018）京0115民初15032号民事判决书

2. 案由：变更抚养关系纠纷

3. 当事人

原告：马某华

被告：李某

【基本案情】

原告马某华与被告李某于2005年6月22日登记结婚，2010年6月24日生育一子李某成。2017年5月15日，双方经北京市大兴区人民法院判决离婚，离婚诉讼中，双方达成一致意见：“无论李某成判由任何一方抚养，另一方每月给付李某成抚养费2500元。”后本院判决李某成由李某抚养，自2017年6月起，马某华每月给付李某成抚养费2500元，至李某成年满十八周岁止。判决后就李某成抚养问题，马某华上诉，北京市第二中级人民法院驳回上诉，维持原判。后李某成随李某共同生活。

本案中，原告马某华提出诉讼请求：（1）要求变更婚生子李某成抚养权归原告；（2）判决被告支付孩子抚养费每月2500元；（3）诉讼费用由被告承担。

理由为：（1）被告长期外地出差，且经常不在家，不关注孩子学习和成长，已经影响到孩子的健康成长；(2) 被告及其母亲无法照顾孩子学习，不能辅导孩子功课，无法尽到教育培养孩子的义务；(3) 由于孩子得不到正确的教育引导，导致目前成绩明显下降，情绪低落，心理健康受到严重影响；(4) 离婚诉讼期间，承办法官考虑到原告系孩子学校的体育老师等因素，且离婚诉讼开庭时被告满口答应的不出差或少出差，故将孩子判归被告抚养，但被告工作性质决定了根本不可能不出差。故请求法院从有利于孩子学习、生活和身心健康的角度，本着未成年人利益最大化原则，变更抚养权归原告。

被告李某认为抚养条件未发生明显变化，不同意变更，要求驳回原告的诉讼请求。

【案件焦点】

被抚养人李某成刚满八周岁，明确表示愿意变更抚养关系随母亲一起生活，抚养关系能否变更。

【法院裁判要旨】

北京市大兴区人民法院经审理认为：父母对子女有抚养教育的义务。离婚后，一方抚养的子女，另一方应负担必要的生活费和教育费的一部或全部，子女抚育费的数额，应根据子女的实际需要、父母双方的负担能力和当地的实际生活水平确定。父母离婚后子女的抚养问题，应从有利于子女身心健康以及保障子女合法权益出发，结合父母双方的抚养能力和抚养条件予以妥善解决。本案中，李某成已满八周岁，为限制民事行为能力人，可以独立实施纯获利益的民事法律行为或者与其年龄、智力相适应的民事法律行为。经北京超越青少年社工事务所社会观护及本院征询意见，李某成均表示愿意和母亲马某华一起生活，现马某华有强烈的抚养意愿及较好的抚养条件，故本院确定李某成变更为由马某华抚养更为适宜，对于马某华要求变更抚养关系的诉讼请求，本院予以支持。抚养关系变更后，李某应负担必要的抚养费用。具体抚养费数额，根据李某成的实际需要及李某的负担能力，结合当地实际生活水平，参照双方离婚诉讼时抚养费数额达成的协议，由本院酌情确定。此外，李某成的父母双方应在抚养子女的问题上加强沟通、互相包容，共同为子女的健康成长创造良好的生活教育环境。

北京市大兴区人民法院依照《中华人民共和国婚姻法》第二十一条、第三十六条、第三十七条，《中华人民共和国民法总则》第十九条，《最高人民法院关于人民法院审理离婚案件处理子女抚养问题的若干具体意见》第七条、第十一条、第十六条，《最高人民法院关于适用〈中华人民共和国民事诉讼法〉的解释》第二百五十八条之规定，判决如下：

一、自本判决生效之日起，马某华与李某之子李某成变更为由马某华抚养；

二、自本判决生效之月起，李某每月给付李某成抚养费2500元，至李某成年满十八周岁时止（每月的月底前给付）。

【法官后语】

近年来，随着人们婚姻家庭观念的转变，一部分人因一些生活琐事或社会不良风气的影响，草率离婚，之后又因子女抚养问题争执不休，从而引发的变更抚养关系纠纷案件逐年递增。如今，子女抚养问题已成为影响家庭和睦、社会稳定的重要因素之一。同时，子女的成长是一个长期动态的过程，离婚双方协商时或判决中所依据的父母的实际情况，可能在子女成长的过程中发生变化，法律出于保证子女健康成长的考虑，规定了父母一方可以要求变更抚养关系，且能真实表达自己意愿的子女的意见应成为能否变更抚养关系的正当理由。

《中华人民共和国婚姻法》第三十六条规定，父母与子女间的关系，不因父母离婚而消除。离婚后，父母对子女仍有抚养和教育的权利和义务。依照《最高人民法院关于人民法院审理离婚案件处理子女抚养问题的若干具体意见》第十六条的规定，一方要求变更子女抚养关系有下列情形之一的，应予支持：(1) 与子女共同生活的一方因患严重疾病或因伤残无力继续抚养子女的；(2) 与子女共同生活的一方不尽抚养义务或有虐待子女行为，或其与子女共同生活对子女身心健康确有不利影响的；(3) 10周岁以上未成年子女，愿随另一方生活，该方又有抚养能力的；(4) 有其他正当理由需要变更的。上述“意见”中规定年满10周岁未成年子女愿随另一方生活，另一方要求变更子女抚养关系的应予支持，而本案中被扶养人李某成刚刚年满8周岁，抚养关系能否变更呢？

对此，2017年10月1日起开始施行的《中华人民共和国民法总则》第十九条规定，8周岁以上未成年人为限制民事行为能力人，可以独立实施纯获利益的民事法律行为或者与其年龄、智力相适应的民事法律行为。即《中华人民共和国民法总则》将限制民事行为能力人的年龄下限下调为8周岁以上，虽然《中华人民共和国民法总则》施行后上述意见中年满10周岁未成年人未做更改，但从立法本意及保护未成年人合法权益原则看，8周岁以上未成年人可以独立实施与其年龄、智力相适应的民事法律行为。故在处理变更抚养权案件时，应从有利于子女身心健康成长、充分保障子女合法权益的角度出发，尊重有识别能力子女的意愿，尽可能减少因父母离异对子女的心灵造成更大创伤。本案中，李某成已年满8周岁，愿意随其母一起生活，其意愿应当作为变更抚养关系的依据或重要参考，结合父母双方的抚养能力等综合考量，法院应判决变更抚养关系。法官在处理变更抚养权纠纷的实践中，应注意以下几个原则：

一是征求子女意见原则。审理变更抚养关系纠纷案件应从有利于子女身心健康，保障子女合法权益出发，紧紧围绕是否有利于子女利益这一中心，综合考虑父母双方的抚养能力和抚养条件等具体情况。按照《最高人民法院关于人民法院审理离婚案件处理子女抚养问题的若干具体意见》第五条的规定："父母双方对于十周岁以上未成年子女随父或随母生活发生争执的，应考虑该子女的意见"，进一步明确征求子女意见的程序和内容，在决定未成年子女抚养权归属时，首先应尊重子女的选择权，除出现严重侵害子女利益的情况外，其意见应予尊重。

二是深入开展调查取证工作。在变更抚养关系纠纷案件中，子女往往处于劣势，基本无法参与到纠纷中与父母进行平等对话以保护自己的利益，尤其是8周岁以下无民事行为能力人甚至连表达自己意见的机会都没有，这就要求我们在审理案件时充分发挥司法能动作用，利用少年司法社会观护制度，由社会调查员深入学校、社区，对未成年子女的社会交往、家庭成员及经济状况进行调查，对现在和变更后的学习、生活状况进行评估和预测，并提交调查报告，作为法官决定是否变更的参考。

三是坚持子女利益最大化原则。在决定是否变更抚养关系时应充分考虑父母双方的抚养条件以及子女生活环境的稳定性问题，包括抚养人的生理和心理状态、道德品行、受教育程度以及是否有固定住所及稳定收入。根据离婚协议或判决，子女跟随一方生活已经成为一种习惯，且对今后的成长没有不利影响的，应尽量保持生活环境的稳定与连续，除出现下列情况外，一般不予变更：1. 子女要求变更；2. 抚养一方的生活环境及抚养条件发生严重不利于子女身心健康的变化；3. 非直接抚养一方有强烈的抚养愿望，现有条件显著优于对方，子女愿意变更的。

综上，本案被扶养人李某成已年满8周岁，愿意随母亲一起生活，其母亲马某华亦有强烈的抚养意愿，故马某华要求变更抚养关系的请求应当予以支持。

编写人：北京市大兴区人民法院　王国生

30

施暴者不宜直接抚养未成年子女

——吴某儿诉林某标变更抚养关系案

【案件基本信息】

1. 裁判书字号

广东省广州市中级人民法院（2018）粤01民终22182号民事判决书

2. 案由：变更抚养关系纠纷

3. 当事人

原告：吴某儿

被告：林某标

【基本案情】

原、被告于2004年3月15日登记结婚，于2006年8月22日生育儿子林某涛，于2013年4月26日协议离婚。《离婚协议书》载明"……二、经双方协商，婚后育有一儿子：林某涛，由男方抚养。抚养费是男方支付日常生活开支，如果有其他大额支付（包括但不限于突发或者重大疾病、教育费、择校费、保险费、18岁以后大学费用、出国教育费用等），由双方协商……"

2018年7月26日，原告提起本案诉讼。诉讼中，本案开庭审理前，林某涛于2018年8月28日上午在被告陪同下来到法院，本院征求林某涛的意见，其表示愿意跟随父亲共同生活；开庭审理后，林某涛于2018年8月30日上午在原告的陪同下来到法院，本院再次征求其意见，其强烈表示要和母亲共同生活。2018年9月7日上午，本院根据案件审理需要，安排心理辅导师给林某涛做个体沙盘游戏治疗和评估，同时通知了原、被告双方到庭。原、被告在法庭外等待期间，忽然由言语冲突引发双方（家属）打斗，林某标一方将吴某儿一方家属打伤，当事人报110和120。伤者当日被送往医院治疗，被告林某标当日被警方带走处理。当日，林某涛向本院申请人身安全保护令，本院于当日作出（2018）粤0111民保令4号民事裁定书，裁定如下：一、禁止被申请人林某标对申请人林某涛实施家庭暴力。二、禁止被申请人林某标骚扰、跟踪、接触申请人及其相关近亲属。三、在（2018）粤0111民初9475号变更抚养权纠纷案判决生效之前，申请人林某涛暂由吴某儿携带抚养。

【案件焦点】

孩子由谁携带抚养更为适宜。

【法院裁判要旨】

对于子女的抚养问题，应从有利于子女身心健康、保障子女合法权益考虑。一方要求变更子女抚养关系，有下列情形之一的，应予支持：（1）与子女共同生活的一方因患严重疾病或因伤残无力继续抚养子女的；（2）与子女共同生活的一方不尽抚养义务或有虐待子女行为，或其与子女共同生活对子女身心健康确有不利影响的；（3）十周岁以上未成年子女，愿随另一方生活，该方又有抚养能力的；（4）有其他正当理由需要变更的。本案中，第一，林某涛愿随原告吴某儿生活，原告吴某儿亦有抚养能力。第二，本案在审理过程中，被告林某标于2018年9月7日上午对原告一方进行殴打造成原告的亲属受伤，令在场的林某涛亦感恐惧。综上所述，原告起诉要求变更抚养权合理合法，本院予以支持，认定林某涛由原告携带抚养。

宣判后，被告林某标不服，上诉至广东省广州市中级人民法院，该院于2018年12月25日判决：

驳回上诉，维持原判。

【法官后语】

父母双方对八周岁以上的未成年子女随父或随母生活发生争执的，应考虑该子女的意见。本案中，林某涛的父母亲对于林某涛的抚养问题发生争执，因此本院根据案件审理需要，征询林某涛本人的意见。

引入“沙盘疗法”，科学评估孩子的心理表现，舒缓孩子情绪。在家事案件审理过程中，由于存在未成年子女不敢表达意见、意见表达不稳定等情况，为妥善化解家事矛盾，加强多元化纠纷解决，我们尝试在家事审判中引入“沙盘疗法”，通过现代心理技术，为家事纠纷的科学化解提供专业支持，用科学的方法评估夫妻、亲子关系，实现子女及家庭各成员利益保护最大化。本变更抚养关系纠纷案中，因双方的孩子林某涛关于跟随父亲或母亲生活的意见前后发生了变化，本院为了更好地了解孩子的真实意愿，在本案中引入“沙盘疗法”。根据广州市白云区心理医院出具的《心理评估档案》显示，孩子展现了对父亲及奶奶权威的恐惧，在提及法院及外界的保护时，孩子寄予厚望，强烈希望得到庇护，远离父亲的暴力恐吓。

无民事行为能力人、限制民事行为能力人无法申请人身安全保护令的，其近亲属、公安机关、妇女联合会、居民委员会、村民委员会、救助管理机构可以代为申请。本案中，申请人林某涛为限制民事行为能力人，其遭受家庭暴力或面临家庭暴力的现实危险时，其法定代理人吴某儿可以代其申请人身安全保护令。

借助社会力量，共享工作平台和数据资源，加强家事纠纷解决多元化建设。本案中，因为林某涛的意见前后不稳定，本院遂引入“沙盘疗法”，科学评估孩子的心理表现，舒缓孩子情绪。

编写人：广州市白云区人民法院　黄丽娜

31

抚养条件是否发生不利于被抚养人的重大变化是判断抚养关系是否需要变更的重要标准

——包某欢诉许某变更抚养关系案

【案件基本信息】

1. 裁判书字号

江苏省泗洪县人民法院（2018）苏1324民初6404号民事判决书

2. 案由：变更抚养关系纠纷

3. 当事人

原告：包某欢

被告：许某

【基本案情】

原、被告曾系夫妻关系。2017 年 6 月 13 日，原、被告双方经上海市青浦区人民法院调解离婚并达成如下调解协议：许某与包某欢自愿离婚；女儿包某雨由许某抚养，包某欢每月支付抚养费 800 元，至包某雨年满十八周岁时止。2017 年 7 月 8 日，原告将女儿包某雨带到其身边生活。2017 年 9 月，被告许某向上海市青浦区人民法院申请强制执行，要求女儿包某雨随其生活，该执行案件现已程序终结。原告从被告处带走女儿包某雨后，被告许某曾到本县寻找女儿包某雨。

【案件焦点】

原、被告双方所生育女儿包某雨的抚养权应否予以变更，若准予变更，抚养费标准如何确定。

【法院裁判要旨】

江苏省泗洪县人民法院经审理认为：首先，抚养条件是否发生不利于被抚养人的重大变化是判断抚养关系是否需要变更的重要标准。根据法律规定，一方要求变更子女抚养关系有下列情形之一的，应予支持：与子女共同生活的一方因患严重疾病或因伤残无力继续抚养子女的；与子女共同生活的一方不尽抚养义务或有虐待子女行为，或其与子女共同生活对子女身心健康确有不利影响的；十周岁以上未成年子女，愿随另一方生活，该方又有抚养能力的；有其他正当理由需要变更的。本案中，原告包某欢虽主张女儿变更由其进行抚养，但其提供的证据不足以证实被告许某的抚养能力下降、抚养条件恶化，尚不具备法律规定变更抚养关系的条件。

其次，原、被告双方在法院调解离婚时，双方对女儿包某雨的抚养权已作出明确约定，原告包某欢同意由被告许某进行抚养，系双方真实意思表示。后双方达成调解协议不足一个月后，原告从被告处带走女儿包某雨，原告虽主张该行为系经过被告许某的同意，但许某收拾衣服的行为，只能表明其同意女儿随原告生活一段时间，且在原告未将女儿送回被告处后，被告许某向法院申请强制执行的行为足以表明其不愿变更女儿的抚养权。

最后，父母双方对子女均有抚养教育的义务，无论包某雨由谁进行抚养，原、被告双方均应从有利于子女身心健康，保障子女的合法权益角度出发。在原、被告离婚后，包某雨随被告许某生活，其已适应现有的生活环境、生活条件，且包某雨系女孩，由其母亲即被告许某进行抚养更为适宜。子女的抚养权需维持在一段时间内的稳定性，不应随意发生变更。现被告许某的抚养条件未发生不利于被抚养人的重大变化，故原告包某欢要求变更女儿包某雨由其抚养的请求，本院依法不予支持。

江苏省泗洪县人民法院依照《最高人民法院关于人民法院审理离婚案件处理子女抚养问题的若干具体意见》第十六条，《中华人民共和国民事诉讼法》第六十四条之规定，作出如下判决：

驳回原告包某欢的诉讼请求。

本案判决书送达原、被告双方后，均未提出上诉。

【法官后语】

一、审理变更子女抚养关系纠纷案件应遵循的原则

《中华人民共和国婚姻法》第二十三条、第三十六条都体现了以“子女权益”为重这一原则。处理子女抚养问题的若干具体意见则明确了审理子女抚养问题要遵循的原则，即要围绕是否有利于子女利益这一中心。

在变更子女抚养关系诉讼中，父母成为矛盾冲突的双方当事人，首先考虑的多数是双方各自的利益，未成年子女从被保护对象成了双方的累赘或争夺的对象，其权益往往被置于次要地位。审理抚养关系纠纷应“从有利于子女身心健康，保障子女的合法权益出发”，遵循子女利益最大化原则。从有利于子女身心健康，保障子女的合法权益出发，就是要以子女利益为本位，紧紧围绕是否有利于子女利益这一中心，综合考虑父母双方的抚养能力和抚养条件等具体情况。

二、尊重意思自治的原则

本案中，原、被告双方在法院调解离婚时，双方对女儿包某雨的抚养权已作出了明确约定，原告包某欢同意由被告许某进行抚养，系双方真实意思表示。后双方达成调解协议不足一个月后，原告从被告处带走女儿的行为未经过被告的同意，在女儿未被原告送回后，被告向法院申请强制执行，表明其不愿变更女儿的抚养权。原告擅自带走女儿的行为违反当事人意思自治，更对女儿的身心健康不利，不应允许其随意反悔。无论是协议离婚还是判决离婚，原抚养关系是对父母双方抚养条件、孩子基本状况等因素综合考量的结果。根据处理子女抚养问题的若干具体意见第十六条规定，一方要求变更子女抚养关系有下列情形之一的，应予支持：与子女

共同生活的一方因患严重疾病或因伤残无力继续抚养子女的；与子女共同生活的一方不尽抚养义务或有虐待子女行为，或其与子女共同生活对子女身心健康确有不利影响的；十周岁以上未成年子女，愿随另一方生活，该方又有抚养能力的；有其他正当理由需要变更的。由于本案被告没有出现上述规定的情形，不变更抚养关系更有利于女儿的身心健康和保障其合法权益。

三、子女现随主张变更抚养关系的一方生活的现状，能否作为抚养权是否变更的依据

本案中，双方调解离婚后不久，原告即将女儿从被告处带离，形成事实上的抚养现状。被告虽申请法院强制执行，但女儿仍与原告一同生活已近2年时间。从子女生活现状的角度考虑，承办法官确陷入矛盾之中。若判决准予变更，未实际取得抚养权的一方就可抢夺子女，并将其收藏起来，造成实际抚养的局面后，再行起诉变更抚养关系，这样将可能引发大量“争子大战”的负面情形，子女则成为父母双方争夺的“棋子”，这样不利于社会的稳定以及子女的健康成长。且本案中也未出现法定的予以变更的情形，且包某雨系女孩，由其母亲即被告进行抚养更为适宜。

编写人：江苏省泗洪县人民法院　沈利军

六、赡养纠纷

32

赡养人有义务承担生活困难的被赡养人的城乡居民医疗保险参保费用

——祝甲诉祝乙等赡养案

【案件基本信息】

1. 裁判书字号

四川省蒲江县人民法院（2018）川0131民初1522号民事判决书

2. 案由：赡养纠纷

3. 当事人

原告：祝甲

被告：祝乙、祝丙、祝丁、祝戊、祝己

【基本案情】

原告祝甲与杨某某夫妻二人共同育有一子四女，分别为：祝乙、祝丙、祝丁、祝戊、祝己，并含辛茹苦地将五个子女抚养成人。原告身患直肠癌，妻子杨某某身患多种疾病，长期卧病在床，生活不能自理，原告夫妻二人日常生活十分困难。被告祝丙、祝丁、祝戊、祝己经常照顾原告，特别是生病时都积极履行赡养义务，唯有被告祝乙对父母不管不问。2009年至今，原告因病治疗支付医药费24337.15元，被告祝丙垫付3000元，祝丁垫付4000元，祝己垫付4000元，其余部分全由祝戊垫付。原告2010年至2018年购买城乡居民医疗保险费用共计4755元，均由被告祝戊垫付。被告祝乙不履行赡养义务的行为让原告心寒。故起诉请求判令：1. 被告祝乙支付原告从1999年起至今的生活费23000元；2. 原告医疗费24337.15元由被告祝乙承担一半，被告祝丙、祝丁、祝戊、祝己共同承担一半；3. 原告2010年至2018年城乡居民医疗保险所缴纳的费用4755元，由被告祝乙承担一半，被告祝丙、祝丁、祝戊、祝己共同承担一半；4. 从2018年1月1日起，五被告每人每月支付原告生活费200元；5. 从2018年1月1日起，原告生存期间因伤、因病所产生的医疗费、交通费（以有效票据或以实际支出为准），由五被告各承担五分之一，该费用每月结算一次；6. 从2018年1月1日起，原告生存期间因伤、因病，若需人护理，护理费以每月3000元为标准，由五被告各承担五分之一，该费用每月结算一次；7. 本案诉讼费用由五被告共同支付。

被告祝丙、祝丁、祝戊、祝己辩称，对原告祝甲提出的诉讼请求及事实均不持异议。

被告祝乙未到庭，亦未提交书面答辩意见。

法院经审理查明，原告祝甲与妻子杨某某共生育祝乙、祝丙、祝丁、祝戊、祝己五个子女，并逐一抚养成年。1996年，原告祝甲与妻子杨某某曾因赡养纠纷向本院起诉被告祝乙，本院审理后参照双方达成的赡养协议并结合实际情况，作出（1996）蒲民初字第117号《民事判决书》，判决：1. 祝甲、杨某某的责任田由祝乙耕种收割，祝乙从1996年起每年付清油6公斤，黄谷600公斤；2. 祝乙从1996年起每年付祝甲、杨某某二人医药费80元。此后，经法院强制执行，被告祝乙给付过一年的黄谷、清油，但后来，原告祝甲基于亲情和其他原因，未再申请强制执行过祝乙，祝乙也未履行过该判决书确定的义务。原告的责任田一直由被告祝乙耕种至今。原告祝甲与妻子杨某某一直独立生活至今。2009年以后，原告祝甲患直肠癌、慢性结肠炎等多种疾病，其间多次就医治疗；扣除医疗保险报账后，个人累计支付医疗费23858.06元。因经济困难，上述费用全部来源于四个女儿的垫付，其中祝丙垫付3000元，祝丁垫付4000元，祝己垫付4000元，其余部分由祝戊垫付，祝乙分文未付。原告祝甲生病治疗期间主要由被告祝丙、祝丁、祝戊、祝己照顾护理。2010年至2018年，原告祝甲参保城乡居民医疗保险支付费用4755元，该款全部由被告祝戊垫付。现原告祝甲年老体弱，已无劳动能力和收入来源，也未参加农村养老保险和城镇居民养老保险，且患有严重疾病需长期治疗。另查明，庭审中，经本院释明后，原告祝甲自愿放弃要求被告祝乙支付 1999 年至今生活费的诉讼请求。

【案件焦点】

在年迈父母无固定或足够生活来源而依赖子女给付赡养费才能维系正常生活水平的情况下，父母无法自行承担城乡居民医疗保险参保费用时，参保费用是否应由子女承担。

【法院裁判要旨】

四川省蒲江县人民法院经审理认为，根据《中华人民共和国婚姻法》第二十一条第一款“父母对子女有抚养教育的义务；子女对父母有赡养扶助的义务”、第三款“子女不履行赡养义务时，无劳动能力的或生活困难的父母，有要求子女付给赡养费的权利”，《中华人民共和国老年人权益保障法》第十四条“赡养人应当履行对老年人经济上供养、生活上照料和精神上慰藉的义务，照顾老年人的特殊需要”、第十五条“赡养人应当使患病的老年人及时得到治疗和护理；对经济困难的老年人，应当提供医疗费用。对生活不能自理的老年人，赡养人应当承担照料责任”之规定，原告祝甲年老多病，既无劳动能力又无收入来源，五被告作为其子女，依法应当承担赡养义务。关于生活费的问题。本院于 1996 年判决的生活费标准两人全年 6 公斤清油、600 公斤黄谷，已不符合原告祝甲现在的实际生活所需，应予调整。结合 2016 年四川农村居民人均消费性支出标准每年 10192 元，原告祝甲主张五被告每人每月支付生活费 200 元的诉讼请求，符合法律规定和本地实际，本院予以支持。关于 2018 年以前医疗费的问题。虽然本院（1996）蒲江民初字第 117 号民事判决书已判令被告祝乙从 1996 年起每年给付祝甲、杨某某医疗费 80 元，但被告祝乙至今未履行过，且该费用已完全不能满足原告现在的医疗费用所需，在其余四被告已垫付原告医疗费的情况下，被告祝乙应对该费用予以分摊。结合被告祝乙耕种原告责任田地并获取收益和被告祝乙未照顾护理原告祝甲的事实，本院酌定由被告祝乙承担上述医疗费用的 50%，即 11929.03 元，被告祝丙、祝丁、祝戊、祝己各承担 12.5%，即 2982.26 元，因被告祝丙、祝丁、祝戊、祝己垫付部分均已超过上述标准，故四被告可不再支付。

关于 2018 年以后医疗费、交通费和护理费的问题。原告祝甲主张五被告从

2018 年 1 月 1 日起各自承担其因伤、因病产生的医疗费、交通费、护理费五分之一的诉讼请求，符合法律规定，本院予以支持。结合本地一般护工标准，原告主张护理费按每月 3000 元计算符合法律规定和本地实际，本院予以支持。

关于城乡居民医疗保险参保费用的问题。居民参加城乡居民医疗保险有利于减轻其因看病治疗而产生的经济负担，参加该保险每年需缴纳一定的参保费用，且参保费用每年随着物价和生活水平的上涨而有所提升。在年迈父母无固定或足够生活来源而依赖子女给付赡养费才能维系正常生活水平的情况下，其显然无法自行承担上述参保费用，在此情况下，参保费用由子女缴纳更为合理，且年迈父母参加医疗保险实际上也是减轻了子女承担父母医疗费的经济负担。故本案中，原告祝甲主张其 2010 年至 2018 年城乡居民医疗保险参保费用 4755 元由五被告按比例分担的诉讼请求合理合法，本院予以支持。结合实际，本院酌定由被告祝乙承担 50% 即 2377.5 元，被告祝丙、祝丁、祝戊、祝己各承担 12.5%，即 594.38 元。因该费用已由被告祝戊垫付，故被告祝戊不再支付。

根据《中华人民共和国民事诉讼法》第一百四十四条“被告经传票传唤，无正当理由拒不到庭的，或者未经法庭许可中途退庭的，可以缺席判决”之规定，被告祝乙经本院合法传唤，无正当理由拒不到庭参加诉讼，由此产生的不利法律后果，应由其自行承担。

综上所述，原告祝甲的诉请部分成立。依照《中华人民共和国婚姻法》第二十一条第一款、第三款，《中华人民共和国老年人权益保障法》第十四条、第十五条和《中华人民共和国民事诉讼法》第一百四十四条之规定，判决如下：

一、自 2018 年 1 月 1 日起，被告祝乙、祝丙、祝戊、祝丁、祝己每人每月支付原告祝甲生活费 200 元，该项费用在每季度末的最后一日支付一次；

二、自 2018 年 1 月 1 日起，原告祝甲因伤、因病所产生的医疗费（扣除医疗保险报销后的剩余费用）、交通费以有效票据为准，由被告祝乙、祝丙、祝戊、祝丁、祝己各负担五分之一，该项费用在每季度末的最后一日结算支付一次；

三、自 2018 年 1 月 1 日起，原告祝甲因伤、因病按医嘱需人护理的，护理费按每月 3000 元标准，以实际护理时间计算，由被告祝乙、祝丙、祝戊、祝丁、祝己各负担五分之一，该项费用每季度末的最后一日结算支付一次；

四、被告祝乙于本判决生效之日十日内向原告祝甲支付 2018 年以前已产生的医疗费11929.03元；

五、被告祝乙、祝丙、祝丁、祝己分别于本判决生效之日起十日内向原告祝甲支付2018年以前已产生的城乡居民医疗保险参保费用2377.5元、594.38元、594.38元、594.38元；

六、驳回原告祝甲的其余诉讼请求。

【法官后语】

《中华人民共和国婚姻法》规定："父母对子女有抚养教育的义务；子女对父母有赡养扶助的义务""子女不履行赡养义务时，无劳动能力的或生活困难的父母，有要求子女付给赡养费的权利"，《中华人民共和国老年人权益保护法》规定："赡养人应当履行对老年人经济上供养、生活上照料和精神上慰藉的义务，照顾老年人的特殊需要""赡养人应当使患病的老年人及时得到治疗和护理；对经济困难的老年人，应当提供医疗费用。对生活不能自理的老年人，赡养人应当承担照料责任"，虽然法律均规定子女对父母有赡养的义务，但这些法律规定相对比较笼统，制度规定也比较滞后，法院在处理此类案件时，由于可查询的法律依据少，法律条文的内容简略，适用性不强。

目前，我国正处于人口老龄化阶段，年轻人口的数量减少，老龄人口不断增加，伴随人口老龄化现象的日渐严重，涉及老年人的赡养问题也成为一个比较突出的社会问题。在司法实践中，赡养纠纷不仅仅是涉及老年人生活费，老年人由于年龄大，各项身体机能下降，如肿瘤、心脑血管病、糖尿病等老年病的发病率高，随之将产生相应的医疗费用，对于年迈的老年人来说医疗费用也是笔不小的开支，所以医疗费也是赡养纠纷中亟待解决的问题。在产生具体数额的医疗费用时，在处理赡养纠纷时，法官还可以依据法律规定要求子女承担经济困难的父母的医疗费。但在本案中，除了涉及老年人的生活费、医疗费、护理费，还涉及老年人的城乡居民医疗保险参保费用，居民参加城乡居民医疗保险有利于减轻老年人因看病治疗而产生的经济负担，我国的法律对老年人的城乡居民医疗保险参保费用均未有过明确的规定，在老年人要求子女承担其城乡居民医疗保险参保费用时，该如何处理？城乡居民医疗保险制度，旨在推进医药卫生体制改革、实现城乡居民公平享有基本医疗保险权益、促进社会公平正义、增进人民福祉，在参保人员发生的住院和门诊医药费用时，住院费用支付比例基本上保持在75%左右，能报销绝大部分因生病住院而产生的医疗费用，很大程度上可以减轻患者因患病而带来的经济压力，参加该医疗保险每年需缴纳一定的参保费用，且参保费用每年会跟随着物价和生活水平的上涨而有一定的提升。上了年纪的老年人，生病住院的概率较大，城乡居民医疗保险对其看病治疗来说有一定的保障，尤其是对无固定收入且生活困难的老年人来说显得更为重要，在年迈父母无固定或足够生活来源而依赖子女给付赡养费才能维系正常生活水平的情况下，让其自行承担城乡居民医疗保险的参保费用不太现实，在此情况下，参保费用由具有赡养义务的子女来缴纳更为合理，《中华人民共和国老年人权益保障法》第十五条规定“赡养人应当使患病的老年人及时得到治疗和护理；对经济困难的老年人，应当提供医疗费用。对生活不能自理的老年人，赡养人应当承担照料责任”，法律明确规定了对于经济困难的老年人，赡养人应当提供医疗费用，若老年人参加了城乡居民医疗保险，能报销一定比例的医疗费用，所以实际上也是减轻了子女承担父母医疗费的经济负担，所以赡养人有义务承担生活困难的被赡养人的城乡居民医疗保险。

在本案中原告祝甲年老多病，身患直肠癌，妻子杨某某身患多种疾病，长期卧病在床，生活不能自理，夫妻二人日常生活十分困难，既无劳动能力又无收入来源，五被告作为其子女，理应承担赡养义务，支付生活费、护理费、医疗费等费用，原告祝甲参保了城乡居民医疗保险，在其生病住院时能报销一定比例的医疗费用，有益于减轻赡养人承担被赡养人医疗费的经济压力，故原告祝甲主张其2010年至2018年城乡居民医疗保险参保费用4755元由五被告按比例分担的诉讼请求是合理合法的。

编写人：四川省蒲江县人民法院　孙敏婕

33

继父母应当享有被赡养的权利

——李某某、闫某某诉闫某甲等赡养案

【案件基本信息】

1. 裁判书字号

黑龙江省拜泉县人民法院（2018）黑0231民初465号民事判决书

2. 案由：赡养纠纷

3. 当事人

原告：李某某、闫某某

被告：闫某甲、闫某乙、闫某丙、闫某丁、闫某戊

【基本案情】

闫某甲等五人互为亲兄妹，闫某某系闫某甲等五人的父亲，李某某系闫某甲等五人的继母。闫某某妻子去世后，闫某某与李某某结婚登记共同生活。闫某甲等五人成家后因家庭琐事，与李某某常年发生争吵，故闫某某与李某某二人独自居住，闫某甲等五人与闫某某二人也很少往来。2018年3月，闫某某与李某某以两人年老体弱，无劳动能力、无经济来源为由诉至法院，请求闫某甲等五人给付闫某某、李某某二人赡养费每人每年5000元。

【案件焦点】

1. 继父母是否应当享有被赡养的权利；2. 依据当地生活消费水平及个人经济收入确定赡养费的认定标准。

【法院裁判要旨】

黑龙江省拜泉县人民法院经审理认为：根据《中华人民共和国婚姻法》第二十一条第三款规定，子女不履行赡养义务时，无劳动能力的或生活困难的父母，有要

求子女付给赡养费的权利。五被告系原告闫某某的子女，原告李某某虽然为继母但是也尽到了抚养、教育继子女的义务，赡养二原告是其应尽的法定义务。现二原告已年老体弱，无劳动能力，二原告要求五被告给付赡养费的诉求，本院应予支持。对于赡养费的数额问题，基于本案二原告的实际生活需要，五被告的负担能力和当地实际生活水平的考虑，确定五被告每人每年给付二原告每人赡养费1500元。依照《中华人民共和国婚姻法》第二十一条第三款，《中华人民共和国民事诉讼法》第六十四条第一款、第一百四十四条之规定，判决如下：

一、被告闫某甲、闫某乙、闫某丙、闫某丁、闫某戊自2018年起每人每年给付原告李某某赡养费1500元，此款于每年的12月30日前一次性给付，至终年时止；

二、被告闫某甲、闫某乙、闫某丙、闫某丁、闫某戊自2018年起每人每年给付原告闫某某赡养费1500元，此款于每年的12月30日前一次性给付，至终年时止。

【法官后语】

法律规定子女有对父母赡养救助的义务，父母经济困难时有权利要求子女支付赡养费，继父母和受其抚养教育的继子女之间的权利义务与亲生父母子女关系一致。继父母与继子女之间有抚养关系的，继子女应当对继父母承担赡养义务。随着农村人口流动变化大，思想意识逐渐多元化，婚姻关系不再像以前的时候牢固，重组家庭比比皆是。多子女家庭经历父母重组之后，对继父母容易产生抗拒心理，继父母对继子女也因为责任感不足等原因，易对其照顾不周。长此以往，双方产生隔阂。等到家庭独立之后，因往来的联系切断，感情进一步淡化，又因为法律意识淡薄、对于无血缘关系的继父母缺乏尊重、共同生活期间易因琐事发生矛盾等原因，农村继子女对于继父母的赡养义务的意识淡漠甚至抗拒。因此，让双方当事人正确认识继父母子女的关系性质，适用有关法律对其赡养问题进行调整是十分必要的事情。虽然原、被告双方赡养关系是确定的事情，但是原告方提出的赡养费是否合理还需另行判断。本案中，原、被告所在地消费水平偏低；两原告没有劳动能力，但是身体健康，享有农村的分配土地、高龄补助、低保补助及相关扶贫优惠政策；五被告均为务农人员，年龄也偏高，无固定收入。部分被告身患疾病，生活压力比较大，故原告方索要赡养费每人每年5000元，从当地的经济水平、被赡养人的实际需求、赡养人的经济能力等方面看属于偏高，因此针对原告的诉求予以合理地降低。

大部分赡养纠纷案件以调解或者撤诉的方式结案，有利于化解家庭矛盾。但本案双方当事人积怨已深，同时因为法律意识淡薄、不承认继父母的旧思想等问题，调解难度大。通过判决的方式结案能让被告方明白赡养义务的强制性，发挥典型案件的社会教育作用，用实际案件警示群众，从根源上减少赡养纠纷的发生。

编写人：黑龙江省拜泉县人民法院　武志朋

34

未形成事实上的抚养关系是否需要承担赡养义务

——裔某金诉秦某梅赡养案

【案件基本信息】

1. 裁判书字号

江苏省镇江市中级人民法院（2018）苏11民终1122号民事判决书

2. 案由：赡养纠纷

3. 当事人

原告（上诉人）：裔某金

被告（被上诉人）：秦某梅

【基本案情】

原告与被告母亲秦某稳于1986年结婚，被告系原告养女，婚后夫妻分居两地，被告自幼随母亲一起生活、学习，由其母亲与外婆一起照顾日常生活，所需抚养费由母亲独自承担。2015年4月20日，原告将夫妻共同房产折迁款40万元在中国工商银行转入被告账户，次日，被告将上述款项全部转入其母亲账户上。

另查明，原告与被告母亲结婚前已育有二子，长子裔某甲，次子裔某乙，1985年7月原告离婚，当时长子裔某甲15岁随母亲生活，次子裔某乙9岁随原告生活。

【案件焦点】

未形成事实上的抚养关系需不需要承担赡养义务。

【法院裁判要旨】

根据《中华人民共和国婚姻法》第二十一条规定，父母对子女有抚养教育的义务，子女对父母有赡养扶助的义务。子女不履行赡养义务时，无劳动能力的或生活困难的父母，有要求子女付给赡养费的权利。《中华人民共和国婚姻法》第二十七条规定，继父或继母和受其抚养教育的继子女间的权利和义务，适用本法对父母子女关系的有关规定。

本案中，原、被告系继父女关系，被告虽在年幼时母亲就与原告结婚，但婚后夫妻两地分居，被告从未与原告共同生活，未受原告抚养教育，一直由母亲及外婆抚养照顾，上学的费用均由被告母亲承担。上述事实不但有证人证言予以证实，原、被告当庭亦陈述一致。原告陈述视被告为亲生女儿将40万元拆迁款转给被告，现已查明拆迁款系原告与被告母亲共同财产，被告系代为母亲领取。原告没有提交证据证明自己对被告尽到抚养教育义务，现诉请被告承担赡养义务于法无据，对被告“没有形成事实上的抚养关系，不承担赡养义务的”辩称予以采信。

但原告陈述婚后周末时会和被告母亲各自带着孩子聚会，被告大学毕业后为其找工作花费很多钱，且被告成年后在被告母亲与原告离婚前，被告常常到原告家吃喝。经查明，原告现年老体迈多病，经济收入有限，而被告有固定的工作经济条件较好。据此，根据公平原则被告应酌情对原告进行经济帮助。

【法官后语】

1. 关于继子女在何种情况下才有赡养继父母的义务问题

通常情况下，继父母子女的关系属于姻亲关系，这种姻亲关系尚不属于法律的调整范围，只有随着继父母子女间共同生活，继父母对继子女尽了抚养教育义务或者继子女对继父母尽了赡养义务，继父母与继子女之间的亲属关系转化为抚养关系时，才形成法律规定的权利义务，此时才需要法律进行调整。

我国婚姻法第二十七条规定了继父母与继子女之间的权利义务关系：“继父母与继子女间，不得虐待或歧视，继父或继母和受其抚养教育的继子女间的权利和义务，适用本法对父母子女关系的有关规定。”因此是否受原告抚养教育，是被告作为继子女是否需要承担赡养原告义务的依据。本案原告与被告母亲虽原是夫妻关系，但其母亲与原告结婚后一直分居生活，其母亲有固定的工作、稳定的收入来源，被上诉人一直随母亲生活，受母亲抚养教育并承担其费用。因此被告并未与原告共同生活，且在被告未成年期间原告也未从经济上、生活上以及精神上对被告予以照料、教育、管教和保护。故双方未形成事实上的抚养关系，原告要求被告承担赡养义务没有事实和法律依据。

2. 关于原告基于与被告母亲的婚姻关系，而对被告的照顾或付出应当如何认定的问题

现实生活中，对于虽然没有形成事实上的继父母子女关系，但继父（或继母）基于与其生父（或生母）的婚姻关系，而对未成年继子女进行偶尔照顾或付出，或者在继子女成年之后为其工作或结婚而产生一定的经济支出。这种偶尔的照顾生活达不到抚养教育的标准，但却实际付出了感情和金钱，在继父母年老体弱、经济困难时，可以基于公平原则，由继子女在其成年之后根据实际情况对继父母予以适当的经济补偿。

编写人：江苏省句容市人民法院　吴红云　程时兰

35

子女在承担了赡养义务后，无权向其他子女追偿

——胡某翠诉胡某华追偿权案

【案件基本信息】

1. 裁判书字号

北京市房山区人民法院（2018）京0111民初16828号民事判决书

2. 案由：追偿权纠纷

3. 当事人

原告：胡某翠

被告：胡某华

【基本案情】

胡某华与胡某翠系胡某林、杨某梅之子女。2017 年 9 月，胡某林因病在医院住院治疗，胡某翠为其支付了医疗费。后胡某林、杨某梅因赡养事宜将其三名子女诉至本院，要求三名子女支付赡养费及各支付胡某翠为其支付的医疗费 2743.6 元等事宜，本院判决三名子女每人每月支付胡某林、杨某梅赡养费 800 元等。关于胡某翠为胡某林、杨某梅支付医疗费的诉求，本院以该费用并非胡某林、杨某梅所支付为由，予以驳回。现胡某翠以其垫付胡某林医疗费为由，要求胡某华给付医疗费 2743.6 元，给付护理费、误工费 900 元。

【案件焦点】

作为赡养人之一的原告，是否可以就自己垫付的相关赡养费用向其他赡养人要求追偿。

【法院裁判要旨】

北京市房山区人民法院经审理认为：子女对父母有赡养扶助的义务。本案中，原告胡某翠曾于 2017 年为胡某林垫付过医疗费，属于履行其对父母的赡养扶助义务。胡某翠认为该医疗费应由胡某林的三名子女共同承担，故其起诉要求被告给付原告为胡某林垫付的医疗费 2743.6 元，因被告同意给付，故本院不持异议。原告要求被告给付胡某林在 2017 年住院期间的护理费、误工费之请求，缺乏证据佐证，本院不予支持。被告所做的“同意给付原告垫付的医疗费 2743.6 元”等合理答辩意见，本院予以采纳；其他不合理答辩意见，本院不予采纳。

北京市房山区人民法院依照《中华人民共和国婚姻法》第二十一条第一款之规定，作出如下判决：

一、被告胡某华于本判决生效后七日内给付原告胡某翠 2743.6 元；

二、驳回原告胡某翠的其他诉讼请求。

【法官后语】

本案的争议焦点在于作为赡养人之一的原告，是否可以就自己垫付的相关赡养费用向其他赡养人要求追偿。本案中，原告主张被告给付其多承担的医疗费，因被告同意给付，法院不持异议；原告要求被告给付其在照顾被赡养人期间的护理费、误工费的诉讼请求，法院予以驳回。

审理此类案件的关键在于解决多承担赡养义务的子女是否具有追偿权这一问题，司法实践中存有两种不同观点：第一种观点认为，子女对父母有赡养义务。父母跟随其中一个或部分子女生活多年，此子女多承担了赡养义务，此多承担的义务应视为此子女替其他子女多承担的赡养义务（相对于赡养均摊而言），未尽赡养义务的子女因此获得了利益，构成不当得利。根据不当得利的相关规定，没有合法根据，取得不当利益，造成他人损失的，应当将取得的不当利益返还受损失的人。再者，一部分子女多承担了赡养义务，其他子女未尽赡养义务或少尽赡养义务，显然是不公平的，故根据公平原则，多承担赡养义务的子女有权向其他子女追偿。第二种观点认为，我国婚姻法虽然明确规定了子女对父母有赡养义务，但并未规定在父母有多个子女的情况下各子女如何具体承担赡养义务的问题，且赡养本身是一个较为抽象和内容较多的一种行为，不仅包括赡养费的给付问题，还包括了平时的照顾等诸多的行为，因此父母有多个子女的情况下各子女应承担赡养义务的多少无法从法律层面具体量化，不能简单地认为一个子女是在替另一名子女在尽赡养义务。再者，对于多承担赡养义务的子女，我国继承法也有明确规定，其可以在继承时要求多分配遗产，因此虽然承担了多数的赡养义务的子女不享有向其他子女追偿的权利，但其享有了多分遗产的权利，故其合法权益并不会受到损害，其不享有追偿赡养费的权利也未违反公平原则。

笔者认为，前述第一种观点从保障多承担赡养义务的子女的权益角度考量有可借鉴之处，但此种处理方式是否于法有据值得商榷。与此问题相关的法律规定系《中华人民共和国婚姻法》第二十一条第一款“子女对父母有赡养扶助的义务”“子女不履行义务时，无劳动能力的或生活困难的父母，有要求子女付给赡养费的权利”。由此可知，赡养父母是子女应尽的义务，此义务与他人是否应尽赡养义务或应尽多少赡养义务无关，故子女因赡养父母支付的赡养费用对其他子女无追偿的权利；再者，对于多承担赡养义务的子女，我国继承法也有明确规定，其可以在继承时要求多分配遗产，这保障了多承担赡养义务子女的权益；另外，主张赡养费的权利是基于身份权所产生的，身份权具有专属性和不可让与性，因此请求此权利的主体是特定的，作为赡养人，并不具有请求该项权利的主体资格。因此，多承担赡养义务的子女在承担了赡养义务后，无权向其他子女主张追偿的权利。

编写人：北京市房山区人民法院 吴丽

七、监护权纠纷

36

监护人的指定

——周某东等申请指定监护人案

【案件基本信息】

1. 裁判书字号

江苏省如皋市人民法院（2018）苏0682民特17号民事判决书

2. 案由：当事人申请法院指定监护人纠纷

3. 当事人

申请人：周某东、周某、周某兰、周某琴

被申请人：符某萍

【基本案情】

申请人系被申请人子女。被申请人符某萍与丈夫周甲生有三子两女，分别为长子周某峰（已故）、长女周某兰、次子周某东、次女周某琴、三子周某，均已成家立业。符某萍的父母均已经去世，周甲于1999年病故，长子周某峰于2000年去世。被申请人符某萍系如皋市技工学校离休职工，两个女儿均在南通市工作、生活，现已退休，两个儿子均在如皋市工作、生活。子女成家后，被申请人一直单独居住，由保姆负责照料生活。自丈夫与长子相继去世后，符某萍精神受到打击，智力状况严重下降。2006年被申请人所居住房屋被拆迁，周某东擅自动用拆迁款6万余元开设账户投资炒股。2008年4月开始，兄弟二人协商轮流照管被申请人，但因周某认为周某东侵占周家财产双方发生争议，该项计划未能实施，此后申请人周某单独照管被申请人，保管并支配被申请人的财产等。2014 年 10 月，申请人周某将被申请人接回其家中进行照料。在周某负责照料期间，其中有两年春节因女儿回国，家中无法居住，让符某萍跟随保姆回家过年。周某同时认可 2008 年至 2010 年被申请人存在被开水烫伤住院、被汽车撞伤住院治疗及数次走失事实。

2015 年 5 月，申请人周某兰以同学聚会需见母亲为由，将被申请人从周某家中接出，后被周某东接走未再送回，兄弟二人的矛盾进一步激化并打起了多场官司。2015 年，经如皋法院判决，宣告符某萍为无民事行为能力人。审理过程中，周某东将符某萍的工资卡挂失，因与周某之间争议工资卡问题一直未能补办。自 2015 年 5 月至今，被申请人符某萍的生活起居由申请人周某东照料，费用由周某东垫付。其间，申请人周某东以有家事处理，不便照料被申请人为由，将符某萍分别送至他人家中寄养照料一年多时间。自 2016 年 12 月被申请人被周某东安排租住在如皋市一出租屋内，与保姆一起生活至今。

另查，2006 年至 2016 年被申请人的单位如皋市技工学校多次组织调解，虽曾形成一致意见，但因申请人不按协议执行等原因未果。

又查，符某萍工资由 2007 年每月 2600 元左右逐渐上涨至 2017 年每月 8661 元，每年按照 13 个月计发工资。另享受本市高龄老人政府补贴、离退休干部其他补贴等相关待遇。

审理中，本院释明后，申请人周某东及周某均对自身的错误行为有了清醒认识，向本院书面具结悔过，承认分别照管母亲期间存在过错，并承诺将母亲的拆迁款如数返还。

【案件焦点】

对本案中无民事行为能力但却又渴望亲情的被申请人符某萍，如何为其指定最有利于维护其权益的监护人。

【法院裁判要旨】

江苏省如皋市人民法院经审理认为：本案中，被申请人符某萍年事已高，且自 2007 年生活无法自理，需要专人全天照料。2015 年 11 月，经其成年子女申请，本院认定为其无民事行为能力人，故被申请人需要有监护人代为实施民事法律行为，而被申请人的父母、配偶均已去世，其四位成年子女即本案的四位申请人为其第一顺位的监护人，因无法协议确定监护人，现申请法院指定，符合法律规定。

被申请人罹患老年痴呆症，与人无法正常沟通交流，出现记忆力丧失、无法辨认来人等相应症状，确需监护人进行监护，现四申请人均申请作为监护人，本院根据审理查明事实，结合证据，综合判断申请人是否具备监护人资格：

申请人周某东具备监护人资格。一、自 2015 年 5 月至今负责安排被申请人的生活起居并支付相应的费用，履行对母亲符某萍的赡养义务；二、虽然在 2007 年被申请人精神状况有所下降的情况下，私自带被申请人开设账户用拆迁款进行炒股，收益归其所有，后在其他申请人发现后才将事实说出并承诺将该部分款项如数交出，作为被申请人财产或遗产进行处理。2015 年至 2016 年，周某东将被申请人完全送至他人寄养，对被申请人的身心健康造成了不利的影响。但经本院释明后，已有深刻的认识，并诚心悔过，本院确认其具备监护资格。

申请人周某具备监护人资格。一、2008 年至 2014 年，周某曾负责照料被申请人，代为保管申请人的财产，用于支出被申请人的生活费、保姆费等相应费用，并与被申请人共同生活大半年时间，负责照料被申请人，履行了对母亲的赡养义务；二、虽然在安排被申请人生活和管理财产过程中，被申请人相继发生重大意外事故，导致被申请人受伤并住院治疗，未充分履行监护义务；且至少两个春节由保姆将被申请人带回家，存在怠于履行监护职责，损害被申请人的身心健康行为，但经释明后，已有深刻的认识，并诚心悔过，本院确认其具备监护人资格。

关于申请人周某兰及周某琴，虽庭前向本院提交申请，但经本院传票传唤无正当理由拒不到庭，本院视为其放弃监护申请处理。此外，两申请人长期在南通市生活居住，被申请人已长期适应如皋市生活，两申请人照顾较为不便，同时申请人周某兰患有重疾，自身尚需他人照料，难以胜任监护人的监护责任，申请人周某琴因子女原因，在深圳为子女照看小孩，本院多次通知其到庭调解，均以照顾小孩为由拒不到庭，对被申请人的生活及处境等无暇顾及，均不宜作为被申请人符某萍的监护人。

据此判决：指定周某东、周某为符某萍的监护人。

【法官后语】

本案中，虽被申请人的两个儿子存在未充分履行监护义务的行为，在各自分别监护老人期间发生了有损老人权益的情形，但经过法庭教育及悔过反省，充分认识到自身存在的错误，当庭写下书面具结悔过书，保证今后不再犯类似的错误，再结合老人对两个儿子的依赖程度及老人长期以来形成的生活习惯等实际情况，指定老人的两个儿子共同监护为宜。

民法总则实施之前，当事人对监护权有争议的，需由精神病人所在单位或居委会、村委会在近亲属中指定。对指定不服的由人民法院裁决。而民法总则施行之后，当事人对监护权有争议的，可以向人民法院直接申请指定，这也是该案的来由。对照法律的规定，本案中被申请人的四个子女均有监护的权利，事实上也是由生活在如皋市的两个儿子一直履行监护义务，只是因为2015年的一件事情使得兄弟二人产生矛盾，老人的工资卡被银行冻结，老二用自己的退休工资一直垫付着老人的赡养费用。这也说明了老人的两个儿子事实上具备监护的能力，在本案的审理过程中经过法庭的教育认识到自身存在的错误和对监护人义务存在的误区，及时悔过。所以判决两个儿子共同监护也是有法律依据的。

同时，本案的处理取得了较好的社会效果。俗话说：家庭是社会的细胞，家庭和睦社会才能和谐。人民法院是处理家事案件的终极机关，也是各类家事矛盾纠纷的聚集点，所以家事法官在处理家事案件中更要注重法律效果和社会效果的双重作用。起诉到法院的家事案件更多的是家风建设的缺乏及亲情观念的淡薄，本案中的四个子女之所以十多年在老人单位的主持下一直未能就老人的监护人达成一致意见，正是源于上述原因。通过本案的前期调查了解和法庭庭审，家事法官内心产生了极大的纠结，虽然老人什么人都不记得，什么事情也想不起来，但唯独她的两个儿子她却记得清清楚楚，对于两个儿子也表现得非常依赖。所以，如果撤销了他们的监护权，想必老人见儿子的机会越来越少，如果仅仅指定其中一个，也会使得他们之间的隔阂进一步加深或者为老人的赡养互相扯皮，均不会取得较好的效果。所以在考虑到老人的护理照料及晚年生活的幸福指数的前提下，在两个兄弟出具书面具结悔过书之后，最终法院判决了兄弟二人共同担任监护人。判决后，法官们继续组织兄弟二人进行调解，解决老人监护的具体问题，形成协议，并对协议的履行情况进行回访。至目前为止，老人的监护问题已经得到彻底解决，老人也在兄弟二人的监护之下过上了幸福的晚年生活。以上举动引起了央视媒体的关注，夕阳红栏目组专程赶到如皋市拍摄五天，并在社会与法频道播出该案，引起了广泛的社会反响。至此，本案取得了较好的社会效果。

编写人：江苏省如皋市人民法院　宗爱萍

37

离婚案件中非经法定程序不得随意变更法定监护关系

——王某诉徐某离婚案

【案件基本信息】

1. 裁判书字号

北京市第二中级人民法院（2018）京02民终1883号民事判决书

2. 案由：离婚纠纷

3. 当事人

上诉人（原审被告）：王某

被上诉人（原审原告）：徐某

【基本案情】

原告于1995年患精神分裂症，现为无民事行为能力人。2006年2月22日原、被告登记结婚，2008年8月21日生育一子徐某某。婚后初期双方感情尚好，后因家务琐事被告与原告及其家人产生矛盾，2014年原告曾离家出走，2015年原告住进安定医院，2015年12月10日至今原告住进康家乐老年病医院治疗养病。2016年6月原告曾向法院起诉离婚，后撤诉。现原告之母作为其法定代理人代徐某提起离婚之诉。

庭审中，原告之母刘某提交了残疾人证、精神鉴定报告、民事判决书、老年病医院证明，用以证明原告系无民事行为能力人，原告曾经失踪，现一直在医院住院治疗。原告另提交被告的暂住人口信息表，以证明被告一直居住在北京市东城区交道口南大街69号×门402号（以下简称402号房屋）。原告还提交了保险单、饭费收据、住院费收据、徐某某教育培训费收据、安定医院住院收据，用以证明上述费用均为原告之母支付，故原告本人无力承担孩子抚养费。原告还提交了402号房屋产权证，以证明该房屋的产权人系原告之兄徐勇军，并非原、被告的共同财产。以上证据，本院予以确认。

【案件焦点】

离婚纠纷中一方法定监护人是否可以非经法定程序予以变更，也就是在夫妻双方婚姻存续期间，无民事行为能力一方的父母不经法定监护人确定程序能否代为提起离婚诉讼。

【法院裁判要旨】

北京市东城区法院经审理认为：被告经本院合法传唤未到庭应诉，依法应视为其放弃了答辩质证的权利，所产生的法律后果应由其自行承担。本案中，原告主张夫妻感情破裂且已两次起诉离婚，被告亦表示同意离婚，因此可以认定夫妻感情确已破裂，故本院准许离婚。原告现系无民事行为能力人，同时无工作收入，暂不能履行抚养义务，被告一直抚养照顾儿子，从有利于子女的生活成长考虑，应先将儿子判归被告自行抚养，待原告身体、经济条件允许时，被告可另诉给付抚养费。原、被告婚后无共同房产，曾居住在402号房屋，现该房产权为原告之兄所有，故原、被告离婚后均应自行解决住房，庭审中，原告法定代理人表示愿意出资6万元对被告居住进行补偿，本院支持。据此，法院判决如下：一、准予徐某与王某离婚；二、双方之子徐某某由王某自行抚养；三、离婚后双方自行解决住房；四、自本判决生效后七日内，徐某给付王某住房补偿款六万元；如果未按本判决指定的期间履行给付金钱义务，应当依照《中华人民共和国民事诉讼法》第二百五十三条之规定，加倍支付延迟履行期间的债务利息。

王某不服一审法院判决，提出上诉。北京市第二中级人民法院经审理认为：徐某与王某结婚之前即存在患有精神疾病的可能性，故双方婚姻关系是否存在无效情况应由当事人与利害关系人以及相关部门予以确定。鉴于目前徐某与王某已经办理了结婚登记手续且如涉案当事人与利害关系人及相关部门对此亦无争议，则考虑到现徐某已被法院生效裁决确定为无行为能力人，在涉及徐某与王某离婚纠纷且目前对于徐某的法定监护人尚存较大争议的前提下，应首先通过法定程序重新确定徐某的监护人资格。在上述问题未能得到有效解决前，涉案当事人对本案尚无诉权，故徐某之母作为徐某监护人代替徐某提起本案离婚诉讼应属程序不当，应裁定驳回其起诉。鉴于一审法院在对于徐某监护人资格纠纷尚未确定前即对本案进行实体审理不当，本院对此予以撤销。

北京市第二中级人民法院依照《中华人民共和国民事诉讼法》第一百一十九条，以及《最高人民法院关于适用〈中华人民共和国民事诉讼法〉的解释》第三百三十条之规定，作出如下判决：

驳回上诉，维持原判。

【法官后语】

婚姻家庭是社会的基本细胞，也是受婚姻法及相关法律维护和保卫的基本社会单位，因此如果在婚姻家庭生活中出现不和谐甚至导致家庭破裂时，就要严格依照相关法律规定来对婚姻中出现的问题进行有效规制及处理，只有这样才能真正做到使健康的家庭拥有快乐的生活，存在问题的家庭通过有效的救助焕发新的生机，而最终通过法律梳理确定死亡的婚姻也会使涉案当事人获得解脱。

本案中就涉及双方婚姻家庭是否已经彻底破裂问题，在无矛盾的夫妻生活中，如夫妻一方丧失行为能力，则在其相关权利受到侵害时夫妻另一方理应是其法定监护人来为其维护权益，这也是夫妻间高度融合存在深厚的夫妻感情基础所决定的。然而审判实践中新情况、新问题不断涌现，如夫妻一方丧失行为能力后，作为丧失行为能力一方的父母担心夫妻另一方不能很好地予以照顾，甚至担心将家庭财产私自处理后再抛弃无行为能力一方，故自行作为无行为能力一方的监护人并以无行为能力人一方名义直接起诉离婚，此时形成诉讼后法院是否就此直接考虑到婚姻纠纷中的特殊性，以及该婚姻关系背后的利益关系，且鉴于无行为能力人母亲亦系其近亲属而不必过分苛求法定监护关系的选定问题呢？答案应当是否定的，因为法律已经明确了监护关系的监护人顺序，而依照该规定夫妻关系中的一方应属于另一方的第一法定监护人，而如果发生法定监护人的变更时，应当通过法定特别程序来加以变更，而依照该规定即使出现了夫妻间的矛盾，作为无行为能力一方的父母也不能当然成为其法定监护人。因此，从法定程序是保证实体权利的正常行使出发，即使作为无行为能力人的父母是出于对于其子女的善意考虑，也不能当然成为其子女的法定监护人而行使婚姻中的权利。而只有在通过法定监护关系变更的特别程序后，作为无行为能力一方的新的法定监护人方可代表婚姻中无行为能力一方依法主张权利。

因此，本案二审中从严格程序主义原则出发，对于婚姻中无行为能力人一方作为监护人主张离婚的请求未予得到法律上的支持。

编写人：北京市第二中级人民法院　郭文彤

38

检察机关支持起诉撤销监护权案件如何审理

——杜某与黄某申请撤销监护人资格案

【案件基本信息】

1. 裁判书字号

福建省泉州市洛江区人民法院（2018）闽0504民特2号民事判决书

2. 案由：申请撤销监护人资格纠纷

3. 当事人

申请人：杜某

被申请人：黄某

【基本案情】

杜某与黄某原系夫妻关系，于2012年12月2日生育一儿子杜小某。2016年9月4日，黄某因家庭琐事与杜某发生争吵产生自杀念头，并诱骗杜小某与其一起喝下致命的剧毒农药，黄某因此犯故意杀人罪（未遂），被判处有期徒刑三年。现杜某与黄某已协议离婚，双方约定杜小某归杜某抚养。

【案件焦点】

1. 申请人撤销监护人资格的申请是否符合规定；2. 检察机关支持起诉撤销监护权案件如何开庭审理。

【法院裁判要旨】

福建省泉州市洛江区人民法院认为：监护人员应当履行监护职责，保护被监护人的身心健康，照顾被监护人的生活，对被监护人进行管理和教育，履行相应的监护职责。但黄某作为监护人，故意诱骗被监护人杜小某喝下致命的剧毒农药，黄某的行为已严重损害被监护人的身心健康并构成犯罪。现杜某申请撤销黄某监护人资格，符合法律规定，应予以准许。泉州市洛江区人民法院依照《中华人民共和国民法总则》（以下简称《民法总则》）第三十六条第一款第一项，《中华人民共和国民事诉讼法》第一百七十八条，《最高人民法院关于贯彻执行〈中华人民共和国民法通则〉若干问题的意见（试行）》第二十一条之规定，作出如下判决：

撤销黄某为杜小某的监护人的资格。

【法官后语】

实务中，撤销监护人资格案件数量不多，检察机关对此支持起诉的更少。本案作为福建省泉州市首起检察机关支持起诉的撤销监护权案件，对其进行探讨，有助于对该类型案件的审理提供参考。

一、撤销监护人资格的理由和主体限制

父母对未成年子女的监护资格不仅是自然权利，也是宪法赋予的权利。宽泛地撤销监护人资格制度不仅有违利益平衡原则，亦不利于未成年子女的成长，因为父母与子女的亲子关系对未成年子女的身心健康发展影响是巨大的，是其他监护人和社会无法代替的。我国撤销监护人资格的理由经历了从1991年《中华人民共和国未成年人保护法》仅强调“教育不改”而不论是否严重侵害被监护人合法权益的较宽控制，到2017年《中华人民共和国民法总则》强调父母监护人资格只有在其实施“严重损害”被监护人身心健康或合法权益行为时（包括怠于履行监护职责，或者无法履行监护职责并且拒绝将监护职责部分或者全部委托给他人，导致被监护人处于危困状态情形）才能被撤销的从严控制之转变，体现了立法在剥夺父母对未成年子女的监护人资格问题上的慎重。

根据2014年最高人民法院、最高人民检察院、公安部、民政部联合发布《关于依法处理监护人侵害未成年人权益行为若干问题的意见》（以下简称《意见》）第三十五条规定，当事人可申请撤销监护人资格的理由具体包括以下七种情形：

(一)性侵害、出卖、遗弃、虐待、暴力伤害未成年人,严重损害未成年人身心健康的;(二)将未成年人置于无人监管和照看的状态,导致未成年人面临死亡或者严重伤害危险,经教育不改的;(三)拒不履行监护职责长达六个月以上,导致未成年人流离失所或者生活无着的;(四)有吸毒、赌博、长期酗酒等恶习无法正确履行监护职责或者因服刑等原因无法履行监护职责,且拒绝将监护职责部分或者全部委托给他人,致使未成年人处于困境或者危险状态的;(五)胁迫、诱骗、利用未成年人乞讨,经公安机关和未成年人救助保护机构等部门三次以上批评教育拒不改正,严重影响未成年人正常生活和学习的;(六)教唆、利用未成年人实施违法犯罪行为,情节恶劣的;(七)有其他严重侵害未成年人合法权益行为的。

根据《民法总则》第三十六条第二款规定,可申请撤销监护人资格的当事人包括:其他依法具有监护资格的人,居民委员会、村民委员会、学校、医疗机构、妇女联合会、残疾人联合会、未成年人保护组织、依法设立的老年人组织、民政部门等。

二、检察机关介入申请撤销监护人资格案件的法律依据

人民检察院作为检察机关,不仅有权对民事诉讼实行法律监督,根据《中华人民共和国民事诉讼法》第十五条规定,对于"机关、社会团体、企业事业单位对损害国家、集体或者个人民事权益的行为",其还可以支持受损害的单位或者个人向人民法院起诉,即检察机关还享有支持起诉的权利。因此,检察机关以支持起诉方式介入法院审理的申请撤销监护人资格案件具有法律依据。对此,《意见》第三十条、第三十一条进一步作出规定:监护人因监护侵害行为被提起公诉的案件,人民检察院应当书面告知未成年人及其临时照料人有权依法申请撤销监护人资格。对于监护侵害行为符合本意见第三十五条规定情形而相关单位和人员没有提起诉讼的,人民检察院应当书面建议当地民政部门或者未成年人救助保护机构向人民法院申请撤销监护人资格。

本案中,检察机关在对黄某的监护侵害行为即故意杀人犯罪提起公诉后,向杜某告知有权依法申请撤销黄某的监护人资格,并在杜某行使申请撤销监护权提起诉讼时予以支持起诉,符合相关法律规定。

三、申请撤销监护人资格案件的审理程序

根据《意见》规定,人民法院审理撤销监护人资格案件,比照民事诉讼法规定的特别程序进行,并应当全面审查调查评估报告等证据材料,听取被申请人、有表达能力的未成年人以及村(居)民委员会、学校、邻居等的意见。但在是否应当开

庭的问题上，《意见》没有明确规定。

案件审理中，案件承办法官通过调阅卷宗、实地走访等形式了解受害人生活现状，并组织当事人、检察机关办案人员到黄某服刑监狱开庭，在查清案情的同时较好地保护了被申请人黄某的诉讼权利。本案的裁决，无论从程序上，还是实体处理上，都是公平公正的，取得了良好的法律效果和社会效果。

编写人：福建省泉州市洛江区人民法院　林前枢　林海岚

39

出卖亲生儿依法应撤销其监护权

——德化县民政局诉阿某申请撤销监护人资格案

【案件基本信息】

1. 裁判书字号

福建省德化县人民法院（2018）闽0526民特34号民事判决书

2. 案由：撤销监护人资格

3. 当事人

申请人：德化县民政局

被申请人：阿某

【基本案情】

被监护人华某朝，系阿某与赤某（已故）的亲生子，华某朝出生后，阿某伙同赤某通过中间人介绍，将华某朝卖予他人。案发后，华某朝被公安机关解救，由德化县民政局先安置在泉州福利院生活，后又将其安置在辖区内一寄养家庭生活。

经实地走访查明被监护人华某朝的祖母及外祖父均已去世，本案诉讼期间，其祖父赤黑甲和外祖母赤黑乙均有抚养华某朝的意愿，但赤黑甲年事已高，其自身尚需其他子女赡养，赤黑乙腿脚不好，靠养殖和种植玉米、土豆维持生计，尚有未成年子女需要其抚养。且案发前，赤黑甲和赤黑乙已经获知华某朝被卖的事实，但均未想要将华某朝接回抚养。另，被申请人阿某的另外三名子女尚未成年，现均由孩子的伯父赤黑丙抚养。

【案件焦点】

是否应该撤销阿某对华某朝的监护权及撤销监护权后如何重新指定新的监护人。

【法院裁判要旨】

法院认为，父母是未成年子女当然的监护人，但若父母不履行监护职责，甚至对未成年人实施侵害行为，再让其担任监护人将严重危害子女的成长。本案中，阿某以非法牟利为目的，将亲生子华某朝卖予他人，其行为已严重侵害了华某朝的身心健康，故阿某不宜再担任华某朝的监护人。撤销监护权之后对新的监护人的指定，事关该未成年人的健康成长，应着重考虑真正有利于未成年人的成长，按照最有利于未成年人的原则进行指定。本案中，华某朝的祖父赤黑甲虽有抚养华某朝的意愿，但其年事已高，自身尚需其他子女赡养，不具备抚养华某朝的经济条件和身体条件；华某朝的外祖母赤黑乙虽也有抚养华某朝的意愿，但其尚有未成年子女需要抚养，且身体状况不好，无论经济方面还是身体方面均不具备抚养华某朝的能力；华某朝的姐姐和哥哥均未成年，现其三人均由伯父赤黑丙抚养，也不具备监护华某朝的能力。华某朝在福建出生后至今一直在当地生活，其亲生父母的家乡四川省凉山州，对他来说是完全陌生的地方，从血缘上讲，华某朝的祖父赤黑甲和外祖母赤黑乙是除了华某朝父母以外最亲近的人，但华某朝自出生后从未与赤黑甲及赤黑乙见过面，其二人明知华某朝被卖的事实，但案发前均无意将其接回抚养，更没有与华某朝建立亲情，华某朝年仅三岁，若指定由远在凉山的祖父或外祖母抚养，不利于保障其身心健康，这与保障“未成年人权益最大化”的精神背道而驰。华某朝被解救后由德化县民政局进行了妥善安置，由德化县民政局抚养华某朝，客观上有利于保护其隐私，更有利于其健康成长，故德化县民政局提出撤销阿某对华某朝的监护权，并指定德化县民政局为华某朝的监护人的诉求合理合法，且德化县民政局系有监护资格的未成年人保护组织，能够给华某朝一个较好的生活和成长环境，故德化县民政局的诉求应予以支持。

【法官后语】

撤销父母监护权是国家保护未成年人合法权益的一项重要制度。通常情况下，父母是未成年人当然的监护人，但若父母不履行监护职责，甚至对子女实施虐待、性侵或者出卖的侵害行为，再让其继续担任监护人将严重危害子女的成长。根据《中华人民共和国民法总则》《中华人民共和国未成年人保护法》等规定，未成年人的祖父母、外祖父母、兄、姐以及民政部门等均有权向人民法院申请撤销实施侵害行为的监护人的监护权。撤销监护权之后对新的监护人的指定，事关该未成年人的健康成长，应着重考虑真正有利于未成年人的成长，按照最为未成年人权益最大化的原则进行指定。

本案有两个方面值得探讨：一是是否应该撤销阿某对华某朝的监护权；二是撤销监护权后如何重新指定新的监护人。

一、是否应撤销阿某对华某朝的监护权

作为一项重要的民事法律制度，监护制度为未成年人的健康成长提供保障，当个体的合法权益哪怕是遭到家庭成员的侵害，司法也有义务进行救助。具体到本案，首先，阿某以非法牟利为目的，将出生不足二十天的亲生子华某朝卖给他人，其行为已严重侵害了华某朝的身心健康，符合《中华人民共和国民法总则》第三十六条规定的撤销监护权的情形；其次，阿某现在监狱服刑，也无法承担监护职责；最后，阿某以经济困难为由明确表示同意法院撤销其对华某朝的监护权，可见阿某无意抚养华某朝，即使阿某刑满释放，也很难与华某朝建立亲情，无法给其提供家庭温暖和母爱的关怀，从保护未成年人身心健康的角度考虑，阿某的确不宜再担任华某朝的监护人，撤销阿某对华某朝的监护资格是对华某朝权益的法律保护。

二是撤销监护权后如何重新指定新的监护人

监护权制度关系到未成年人的健康成长，撤销监护权之后对新的监护人的指定，应从“最有利于未成年人的原则”在《中华人民共和国民法总则》第二十七条规定的有监护能力的人员中进行指定，也就是说，既要考虑法律规定的顺序又要考虑备选人员的实际情况。《最高人民法院、最高人民检察院、公安部、民政部关于处理监护人侵害未成年人权益行为若干问题的意见》（以下简称《意见》）第三十六条明确规定：人民法院根据最有利于未成年人的原则，在法律规定的人员和单位中指定监护人，指定个人担任监护人的，应当综合考虑其意愿、品行、身体状况、经济条件、与未成年人的生活情感联系以及有表达能力的未成年人的意愿等。

本案中，赤黑甲和赤黑乙虽有抚养华某朝的意愿，但其二人在身体和经济方面均不具备抚养华某朝的条件，且华某朝出生后一直在福建生活，与赤黑甲、赤黑乙从未谋面，双方更无情感联系，若将华某朝指定由其二人抚养，势必会给华某朝造成二次伤害。赤黑甲、赤黑乙均已获知华某朝被出卖的事实，但案发前二人均无意将其接回抚养，可见二人抚养华某朝的意愿并不强烈。综合上述因素，赤黑甲、赤黑乙并不是华某朝最佳的监护人选。另外，华某朝的兄、姐均未成年，也不具备抚养华某朝的能力，此外也没有其他人员和单位表示有能力有意愿担任华某朝的监护人。

《意见》第三十六条规定："没有合适人员和其他单位担任监护人的，人民法院应当指定民政部门担任监护人，由其所属儿童福利机构收留抚养。"本案中，华某朝被解救后由德化县民政局进行了妥善安置，由德化县民政局抚养华某朝，客观上有利于保护其隐私，更有利于其健康成长。从法律角度看，德化县民政局系有监护资格的未成年人保护组织；从现实角度看，德化县民政局在案发后对华某朝进行了妥善安置，能够给华某朝一个较好的生活和成长环境。综上，指定德化县民政局为华某朝的监护人，是对"最有利于未成年人的原则"的遵行。

编写人：福建省德化县人民法院　李平

40

《中华人民共和国未成年人保护法》第十四条在监护权案中的适用

——曹某生、黄某秀诉朱某民、刘某红监护权案

【案件基本信息】

1. 裁判书字号

江西省分宜县人民法院（2018）赣0521民初790号民事判决书

2. 案由：监护权纠纷

3. 当事人

原告：曹某生、黄某秀

被告：朱某民、刘某红

【基本案情】

曹某生、黄某秀于1993年登记结婚，婚后生育了二男一女后，黄某秀于2008年又怀孕，同年8月27日在江西省新余市渝水区姚圩中心卫生院产下一女婴（当时未取名），因曹某生、黄某秀当时不适合抚养小孩，于是交由曹某生妹妹曹某英暂时抚养。因朱某民、刘某红结婚后未生育小孩，曹某英在得知朱某民想抱养小孩，便通过朱某民的亲属联系，将女婴抱送到朱某民父母家，之后由朱某民、刘某红抚养。2008年，朱某民、刘某红办理了小孩于2008年12月1日出生的假证明，办理了户口登记，取名朱某辰，但至今未向民政部门办理小孩收养登记。朱某辰在分宜县城上幼儿园、上小学。2016年9月19日，朱某民因涉嫌犯罪被刑事拘留，2017年9月被判处有期徒刑八年。2018年5月，本院在刘某红第二次起诉要求与朱某民离婚的情况下，判决准予离婚、小孩朱某辰由刘某红直接抚养。曹某生、黄某秀至今仍生活在农村，文化程度低，起诉前，曹某生、黄某秀在朱某民的亲属安排下，看望小孩朱某辰，但与刘某红、小孩闹得不愉快。庭审中，朱某辰主动向法院出具书面材料一份，内容为朱某辰坚决要求跟随刘某红生活，无论曹某生、黄某秀是亲生父母还是有血缘关系，接她还是纠缠她，坚决不去、死都不去。

【案件焦点】

在未办理收养登记情况下10岁小孩朱某辰应由亲生父母还是事实上的养母监护。

【法院裁判要旨】

江西省分宜县人民法院经审理认为：确定小孩由谁抚养，应将小孩的利益置于首要地位，应从孩子的立场考虑其心理、情感之需求，以及生活环境对其的影响，以小孩的需求作为确定监护权的衡量标准。刘某红抱养朱某辰虽未办理收养登记，但已与其形成了收养事实，朱某辰在刘某红、朱某民的监护下健康成长，基于以下理由，朱某辰暂由刘某红直接抚养更为妥当。

朱某辰的意愿是坚决要求跟随刘某红生活。朱某辰已年近十周岁，具有一定的认知和判断能力，其出具的书面说明表明其对亲生父母、亲情等是有认知的；同时，该年龄段的小孩，思想不成熟，对事物敏感，生长环境不稳定，更不利于其成长。为此，《中华人民共和国未成年人保护法》第十四条规定："父母或者其他监护人应当根据未成年人的年龄和智力发展状况，在作出与未成年人权益有关的决定时告知其本人，并听取他们的意见。”现小孩强烈要求跟随刘某红生活，应听取其本人意见，如曹某生、黄某秀强行要求抚养小孩，极易导致不利的后果。

刘某红现有条件不利于朱某辰成长。朱某民2016年被刑事拘留之后，小孩一直随刘某红在县城生活、学习，小孩生活现状没有改变，证明刘某红具有抚养并监护小孩的能力；刘某红现已40多岁，有正常收入，没有生育小孩，虽与朱某民离婚，但不足以导致对小孩成长不利。曹某生、黄某秀认为刘某红现无能力抚养且对朱某辰亦未尽相关监护责任，没有提交证据证实，而其至今仍生活在农村，文化程度低，现有条件不利于小孩生活、就学。

曹某生、黄某秀提出要求带回小孩，违背了诚实信用原则，社会效果差。根据本地的习俗，父母将小孩送养后，在小孩未成年前一般是不探视接触。曹某生、黄某秀将朱某辰送养后，十年来一直未对朱某辰尽义务也没有探视，也印证了这点。刘某红、朱某民现已抚养朱某辰十年，并与其建立了深厚的感情，如小孩由曹某生、黄某秀抚养，对他们是一种割舍、打击。曹某生、黄某秀想直接抚养小孩，心情可以理解，但身边已有儿女，不因少了朱某辰而不能享受天伦之乐，也不因朱某辰不在身边抚养就割断了亲情。

【法官后语】

本案的争议焦点是在未办理收养登记情况下10岁小孩朱某辰应由亲生父母还是事实上的养母监护。一种意见认为，刘某红未办理收养登记手续，是不合法收养，与小孩不存在收养关系，也就没有监护小孩的权利，小孩亲生父母是当然的监护权人，故应支持曹某生、黄某秀的诉讼请求。另一种意见认为，在涉及未成年人监护权的案件中，维护未成年人的合法权益是法律必须首先考虑的问题。本案刘某红、朱某民收养小孩虽没有办理收养登记，但已形成收养事实，小孩10岁了已有一定的辨别能力，小孩朱某辰强烈要求跟随刘某红生活，根据《中华人民共和国未成年人保护法》第十四条规定，应听取小孩本人意见，由刘某红直接抚养。

分宜县人民法院采纳了第二种意见。理由为：

一、不改变小孩现有生活环境有利于小孩成长。曹某生、黄某秀的其他小孩均已成年，居住在农村，如要抚养朱某辰需在分宜县城租房，为辅导其学习需聘请家教，刘某红现能提供小孩在县城入学、居住的条件，同时其提交了收入证明，足以维持两人的现有生活。

二、小孩已满10岁，已具有一定的认知和判断能力，但该年龄段的小孩思想不成熟，对事物敏感，生长环境不稳定，容易做出对其不利的行为。法官多次与小孩沟通，其表现出来如不随刘某红生活的担心与恐惧，同时认为曹某生、黄某秀从其出生起就抛弃了她，不愿意随曹某生、黄某秀生活，并主动向法院出具面说明，表达自己的意愿，死都要随刘某红生活。

三、小孩由刘某红抚养体现了最佳的社会效果。本案涉及标的是小孩，如判决由曹某生、黄某秀抚养，小孩不愿意去，法院强制执行难，判决结果不能实现，小孩的监护架空，极不利于小孩的监管和成长，同时曹某生、黄某秀与小孩的亲情无法加深，与刘某红间的关系更僵立，对此时需要亲情的小孩来说更无益。另外刘某红、朱某民婚后没有生育小孩，刘某红现已40多岁，有能力抚养小孩，现与小孩朱某辰生活十年，已与小孩建立了深厚的感情。如今后两原告能适时地给予朱某辰亲情，朱某辰的成长多了两个亲人陪伴，会更健康快乐。

四、本案的处理符合《最高人民法院关于进一步深化家事审判方式和工作机制改革的意见（试行）》第二条“牢固树立人性化的审判理念，对当事人的保护要从身份利益、财产利益延伸到人格利益、安全利益和情感利益，保护当事人隐私，注重人文关怀……”的精神。

综上，本案处理不是简单以是否办理收养登记为依据确认被告对小孩享有监护权，而是以是否有利于小孩成长原则进行处理，直接适用《中华人民共和国未成年人保护法》第十四条，突破《中华人民共和国民法总则》关于监护权的规定，判决小孩朱某辰由刘某红抚养，体现了司法的人民性，尊重了社情民意。当然，收养小孩应办理合法的收养手续，才能更好地保护权益，但本案收养已成事实，在法律效果与社会效果不能相一致的情况下，以社会效果为重作出判决，是对现有事实的权宜，如出现对朱某辰成长不利的情况，曹某生、黄某秀还可主张对小孩的监护权。

判决后，曹某生、黄某秀未提起上诉。

编写人：江西省分宜县人民法院　袁群英

41

未成年人父母的监护人资格在何种情形下可被撤销的适用

——吴某国诉吴某剑、谢某美申请变更监护人案

【案件基本信息】

1. 裁判书字号

江苏省兴化市人民法院（2018）苏1281民特61号民事判决书

2. 案由：申请变更监护人

3. 当事人

申请人：吴某国

被申请人：吴某剑、谢某美

【基本案情】

被申请人吴某剑、谢某美于2006年12月18日登记结婚，两人在婚姻关系存续期间生育一女吴某芸（2007年7月12日出生）、一子吴某洋（2013年1月9日出生），两人分别为吴某芸、吴某洋的父亲、母亲。被申请人吴某剑、谢某美于2018年1月22日协议离婚，离婚协议中约定，两婚生子女均由吴某剑抚养，谢某美无须支付抚养费。2018年2月12日，被申请人吴某剑为与谢某美复婚而向父母索要房产，将两名婚生子女吴某芸、吴某洋带至兴化市同悦家园11号楼2单元4××室楼下车库内，将车库大门锁上后拔下车库内摩托车的油管放出汽油。为阻止申请人进入车库，吴某剑手持打火机预备点火，其女儿吴某芸见状上前抢夺打火机，在争执过程中，吴某剑的右手大拇指撞在摩托车保险杠上，车库内瞬间起火，造成吴某剑、吴某芸、吴某洋不同程度烧伤。事故发生后，吴某剑及两子女被送至医院抢救。吴某芸、吴某洋住院治疗期间的所有医疗费用均为申请人所筹集。经鉴定，吴某芸、吴某洋构成重伤二级，仍需继续治疗。

2018年5月17日，被申请人吴某剑因涉嫌放火罪被兴化市公安局刑事拘留，

并羁押于兴化市看守所。被申请人谢某美在与吴某剑离婚后未对吴某芸、吴某洋进行过探视，在两婚生子女烧伤后住院治疗期间也未进行探视，更未支付任何医疗费用，至今音信全无。两被申请人的婚生子女吴某芸、吴某洋一直由申请人与其妻子王巧女共同抚养。申请人吴某国向法院提出请求：1. 撤销被申请人吴某剑、谢某美对婚生子女吴某芸、吴某洋的监护权；2. 指定申请人吴某国为孙子女吴某芸、吴某洋的监护人。

【案件焦点】

被申请人吴某剑、谢某美的行为是否符合法律规定的可以撤销监护权的情形。

【法院裁判要旨】

江苏省兴化市人民法院经审理认为：监护人应当履行监护职责，保护被监护人的人身安全，照顾被监护人的生活。监护人不履行监护职责或侵害被监护人合法权益的，应承担责任，人民法院可根据有关人员申请，撤销其监护人的资格。本案中，被申请人吴某剑为达到复婚的目的，以其婚生未成年子女的人身安全为要挟，向父母索要房产，最终导致其子女吴某芸、吴某洋被严重烧伤。经鉴定，吴某芸、吴某洋构成重伤二级。因此，被申请人吴某剑的行为属于法律规定的实施严重损害被监护人身心健康的行为，该行为给两未成年子女的身体以及心理均造成了极大的伤害。至于被申请人谢某美，其在两子女被烧伤后住院治疗期间，从未进行过探视，也未履行法律规定的照看等法定义务，置两子女的生活于不顾，音信全无，属于法律规定的怠于履行监护职责的情形。综上，申请人申请撤销两被申请人的监护资格，符合法律规定，本院予以支持。检察机关出庭支持起诉，其意见本院予以采纳。

申请人与吴某芸、吴某洋是孙子女关系，其在与两孙子女长期生活中已实际履行了监护职责，由申请人作为吴某芸、吴某洋的监护人有利于两未成年人今后的健康成长。同时，申请人也具备履行监护职责的能力。因此，本院依法指定申请人吴某国为吴某芸、吴某洋的监护人。

江苏省兴化市人民法院依照《中华人民共和国民法总则》第三十六条、《中华人民共和国民事诉讼法》第一百七十八条之规定，判决如下：

一、撤销吴某剑、谢某美为吴某芸、吴某洋的监护人资格；

二、指定吴某国为吴某芸、吴某洋的监护人。

本判决为终审判决。

【法官后语】

父母是未成年子女的法定监护人，有保护被监护人的身体健康，照顾被监护人的生活、管理和保护被监护人的财产等义务。监护制度为未成年人的健康成长提供了保障，但是对未成年人监护的社会干预是有必要的，监护中出现的一些问题需要社会作为外界力量的介入和干预。设定撤销监护人资格，是为了更好地保护被监护人的利益，也体现了对监护人失职行为的惩罚，在世界各地立法中已是通例。在《中华人民共和国民法总则》颁布实施前，《中华人民共和国民法通则》以及《中华人民共和国未成年人保护法》中均有撤销监护权的规定，但未能得到有效执行，《最高人民法院、最高人民检察院、公安部、民政部关于依法处理监护人侵害未成年人权益行为若干问题的意见》（以下简称《意见》）则对监护人侵害未成年人权益的行为进行了细化规定，为审判实践提供了依据。《中华人民共和国民法总则》则在《意见》的基础上对于在何种情形下，哪些个人或者组织有权向人民法院申请撤销监护人资格进行了明确。《中华人民共和国民法总则》第三十六条列举了撤销监护人资格的三种情形，这三种情形都属于严重侵害被监护人权益的情形。本案中，被申请人吴某剑以及谢某美的行为属于法律规定的可以被依法撤销监护权的情形，申请人吴某国作为两未成年人的祖父有权按照法律规定申请撤销两被中请人的监护权。

另外，在我国家庭观念浓厚的国情下，剥夺未成年人的家庭会给未成年人的成长造成很大的心理阴影。在父母的监护人资格被撤销后，另行指定监护人时，人民法院应当从对未成年人“特殊”“优先”保护的原则和最有利于被监护人的原则出发。同时，应当听取被监护人及其亲属、居民委员会、村民委员会和民政部门的意见，根据监护能力、监护意愿、未成年人本人意愿等选择合适的监护人。在指定监护人时，可以参照《中华人民共和国民法总则》中规定未成年人的父母已经死亡或者没有监护能力的担任监护人的顺序进行考察。应从（一）祖父母、外祖父母；（二）兄、姐等人员中优先考虑，没有前述规定的监护人的，再考虑其他愿意担任监护人的个人或者组织。本案中，申请人为两未成年人的祖父，在发生涉案烧伤事故前，两未成年人也主要随祖父母生活，感情融洽。在事故发生后，两未成年人的医疗费也是由祖父母筹集，相应的护理也是由祖父母来实施，申请人也有一定的劳动能力。同时，经征求能够自主表达意愿的吴某芸的意见时，吴某芸也表示同意由其祖父母照顾，因而指定申请人作为两名未成年人的监护人最有利于他们的后续治疗和今后的健康成长。

当然，剥夺监护权只是法律设定的一种紧急救助，未成年子女的父母在相关事由消除后可以根据法律规定向法院申请恢复监护权。

编写人：江苏省兴化市人民法院　邹小敏

42

依据单方委托的亲子鉴定报告主张存在亲子关系并要求变更监护权的正确认定

——董某甲诉董某乙、郑某甲监护权案

【案件基本信息】

1. 裁判书字号

山东省淄博市中级人民法院（2018）鲁03民终3077号民事判决书

2. 案由：监护权纠纷

3. 当事人

原告（上诉人）：董某甲

被告（被上诉人）：董某乙

第三人：郑某甲

【基本案情】

董某甲主张在2012年8月25日，其和董某乙之夫郑某乙生一男孩，取名郑某甲，系董某甲和郑某乙未婚生子。郑某甲户籍登记为父亲郑某乙，母亲董某乙。郑

某乙于2014年3月18日因心脏病突发死亡。董某甲单方委托的司法鉴定意见书证实，董某甲是郑某甲的亲生母亲。董某甲起诉要求依法确认其与郑某甲存在亲子关系，变更郑某甲由其抚养。董某乙则辩称董某甲需要提供证据证明是否与郑某甲存在亲子关系，因郑某甲在户籍登记的母亲为董某乙，故不同意变更抚养关系。

【案件焦点】

原告依据单方委托的亲子鉴定报告主张存在亲子关系并要求变更监护权应如何认定。

【法院裁判要旨】

山东省淄博市临淄区人民法院经审理认为：原告董某甲主张第三人郑某甲系其生物学之子，但郑某甲户籍登记为父亲郑某乙，母亲董某乙。董某甲的主张涉及郑某甲与董某甲及与董某乙的重大身份关系。董某甲须充分举证证实郑某甲与其在法律或生物学上的身份关系，但董某甲仅以其庭外单方委托作出的司法鉴定意见书一份予以证实其主张，且董某乙对此持有异议，郑某甲户籍登记为父亲郑某乙，母亲董某乙。综上所述，董某甲的举证不能充分证实其主张。故对董某甲要求抚养郑某甲的主张依法不能支持。据此，一审判决驳回董某甲的诉讼请求。

董某甲不服一审判决提起上诉主张司法鉴定意见书虽为单方委托，但鉴定程序合法、鉴定机构资质合法，内容真实，为真实有效证据，应予采信；董某乙也并未对其是郑某甲的亲生母亲提出异议。山东省淄博市中级人民法院二审查明：董某甲在一审中提交的中国人民解放军陆军总医院司法鉴定所司法鉴定意见书中载明："在排除同卵多胞胎、近亲及外源干扰的前提下，支持被检母亲董某甲是孩子郑某甲的生物学母亲，在上述基因座中，从遗传学角度已经得到科学合理的确信。"一审中，董某乙认可该鉴定意见书能够证明董某甲与郑某甲系母子关系；二审中，董某乙亦认可董某甲系郑某甲母亲，但主张因其在法律上是郑某甲的母亲，故其有权利对郑某甲进行抚养。董某乙在二审中陈述称，因郑某乙已经去世，孩子怎么来的其也不清楚。双方当事人一致认可郑某甲现跟随董某甲一起生活。

山东省淄博市中级人民法院经审理认为：本案系因董某甲与董某乙为行使郑某甲的监护权而产生的民事争议，故本案实为监护权纠纷。双方争议的焦点为董某甲与郑某甲是否存在亲子关系；郑某甲的监护权人应如何认定。关于董某甲与郑某甲是否存在亲子关系的问题。一审中，董某甲提交的中国人民解放军陆军总医院司法鉴定所司法鉴定意见书对于董某甲与郑某甲的亲子关系进行了确认，且董某乙对于该鉴定结论并无异议。二审中，董某乙亦认可董某甲系郑某甲亲生母亲。故对于董某甲与郑某甲的亲子关系应当依法予以确认。原审判决对此未予确认不当，依法予以纠正。关于郑某甲的监护权问题。根据《中华人民共和国民法总则》第二十七条规定，父母是未成年子女的监护人。如前所述，董某甲系郑某甲的母亲，现郑某甲亦跟随董某甲一同学习、生活。在郑某甲的户籍中虽登记董某乙系其母亲，但对于郑某甲的血缘关系董某乙不能明确说明，即董某乙未提供证据证实其与郑某甲之间是基于何种法律关系致使在户籍中登记双方为母子关系，且董某乙亦未提供证据证实其对郑某甲进行了抚养或与其一同生活。因此，董某甲作为郑某甲的母亲系郑某甲的监护人，应由董某甲对郑某甲进行抚养。故二审改判确认郑某甲与董某甲具有亲子关系并由董某甲抚养。

【法官后语】

本案涉及的主要问题在于，原告依据单方委托的亲子鉴定报告主张存在亲子关系并要求变更监护权的，人民法院应如何正确认定。

本案中，原告董某甲起诉要求确认其与第三人郑某甲存在亲子关系并变更郑某甲由其抚养。尽管原告董某甲的诉讼请求最终落脚于变更抚养关系，但其本质仍在于因其与董某乙为行使郑某甲的监护权而产生的民事争议，故本案实际系针对监护权的纠纷。既然是针对监护权存在争议，而原告董某甲又主张其系郑某甲的亲生母亲而具有监护权，故此类案件正确处理的核心无疑就在于对是否存在亲子关系的正确认定。

亲子关系的认定实际就是对于当事人之间是否存在父母子女关系进行认定。通常情况下，是否存在父母子女关系可以有关部门的相关登记证明为准，如公安机关的户籍登记，其属于一般情况下证明存在父母子女关系的证据材料。不过这种后来因登记而产生的材料只能从行政管理意义上反映当事人之间是否登记有父母子女关系，如果当事人有新的确切证据证实其在血缘即生物学上存在父母子女关系从而能够推翻上述登记的，则不应再按上述登记的信息来认定父母子女关系，而应根据新的证据所证明的父母子女关系来进行法律上的最终确认。例如，在本案中，原告董某甲为证明其系郑某甲的亲生母亲，其前往中国人民解放军陆军总医院司法鉴定所进行了关于亲子关系的司法鉴定，该鉴定所出具的司法鉴定意见书中明确载明："在排除同卵多胞胎、近亲及外源干扰的前提下，支持被检母亲董某甲是孩子郑某甲的生物学母亲，在上述基因座中，从遗传学角度已经得到科学合理的确信。"尽管该鉴定系原告董某甲单方委托进行，但在经审查该鉴定意见书系合法作出的情况下，如对方未能举证推翻该鉴定意见书，则人民法院对其应当依法确认。更何况在本案一审中被告董某乙是认可该鉴定意见书能够证明董某甲与郑某甲系母子关系的，只是其认为该鉴定意见书不能证实郑某乙与郑某甲是父子关系。二审中董某乙亦认可董某甲系郑某甲亲生母亲。在此情况下，人民法院依法应确认鉴定意见书的效力并据此认定董某甲与郑某甲的亲子关系，而不应继续根据户籍登记来认定郑某甲的母亲为董某乙。

另外《最高人民法院关于适用〈中华人民共和国婚姻法〉若干问题的解释（三）》第二条第二款规定："当事人一方起诉请求确认亲子关系，并提供必要证据予以证明，另一方没有相反证据又拒绝做亲子鉴定的，人民法院可以推定请求确认亲子关系一方的主张成立。"尽管该款内容是针对亲子关系推定所进行的规定，其针对的情形是"另一方没有相反证据又拒绝做亲子鉴定的"，其结果是"可以推定请求确认亲子关系一方的主张成立"，但这种情形显然是一种情节更重的情形。而本案中的情形显然比上述情形明显要轻，因为本案中当事人一方起诉请求确认亲子关系，并提供必要证据予以证明，而该必要证据本身就是亲子鉴定报告，另一方对此不仅没有相反证据，更是对亲子鉴定报告所反映的亲子关系予以认可。因此，既然上述更重的情形都可以推定亲子关系成立，那么对于像本案这种更轻的情形则更是可以直接认定亲子关系成立。

综上所述，对于像本案这样的原告依据单方委托的亲子鉴定报告主张存在亲子关系并要求变更监护权的情形，只要能够认定亲子鉴定报告的合法性，在被告对此无证据予以推翻的情况下，依法可以认定原告主张的亲子关系成立；如果出现像本案这样被告对亲子鉴定报告所反映的亲子关系予以认可的情况，则更可以直接认定原告主张的亲子关系成立，而不应再根据户籍登记来认定亲子关系。在依法认定原告主张的亲子关系成立的情况下，若被告无证据证明其对于孩子系合法享有监护权的（如因合法收养而享有监护权等），则可依法确认原告作为孩子的亲生父母对于孩子具有监护权并据此变更抚养关系。例如，本案中在郑某甲的户籍中虽登记董某乙系其母亲，但董某乙对于郑某甲的血缘关系不能明确说明，董某乙未提供证据证实其与郑某甲之间是基于何种法律关系致使在户籍中登记双方为母子关系，且董某乙亦未提供证据证实其对郑某甲进行了抚养或与其一同生活。因此，董某甲作为郑某甲的亲生母亲系郑某甲的监护人，应由董某甲对于郑某甲进行抚养。故二审改判确认郑某甲与董某甲具有亲子关系并由董某甲抚养无疑是正确的。

编写人：山东省淄博市中级人民法院　荣明潇　杨富元

43

以居委会为申请人的撤销监护资格案件，能否要求指定民政部门为监护人

——M 居委会诉高某某、许某某撤销监护资格案

【案件基本信息】

1. 裁判书字号

江苏省南京市江宁区人民法院（2018）苏 0115 民特 13 号民事判决书

2. 案由：撤销监护资格纠纷

3. 当事人

申请人：M 居委会

被申请人：高某某、许某某

【基本案情】

被申请人高某某系申请人 M 居委会居民，与被申请人许某某于 2016 年 3 月 21 日共同生育一子许小某。被申请人许某某因贩卖毒品罪被判处无期徒刑，现于常州市女子监狱服刑。被申请人高某某因吸毒，多次被行政处罚；2018 年 5 月 3 日，被申请人高某某被公安机关决定强制隔离戒毒两年；同日，被申请人高某某因涉嫌贩卖毒品罪被检察机关批准逮捕，现羁押于江宁区看守所。因许小某幼小无人照看，

申请人M居委会采取临时监护措施，将其安置在母婴护理公司照料。M居委会申请：1. 撤销被申请人高某某、许某某对许小某的监护资格；2. 指定其或民政局为许小某的监护人。

【案件焦点】

撤销监护人监护资格案件中，监护人监护资格已撤销，被监护人其他亲属就监护权归属未产生争议时，申请人是否有权申请法院指定民政部门为监护人。

【法院裁判要旨】

江苏省南京市江宁区人民法院经审理认为：许小某年幼，被申请人高某某、许某某作为其监护人，在无法履行监护职责时未将监护职责委托给他人，导致许小某处于危困状态。申请人M居委会对许小某采取临时监护措施后申请撤销高某某、许某某的监护资格合法有据，本院予以支持。撤销高某某、许某某监护资格后，对许小某具有监护资格的人之间可以协议确定监护人，对监护人的确定有争议的，由被监护人住所地的居民委员会或者民政部门指定监护人，有关当事人对指定不服的，可以向人民法院申请指定监护人；有关当事人也可以直接向人民法院申请指定监护人。没有依法具有监护资格的人的，监护人由民政部门担任，也可以由具备履行监护职责条件的被监护人住所地的居民委员会担任。现对许小某监护人的确定未存在争议，对许小某应承担监护职责的主体亦已由相关法律规定明确，故M居委会要求指定其或民政局为许小某监护人的申请本院不予支持。

江苏省南京市江宁区人民法院依照《中华人民共和国民法总则》第三十条、第三十一条、第三十二条、第三十六条，《中华人民共和国民事诉讼法》第一百七十八条之规定，判决如下：

一、撤销许某某、高某某为许小某的监护人的资格；

二、驳回申请人M居委会的其他申请。

现该判决已生效。因M居委会不具备履行监护职责的条件，许小某监护人由民政部门担任。

【法官后语】

本案作为《中华人民共和国民法总则》生效以来，南京市江宁区法院辖区内首起以居民委员会为申请人提起的撤销监护资格案件，判决撤销无法履行监护职责的高某某、许某某的监护资格并无争议。而监护人监护资格撤销后，被监护人的其他亲属并无履行监护职责的能力，也未就监护权归属发生争议，此时，作为申请人的居委会是否有申请法院指定民政部门为监护人的必要。

根据《中华人民共和国民法总则》第三十一条规定："对监护人的确定有争议的，由被监护人住所地的居民委员会、村民委员会或者民政部门指定监护人，有关当事人对指定不服的，可以向人民法院申请指定监护人；有关当事人也可以直接向人民法院申请指定监护人。"第三十二条规定："没有依法具有监护资格的人的，监护人由民政部门担任，也可以由具备履行监护职责条件的被监护人住所地的居民委员会、村民委员会担任。"由此可见，居民委员会、民政部门均系有权依法指定监护人的主体，而非有权向人民法院申请指定监护人的主体。当具有监护能力的当事人之间就监护权归属无争议或被监护人没有其他具有监护资格的人作为监护人时，民政部门或具备监护条件的居委会不是人民法院指定承担监护人的对象，而是依法应担任监护人的主体。换言之，作为监护人是民政部门或有条件的居委会的法定义务，而非法定权利。

本案中，许小某因监护人无法履行监护职责且无其他亲属具有监护能力而即将陷于危殆情境，此时，其所在的 M 居委会及时申请撤销许小某监护人的监护资格实际已为许小某进一步办理申请社会福利的相关手续提供了法律依据。现 M 社区并不具备监护条件（该社区因无福利机构和专职从事保育工作的人员，只能将许小某委托收费高昂的母婴护理中心照料），民政部门即应依法担任许小某的监护人，承担对许小某的监护职责。鉴于《中华人民共和国民法总则》对监护人范围及监护责任的明确规定，M 社区既不具备要求法院指定监护人的条件，又无要求法院指定监护人的必要。故，法院为避免妨害民政部门作为案外人的诉讼权利以及避免居委会与民政部门之间因是否具备监护职责条件等问题产生纠纷而延宕被监护人接受妥善监护进程的目的，依法驳回了 M 社区要求指定其或民政部门为监护人的诉请。本案判决作出后，民政部门已主动承担了许小某的监护责任，将许小某安置在社会福利机构，并为许小某办理了申请相关社会福利的手续。

编写人：江苏省南京市江宁区人民法院　张赜

八、分家析产纠纷

44

老分家单的效力

——王某诉于某等分家析产案

【案件基本信息】

1. 裁判书字号

北京市第三中级人民法院（2018）京03民终12688号民事判决书

2. 案由：分家析产纠纷。

3. 当事人

原告：王某

被告：王某1、于某、刘某1、刘某2、刘某3、王某2

【基本案情】

王某3与王某4系夫妻关系，二人共育有四名子女，即王某2、王某5、王某和王某6，王某3于1988年去世，王某4于1994年去世，王某5于2006年去世、王某6于2009年去世，于某与王某5系夫妻关系，二人共育有一子即王某1。刘某1、刘某2、刘某3系王某6的子女。1983年11月21日，经王某3、王某4做主，见证人张某、闻某、陈某作证，给王某和王某5分家，将涉诉的房屋分给了原告王某所有，现有《分居草契》为证。涉诉宅院的集体土地建设用地使用证登记在王某4名下，因为原告王某一家在石景山区居住，所以，原告分得房屋给付于某和王某1照看。2017年2月23日，于某和王某1提出在涉诉宅院内修建两层楼房，王某不同意，于某和王某1将涉诉宅院的大门紧锁，不让王某进入涉诉宅院。

【案件焦点】

1983 年签署的老的分家单的效力。

【法院裁判要旨】

北京市顺义区人民法院经审理认为：分家系农村较为常见的家庭财产处理方式。本案中王某与于某、王某 1 对《分居草契》均认可其真实性，刘某 3、刘某 1、刘某 2、王某 2 对《分居草契》未发表质证意见，本院视其为放弃质证的权利，本院对《分居草契》的真实性予以确认。该分居草契系当事人真实意思表示，不违反法律规定，故对该分居草契的效力，本院予以确认，王某依据该分居草契要求北正房五间归其所有的诉讼请求，本院予以支持。根据房地一体原则，王某亦取得了涉诉宅院的使用权。其后，虽然王某 1、王某 5、于某在涉诉宅院内对北正房五间进行装修，北正房西侧修建耳房一间、新建厕所和洗澡间各一间、搭建棚子二间、修建院墙和大门，对北正房五间进行装修、对院内硬化了地面、透水砖铺设地面、修建花墙以及在花墙南侧铺设水泥方砖地面，但根据《中华人民共和国土地管理法》第六十二条规定，农村村民一户只能拥有一处宅基地，且于某一家在涉诉村另有新批的宅基地，故王某 1、王某 5、于某所建的北正房西侧修建耳房一间、新建厕所和洗澡间各一间、搭建棚子二间、院墙和大门、硬化了地面、透水砖铺设地面、修建花墙以及在花墙南侧铺设水泥方砖地面仍应归原告王某所有。

北京市顺义区人民法院判决如下：

位于北京市顺义区赵全营镇 × 村 × 宅院内北正房五间、北正房西侧耳房一间、洗澡间一间、厕所一间、棚子二间、院墙、大门归原告王某所有。

北京市第三中级人民法院经审理同意一审法院裁判意见，判决：

驳回上诉，维持原判。

【法官后语】

本案争议的焦点是 1983 年签署的分家单的效力问题。

本案处理重点是在王某非涉诉院落所在的集体经济组织成员的情况下，在《中华人民共和国土地管理法》颁布实施之前签署的分家单的效力问题。按照《中华人民共和国土地管理法》的规定，宅基地使用权是农村集体经济组织成员享有的权利，与享有者特定的身份相联系，非本集体经济组织成员无权取得或变相取得。本案中，王某的户籍所在地为北京市石景山区，居民户口性质为非涉诉院落所在的北京市顺义区赵全营镇某村的集体经济组织成员，那么这种情况下，涉案的于1983年11月签署的《分居草契》是否有效呢？庭审中，王某、王某1和于某等人均认可《分居草契》的真实性，故法院对该分家草契的真实性予以确认。根据《中华人民共和国物权法》之规定，所有权人对自己的不动产或者动产，依法享有占有、使用、收益和处分的权利。物权的取得可以是原始取得，也可以是继受取得。分家系农村较为常见的家庭财产处理方式，兄弟几人通过分家单进行分家属于中国农村的传统习俗，考虑到《中华人民共和国土地管理法》是于1987年1月1日正式实施，晚于本案中《分居草契》的签署时间，故当时签署该分居草契时并不违反法律法规的规定，且自签署该分居草契至今已经有三十余年的时间，王某2、于某在涉诉村落亦有宅基地，特别是现在王某之父母和王某之兄王某5均已去世，综上，法院基于上述之特定事实考虑，故对本案中这种依照传统习俗签署的《分居草契》予以尊重，故本案中的《分居草契》是有效的，王某依据《分居草契》取得涉诉房屋的所有权，依据房地一体原则，王某取得了涉诉宅基地的使用权。依据《中华人民共和国土地管理法》第六十二条规定，农村村民一户只能拥有一处宅基地，因王某2、于某在北京市顺义区赵全营镇北郎中村另有新批的宅基地，故王某2、于某5虽然在涉诉宅院内的北正房进行了修缮和添附，但上述建筑物及构筑物仍应归原告王某所有。综上，法院最终判决位于北京市顺义区赵全营镇某村某宅院内房屋归原告王某所有。

编写人：北京市顺义区人民法院　谢衍明

45

形式要件存在瑕疵的分家析产协议效力的认定

——范某清诉陈某雷等分家析产案

【案件基本信息】

1. 裁判书字号

山东省淄博市中级人民法院（2018）鲁03民终2718号民事判决书

2. 案由：分家析产纠纷

3. 当事人

原告（上诉人）：范某清

被告（被上诉人）：陈某雷、陈某钧、陈某霆、陈某芝

【基本案情】

范某清是已过世的被继承人陈某恩的配偶，陈某雷、陈某霆、陈某钧、陈某芝均是被继承人陈某恩的子女。被继承人陈某恩与范某清共有张店区马尚镇东南村宅基地两处。因要旧村改造，2005 年 8 月 3 日，陈某恩与其子女陈某雷、陈某霆、陈某钧之间签订《分家协议》，将其中一处宅基地分配给了陈某雷，另一处宅基地由陈某雷、陈某钧共同所有。该分家协议签订时，范某清和中间人韩某祥在场，但范某清并未在协议中签字。按照当时村里的政策，一处宅基地换两套房子，两处宅基地换四套房子，后因村里福利好，一处宅基地多换一套房子，故该两处宅基地实际共换得楼房六套。前面四套，陈某雷分得三套，陈某钧分得一套；多换的两套分别是东南村北苑 7 号楼 2 单元 19 × ×号、东南村北苑 12 号楼东单元 18 × ×号。其中为取得东南村北苑 12 号楼东单元 18 × ×号房，陈某雷向村委缴纳了贴补款 105600 元。现范某清以该六套房产未进行分割为由，诉至法院，请求依法分割被继承人陈某恩名下的坐落于张店区马尚镇东南村宅基地上建筑物拆迁补偿产生的权益。

【案件焦点】

涉案《分家协议》的效力应如何认定。

【法院裁判要旨】

山东省淄博市张店区人民法院经审理认为：2005 年 8 月 3 日，范某清和中间人韩某祥在场，应视为范某清对《分家协议》当场追认；故其夫陈某恩与其子女陈某雷、陈某霆、陈某钧之间形成的《分家协议》合法有效。根据协议，陈某雷已经换取的除东南村北苑 7 号楼 2 单元 19 × ×号、东南村北苑 12 号楼东单元 18 × ×号房屋（随 3 – 80 号住宅贴补 105600 元换得）两套外，其余四套各按村委分配登记为准；即陈某雷名下三套、陈某钧名下一套。参照《分家协议》约定，并兼顾公平原则及家庭和谐之传统美德，将东南村北苑 7 号楼 2 单元 19 × ×号、东南村北苑 12

号楼东单元18××号两套房屋作如下处置为宜：东南村北苑7号楼2单元19××号房继续由陈某雷拥有；东南村北苑12号楼东单元18××号房归范某清和陈某钧共有，陈某钧与范某清需向陈某雷支付105600元补偿金。综上所述，淄博市张店区马尚镇东南村北苑12号楼东单元18××号房屋归范某清和陈某钧共有，陈某钧与范某清需向陈某雷支付105600元补偿金。对范某清提出的超出部分的诉讼请求，理由不当，证据不足，不予支持。据此，一审判决：

一、淄博市张店区马尚镇东南村北苑12号楼东单元18××号房屋归范某清和陈某钧共有；

二、陈某雷于陈某钧与范某清向其支付105600元补偿金后十日内协助陈某钧与范某清办理更名登记手续；

三、驳回范某清的其他诉讼请求。

范某清不服一审判决提起上诉主张其不认可分家协议的内容，所以未签字，该协议侵害了其财产权利。山东省淄博市中级人民法院经审理认为：范某清虽未在涉案分家协议上签字，但根据查证的事实，该协议签订时其在现场，且协议作出后，各方亦按照协议内容履行了分家及赡养义务，范某清并未提出异议，表示其对协议内容是知晓并同意。在协议签订并履行后的十几年期间，范某清亦未对协议效力提出异议并要求撤销协议或确认协议无效，故其针对协议效力的上诉理由，不予采信。涉案分家协议基于各方真实意思表示达成，且已实际履行，各方均应继续遵循。根据该协议，范某清没有取得宅基地，因此亦不能取得因房屋拆迁而获得的利益，但一审法院基于公平原则及家庭和谐之传统美德，将东南村北苑12号楼东单元18××号房判归范某清和陈某钧共有，已经照顾范某清的利益，且因房屋另一权利人陈某雷对此并未上诉，故本案对该项判项予以确认。但因该套房屋换房时陈某雷已向村委缴纳房款105600元，故范某清与陈某钧应将该房款支付给陈某雷后再办理更名登记手续，符合公平原则及本案事实，一审法院对此认定并无不当。据此，二审判决：

驳回上诉，维持原判。

【法官后语】

本案主要涉及农村分家析产协议效力的正确认定问题。

随着我国经济社会的不断发展，城镇化进程进一步加快，越来越多的农村都因此加快了旧村改造的步伐。而旧村改造的过程对于农村村民来讲实际就是拆迁换房的过程。在目前许多农村的拆迁换房方案中，为了公平起见和便于操作，根据宅基地的面积来进行转换是目前较为通行的方案。但在这一过程中也往往伴随着许多相关的矛盾纠纷。本案实际亦是由此引起。当然本案争议的焦点主要是《分家协议》的效力认定问题。《分家协议》中已清晰地对涉案两套宅基地的归属作出了约定。如果协议被认定为有效，则原告范某清并无涉案宅基地的所有权；如果协议被认定为无效，那么原告范某清作为涉案宅基地原房主的配偶，依法应继承相应份额的宅基地所有权。本案经过一、二审法院审理，两审法院均依法认定涉案分家协议基于各方真实意思表示达成，合法有效，且已实际履行，各方均应继续遵照履行。应当说一、二审法院对这一问题的认定是正确的。而其所反映出的对于农村分家析产协议效力的认定的一个要旨就在于，分家析产协议作为一种书面合同，其虽在形式要件上存在瑕疵，但各方对其已实际履行的，应认定为合同有效，即应认定分家析产协议有效。因为从法律性质上来讲，分家析产协议属于我国合同法所规范的合同的范畴。根据我国合同法第三十二条、第四十四条的规定，当事人采用合同书形式订立合同的，自双方当事人签字或者盖章时合同成立；依法成立的合同，自成立时生效。因此，分家析产协议作为一种合同，其在正常情况下应由订立协议各方签字后成立并生效。但实践中也确实存在像本案这样的情况，那就是像原告范某清这样的利害关系人并未在协议上签字，而分家析产协议与其则具有法律上的利害关系。这也是范某清主张分家析产协议无效的事实依据。但根据庭审查明的事实，协议签订时，范某清当时是在场的，其对该协议的内容是清楚的，且该协议已经履行了十几年，各方并无异议。故本案分家析产协议即便是在形式上有所欠缺，但已实际履行，故应依法认定为合同有效。

另外值得一提的是，本案在处理中也注重了家事纠纷处理所应秉持的兼顾公平原则及家庭和谐之传统美德的原则。本案《分家协议》虽属合同范畴，但应该看到该协议与商业合同内容有着明显的区别。协议的各方均是父母、兄弟姐妹。虽然协议中对宅基地的归属有了约定，但当事情发生了巨大变化，之前的约定在目前来看也已影响了家庭和谐时，法官可以行使一定的自由裁量权，对利益作出一定的均衡。本案判决即很好地体现了这一点。从判决结果看，范某清也仅是对支付的钱款数额提出了异议，各方对法院的房产分配方案均很满意，从而达到了法律效果和社会效果的有机统一。

编写人：山东省淄博市中级人民法院　荣明潇　汪燕飞

46

分家析产纠纷中涉农村房屋拆迁利益分割的裁量要点

——李某某诉张某某等分家析产案

【案件基本信息】

1. 裁判书字号

北京市海淀区人民法院（2018）京 0108 民初 31 号民事判决书

2. 案由：分家析产纠纷

3. 当事人

原告：李某某

被告：张某某、郭某某、张某 1

第三人：张某 2、李某 1

【基本案情】

张某某与郭某某系夫妻关系，二人育有一子张某 1。张某某与张某 2 系兄妹关系，张某 2 与李某 1 系母女关系。张某 1 与李某某于 2011 年登记结婚，于 2017 年经北京市海淀区人民法院出具（2017）京 0108 民初 15650 号调解书调解离婚。

2011 年 12 月 31 日，六郎庄村委会（甲方）与被腾退人张某某（乙方）签订《六郎庄搬迁腾退补偿安置协议书》，达成如下协议：一、甲、乙双方确认，乙方合法有效的宅基地面积为 25 平方米，安置人口 5 人，分别是张某某、郭某某、张某 1、李某某（现孕）。二、乙方置换、购买安置房如下：1. 501 号 2 居室；2. 102 号 2 居室；3. ×1 号 2 居室……七、款项结算：应得各项补偿、补助、奖励共计 1942035 元；同日，六郎庄村委会（甲方）与被腾退人张某 2（乙方）签订《六郎庄搬迁腾退补偿安置协议书》，达成如下协议：乙方置换、购买安置房如下：1. ×2号房屋1居室；2. ×3号房屋1居室。后张某2与张某某签订协议书，约定张某2自愿将×3号房屋变更为张某某。张某某与张某2、李某1于大栅栏服务所签订协议书，约定张某某自愿将×1号房屋变更为张某2、李某1。张某2与李某某于大栅栏服务所签订协议书，约定张某2自愿将×2号房屋变更为李某某。

李某某主张其与当时腹中胎儿享有每人50平方米安置面积，提供1. 六郎庄搬迁腾退方案，载明第十二条、本地区搬迁腾退实行宅基地面积置换，按照认定的合法有效宅基地面积1∶1置换安置楼房建筑面积。对被拆除的合法有效宅基地内房屋及附属物按照重置成新价给予补偿。（一）被搬迁人家中人口多而合法有效宅基地面积少的，按1∶1比例置换安置房后，可按认定人口人均50平方米补足安置房面积，补足的部分按照每平方米4500元购买。

庭审中，双方均认可被拆迁房屋由张某某购买，并出资出力建设。李某某未对房屋建设出资出力。

庭审中，双方均认可张某2与张某某按照各自拆迁协议领取协议中载明的款项，均认可张某2实际持有×1号房屋的周转费，张某某实际持有×2、×3号房屋的周转费。

另查，拆迁协议中载明“李某某（现孕）”，后李某某腹中胎儿流产。张某某、郭某某、张某1在本案中表示不要求对安置房屋及拆迁款进行具体分割。

【案件焦点】

1. 拆迁协议中的共居人，对于拆迁利益，包括拆迁款及安置房屋，享有何种权益；2. 为胎儿预留的拆迁利益，若胎儿娩出时为死体的，该部分利益如何处理。

【法院裁判要旨】

不动产可以由两个以上个人共有。共有人在共有的基础丧失或者有重大理由需要分割时可以请求分割。本案中，李某某系拆迁协议上的共居人。拆迁单位与张某某签订的拆迁补偿协议中明确统计了在册人口及实际居住人口共计5人，其中李某某腹中胎儿流产，胎儿娩出时为死体的，其民事权利能力自始不存在，故李某某腹中胎儿因未出生，不享有拆迁利益，上述拆迁协议中的安置人口张某某、郭某某、张某1、李某某应享有拆迁补偿。关于李某某主张的分割安置房屋面积，结合拆迁政策，李某某享有50平方米购房指标，但李某某未对被拆迁房屋出资出力，亦未出资购买安置房屋，其仅对安置房屋享有一定居住利益，其有权对拆迁所置换的房屋享有居住的权利。根据张某某与张某2、李某1签订的协议，可以确认，张某某与张某2、李某1自愿将房屋的居住使用权利进行了交换，并且双方按交换后的房屋领取了相应的周转费用，此协议内容系双方真实的意思表示。张某2与李某某签订协议，自愿将×2号房屋变更为李某某居住使用，亦是双方家庭中对于拆迁所得房屋的分配，不违反法律规定，双方均应按此约定履行。关于李某某主张的拆迁补偿款及周转费一节，因拆迁补偿款中有对于房屋等的补偿，亦有对安置人口中个人的补偿，故此中包含李某某的部分，应当归李某某所有。对于周转费，因周转费系对安置人口支付，李某某在婚姻存续期间与张某1及家人共同生活，此费用不应再向李某某支付。对于李某某与张某1离婚后的周转费，应当归李某某所有，具体数额本院依据六郎庄腾退方案及拆迁协议予以分割。综上，北京市海淀区人民法院依据《中华人民共和国物权法》第九十三条、第九十九条、第一百条之规定，判决如下：

一、×二号房屋由李某某居住使用；

二、张某某于本判决生效之日起三十日内给付李某某拆迁补偿款326725元；

三、张某某于本判决生效之日起三十日内给付李某某周转费15000元。

【法官后语】

本案的争议焦点有两个：

一、拆迁协议中的共居人，对于拆迁利益，包括拆迁款及安置房屋，享有何种权益？其中补偿款包括针对宅基地的补偿，如区位补偿价；针对被安置人口的补偿，如周转费等。其中宅基地建房批示列明被安置人的，被安置人可获得针对宅基地的补偿款及安置房屋；对建房、翻建、扩建出资出力的，可获得与房屋等有关地上物的补偿款；针对被安置人的补偿，拆迁协议上的被安置人均可获得。本案中，李某某未在宅基地建房批示上，亦未对建房出资出力，故仅能分割周转费。

安置房屋取得方式分为“通过宅基地面积一比一置换”及“按安置人口给予人均优惠购房指标后由被安置人购买”两种。本案中安置由于被拆迁房屋的宅基地面积仅25平方米，安置房屋面积259平方米，故本案中应当属于后一种安置房取得方式，在此种取得方式下，若被安置人个人优惠购房指标面积大于或等于其中一套安置房面积且被安置人购买该房屋的，应认定被安置人享有该套安置房所有权；若面积不足或已被他人使用购房指标购买房屋的，安置房屋由他人取得，可综合考量购房指标所包含的财产价值、诉争房屋当地的腾退搬迁安置办法、诉争房屋现尚未取得产权登记等确定购房指标的经济价值，以此给予被安置人补偿。同时，建议以安置房屋买卖合同签订时诉争房屋周边普通商品房的市场价格作为计算基数，扣除优惠购房面积内的优惠购房价款酌情计算补偿金额。

本案中，虽然李某某享有50平方米购房指标，但是其并未购买该安置房屋，但有协议书认可将房屋归李某某所有，属于安置人之前对安置房屋的分配，应按照协议约定履行，而该房屋目前还未能办理房屋产权证书，故本案中判决该房屋归李某某居住使用。

二、为胎儿预留的拆迁利益，若胎儿娩出时为死体的，该部分利益如何处理？根据《中华人民共和国民法通则》第九条规定，公民从出生时到死亡时止，具有民事权利能力，依法享有民事权利，承担民事义务。本案中李某流产，胎儿娩出时即为死体，故本案中的胎儿不是民事主体，不享有相应民事权利，为其预留的拆迁利益，拆迁公司可以不当得利起诉收回该部分利益，若拆迁公司不主张该部分利益，应视为自始没有为其预留该利益，由拆迁协议上的全部安置人口共同享有该拆迁利益。

编写人：北京市海淀区人民法院　刘艳　宋窈

47

分家协议中继承期待权放弃的效力认定

——李某1诉李某4等分家析产、继承案

【案件基本信息】

1. 裁判书字号

北京市朝阳区人民法院（2018）京0105民初29383号民事判决书

2. 案由：分家析产、继承纠纷

3. 当事人

原告：李某1

被告：纪某、李某2、李某3、李某4

【基本案情】

纪某与李某5为夫妻关系，二人生育李某2、李某3、李某4、李某1四人。位于北京市朝阳区团结湖南里8号楼9×房屋于2001年2月27日登记于李某5名下。李某5于2017年7月18日去世。

李某1提交2011年9月18日签署的《家庭会议》，其内容为："议程：按照父亲、母亲的意愿，把他们积累了一生的存款给四个子女的现住房买下来（按照买房合同的价格）房产证的价格。李某1 248000元。李某2 46000元（余款未定），余款2000元9.28已付。李某3 316250元、李某4 116250元。在父母居住期间，楼上15层×号就是李某3、李某1的房子，将来楼下9层×号房子归李某1，楼上15层×号归李某3。大家一致同意。将来，子女要孝敬父母，让老人高兴地安度晚年，负责到底。"纪某、李某3、李某2、李某1均认可上述《家庭会议》内容和签字。李某4认可李某4的签字，但认为"16250元"以下的内容为后填写上去的，不认可其真实性，不清楚李某5的签字是否为本人书写，同时不申请进行笔迹鉴定。经询，李某4认可收到了一笔6万元，一笔2000元，认为《家庭会议》就是父母将一生的存款交予各子女，让各子女购买各自的房屋。

诉讼中，李某4提交《北京市朝阳区劳动能力鉴定委员会劳动能力鉴定、确认结论通知书》、《就业失业登记证》、医疗保险手册，以此说明李某4无劳动能力，涉案房屋按照法定继承应予以多分。

【案件焦点】

1. 被继承人李某5的遗产范围及案由确定；2.《家庭会议》是否属于遗嘱以及涉及继承部分意思表示的效力认定。

【法院裁判要旨】

北京市朝阳区人民法院经审理认为：遗产是公民死亡时遗留的个人合法财产。

夫妻在婚姻关系存续期间所得的共同所有的财产，除有约定的外，如果分割遗产，应当先将共同所有的财产的一半分出为配偶所有，其余的为被继承人的遗产。本案中，位于北京市朝阳区团结湖南里8号楼9×房屋系李某5与纪某婚姻关系存续期间所得的夫妻共同财产。现李某5去世，则上述房屋的百分之五十份额应作为被继承人李某5的遗产。

关于《家庭会议》，纪某、李某2、李某3、李某1认可其真实性。李某4认可其签字，但认为内容有后添加的，不认可真实性。本院认为，从《家庭会议》的书写篇幅和书写习惯、签字人数，结合《家庭会议》的实际履行情况，本院认可《家庭会议》的真实性。李某1认为《家庭会议》系被继承人李某5的遗嘱。未严格按照法律规定的形式要件作出的遗嘱，人民法院应认定无效。故《家庭会议》不符合法律规定的遗嘱形式要件，并非被继承人李某5的遗嘱，应按照法定继承处理。对生活有特殊困难的缺乏劳动能力的继承人，分配遗产时，应当予以照顾。本案中，李某4的证据材料仅能体现其缺乏劳动能力，但未就其经济状况予以举证说明，故李某4要求在法定继承中予以照顾的主张本院不予支持。

民事主体从事民事活动，应当遵循公平原则，合理确定各方的权利和义务，应当遵循诚信原则，秉持诚实，恪守承诺。《家庭会议》系李某5和纪某夫妻对家庭财产以及四个子女房屋分配的安排，且除本案涉案房屋外其余钱款以及房屋均以按照《家庭会议》决定的内容进行了处分。《家庭会议》中“将来，楼下9层×号房子归李某1，大家一致同意”系被继承人李某5的法定继承人纪某、李某3、李某2、李某4在继承开始前所作出放弃继承期待权的承诺。李某4现要求按照法定继承涉案房屋，但是李某4在《家庭会议》中作出的放弃表示，系在分家等合意行为中作出，涉及继承权之外其他权利义务的安排。李某4继续享有继承权有违相关习俗并导致显失公平。故本院对李某4请求继承遗产的请求不予支持。综上，被继承人李某5所有的涉案房屋百分之五十份额应由李某1单独继承。

北京市朝阳区人民法院依照《中华人民共和国民法总则》第六条、第七条，《中华人民共和国继承法》第三条、第十三条、第十七条、第二十六条之规定，判决如下：

一、位于北京市朝阳区团结湖南里8号楼9×房屋的百分之五十份额由被告纪某所有；

二、位于北京市朝阳区团结湖南里8号楼9×房屋中被继承人李某5所有的百分之五十份额由原告李某1单独继承；

三、驳回原告李某1的其他诉讼请求。

宣判后，原告及被告双方均未提起上诉，现判决书已生效。

【法官后语】

在家事案件审理中，应遵循诉讼经济原则和家事事件一并处理原则。司法实践中，涉及家庭成员间继承纠纷时，由于家庭财产混合在一起，往往需要先进行析产才能处理继承纠纷。在继承纠纷案件中，如家庭共有财产的全部共有权人均是继承人并已经参加到继承纠纷案件中，则法院有能力在同一纠纷案件中查明分家析产及继承所涉及的事实，并一次解决分家析产和继承纠纷。本案中，涉案房屋系李某5与纪某在婚姻存续期间取得的夫妻共同财产，应首先从涉案房屋中析出属于被继承人李某5遗产的份额。另外，李某1主张本案为遗嘱继承纠纷，李某4主张本案为法定继承纠纷，本案应对多个继承类请求一并予以审理。故本案案由应列为分家析产、继承纠纷，这也符合诉讼经济原则和家事事件一并处理原则。

本案的争议焦点在于对《家庭会议》的认定。李某1认为《家庭会议》系被继承人李某5的遗嘱，故应按照《家庭会议》进行遗嘱继承。继承法及司法解释对遗嘱形式要件有明确的规定，不符合形式要件的遗嘱无效。本案的《家庭会议》系家庭成员对财产分配的协议，不符合遗嘱的形式要件，不属于遗嘱，本案应按照法定继承处理，被继承人李某5的法定继承人为纪某、李某3、李某2、李某4和李某1。

现行继承法规定放弃继承应当是在继承开始后，实际处理前。继承开始前继承人享有的只是继承的期待权，并非继承权。但对于当事人在继承开始前作出放弃继承意思表示的，即放弃继承期待权的意思表示，是否能够发生放弃继承的法律效力，现行法律并未作出明确规定。本案中，《家庭会议》虽然不是遗嘱，但是其中“将来楼下9层×号房子归李某1，楼上15层×号归李某3。大家一致同意”涉及继承部分的意思表示，应认定为被继承人李某5的法定继承人纪某、李某3、李某2、李某4在继承开始前所作出的放弃继承期待权的承诺。且《家庭会议》系李某5、纪某夫妻二人与全部子女就购房款、房屋的分配所作出的分家协议，也是父母在均衡各方利益后与部分子女就放弃继承所达成的分家协议。此时如否定该放弃继承意思表示的效力则可能会导致各方利益的失衡，且也与长期普遍被当前民众所接受的风俗习惯相悖。本案中，若李某4继续享有继承权，有违相关习俗并导致显失公平，故本院承认《家庭会议》中法定继承人在继承开始前对继承期待权放弃的效力，涉案房屋中属于被继承人李某5的遗产份额应由李某1单独继承。

编写人：北京市朝阳区人民法院　胡东方

48

乡规民约可作为判定农村分家协议真实性之佐证

——池某英诉刘某英等法定继承案

【案件基本信息】

1. 裁判书字号

北京市第一中级人民法院（2018）京01民终7943号民事判决书

2. 案由：法定继承纠纷

3. 当事人

原告（上诉人）：池某英

被告（被上诉人）：刘某英、池某海、池某山、池某凤、池某宽

【基本案情】

刘某英和池某系夫妻关系，夫妻婚后生育五个子女，分别是长子池某山、次子池某宽、三子池某海、长女池某凤、次女池某英，子女均已成家。刘某英和池某有位于延庆区房屋院落两处，即A院和B院。1986年，池某宽经大队批准在B院盖了房。1988年时，刘某英和池某在村干部王某成的主持下和三个儿子池某山、池某宽、池某海签订了家产协议书，载明旧房四间半（即A院）归池某海所有，有拆迁、买卖的自由。1993年父亲池某去世，1994年办理集体土地建设用地使用证登

记工作时，A院东侧登记在了刘某英名下，西侧登记在了池某海名下，B院登记在了池某宽名下。2001年，池某海对A院北房四间半进行了翻建。2017年年底进行棚户区改造，A院以刘某英和池某海的名义签署了拆迁协议，现A院所涉两个建设用地使用证已上交政府。原告得知此事后认为，五名被告在未通知原告的情况下，与拆迁单位签订了拆迁补偿协议，侵犯了其权益。该宅基地的地上房屋和院落有父亲池某的遗产份额，因此获得的拆迁安置房屋和其他拆迁利益应当有原告的份额，故在与继承人沟通未果的情况下，于2018年4月13日诉至法院，要求继承位于延庆区的A院和B院两处宅基地拆迁利益的十二分之一。

五被告均不同意原告的诉讼请求。被告刘某英和迟占海辩称，1988年，池某已经在村干部的主持下分家，把A院四间半北房分给了池某海，因此拆迁利益也应归池某海所有；被告池某山认可1988年时确有分家协议，且地上房屋确实是分给池某海，但池某山认为宅基地没有分，因此也主张获得宅基地补偿的利益；被告池某凤辩称，其对分家协议不知情，同时也要求取得宅基地拆迁的利益；被告池某宽辩称，B院的房是自己1986年盖的，原告诉称的宅基地与B院无关。

【案件焦点】

1. 被告出具的家产协议书是否真实有效；2. A院及B院农村宅基地拆迁利益是否属于池某的遗产。

【法院裁判要旨】

北京市延庆区人民法院经审理认为：本案中，刘某英与池某夫妇于1988年1月5日与三个儿子所签订的家产协议书具有真实性，具体裁判理由如下：第一，原告池某英虽然对该分家协议不知情，但被告池某宽及池某山均表示见过该份协议并签了字。原告池某英作为女儿，未参与分家，故对家产协议书不知情，这符合农村的风俗习惯。第二，虽然该份家产协议书的当场证明人已经过世，无法出庭证明该份证据的真实性。但1994年办理集体土地建设用地使用证登记工作时，将A院西侧登记在了池某海名下，该房屋自1994年以后全部由池某海居住使用，2001年池某海又对A院进行了翻建，这些事实是对家产协议书的实际履行，且截至2017年年底棚户区改造前，原告池某英未对上述事项提出过异议。第三，原告池某英认为父亲池某并没有在家产协议书上签名，被告池某山认为父亲池某和母亲刘某英当时并没有在家产协议书上签字，但未对自己的主张提供相应证据予以证明，因此，应当承担不利的后果。故本院对家产协议书的真实性予以认可，即刘某英与池某夫妇于 1988 年 1 月 5 日于三个儿子池某山、池某宽及池某海签订了家产协议书，协议书上的签名属实。

此外，宅基地使用权本身不属于遗产，但相应的补偿利益可以作为遗产继承。本院查明，1986 年池某宽经大队批准在 B 院盖了房，且在 1994 年办理集体土地建设用地使用证登记工作时进行了登记，原告及其他被告对该事实均予以认可，故 B 院宅基地拆迁利益不属于池某的遗产。1988 年时，池某在村干部见证下已经签订家产协议书，载明 A 院旧房四间半归池某海所有。故 1988 年后，A 院宅基地使用权由池某海行使，A 院宅基地拆迁利益不属于池某的遗产。

综上，北京市延庆区人民法院依据《中华人民共和国民法通则》第四条、第六条、第七条及《最高人民法院关于民事诉讼证据的若干规定》第二条之规定，判决如下：

驳回原告池某英的诉讼请求。

北京市第一中级人民法院同意一审法院的裁判意见。依照《中华人民共和国民事诉讼法》第一百七十条第一款第一项之规定，判决如下：

驳回上诉，维持原判。

【法官后语】

《中华人民共和国继承法》第九条明确规定，继承权男女平等。因此，原告池某英作为本案被继承人池某及被告刘某英的婚生女，其同本案其他四名被告一样，对被继承人池某的遗产依法享有平等的继承权。此外，《中华人民共和国继承法》第五条规定，在继承开始后，按照法定继承办理；有遗嘱的，按照遗嘱继承或者遗赠办理。由此可知，被继承人有权在生前订立遗嘱，将其遗产分配给其部分法定继承人，或法定继承人之外的任何人。

现下，在很多农村地区，家产协议书或分家单等仍是农村家庭户中父母处分家庭财产的主要方式。因此，分家单或家产协议书，亦具有遗嘱的性质，在认定其效力时应参考我国现行法律对遗嘱或遗赠抚养协议效力的相关规定。依照我国现行法律的相关规定，遗嘱不以被继承人同意或知晓为其必要的生效要件，故而家产协议的真实有效性亦不以被继承人签字同意或知晓为前提。

在本案中，池某生前订立的家产协议书是否真实有效是案件的争议焦点之一。在案件审理过程中，原告以家产协议书上签字不具有真实性为由，主张协议无效。但是却无法提出相应的证据加以佐证，故法院对其主张不予支持。再者，根据乡规民约，外嫁女不参与父母遗产分割，是很多农村家庭约定俗成的继承方式，导致在农村地区女儿对父母遗产的期待性较低。而在本案中，自1988年家产协议签订至诉讼时止，已近三十年，原告始终未对家产协议真实性提出异议，因此，对于原告不知晓分家协议且一直期待取得遗产利益的主张，法院不予采信，故而认定该家产协议系真实有效，最终依法驳回了原告的诉讼请求。

虽然，此案终审判决并未支持原告的主张，但是并不意味着在家产协议书中未分得遗产份额的子女一方，尤其是女儿一方的权利便无法受到保护。目前，确定农村房屋使用权的法律凭据主要为集体土地使用权证书，该证书记载的宅基地使用权人往往为家庭户中的户主，而不记载农村房屋建造时的出资情况。因此，在处理涉及农村房屋的法定继承纠纷时，如果分家协议中涉及的农村房屋，系女儿出资建造，在证据充分或家庭成员对女儿出资事实予以认可的情形下，可以按债务处理，对女儿作出一定经济补偿。综上所述，在审理法定继承案件纠纷时，认定分家单或家产协议书等效力的关键，在于该协议本身是否是签订人真实的意思表示，而不以家庭户成员全部知晓为生效要件；在认定分家单或家产协议书等是否侵犯了部分法定继承人尤其是农村地区外嫁女的合法权益时，应以该法定继承人或外嫁女对被分割的财产是否出资为重要审查要件。

编写人：北京市延庆区人民法院 李昭

49

拆迁利益及相关遗产分割认定原则

——朱某英、姜某强诉姜某兰等10人分家析产、继承案

【案件基本信息】

1. 裁判书字号

北京市门头沟区人民法院（2018）京0109民初323号民事判决书

2. 案由：分家析产、继承纠纷

3. 当事人

原告：朱某英、姜某强

被告：姜某兰、姜某永、姜某猛、赵某凤、姜某、姜某华、姜某英、姜某芳、姜某联、李某辉、李某萍

【基本案情】

王某俊与姜某才（死亡）生有姜某春（于2012年9月1日死亡），姜春某（于2015年11月29日死亡）。后王某俊嫁给王某坤（死亡），生有王某银、王某玲。后王某俊嫁给李某亮（死亡），婚后未生育子女。李某亮死亡后，王某俊至死亡前未再婚。姜某春与梁某润（死亡）系夫妻，生有姜某生（1957年5月18日出生，1972年7月9日死亡，死亡时未成年）、姜某联、姜某英、姜某芳、姜某华。姜春某与朱某英系夫妻，生有姜某永、姜某猛、姜某强（朱某英之监护人）、姜某兰。姜某猛与赵某凤系夫妻，生有姜某。王某玲（于2012年1月2日死亡）与李某系夫妻，生有李某光、李某辉、李某臣、李某萍。

诉争被拆迁院落为47号院及61号院。47号院宅基地申请人为姜春某，同居人员为妻子、女儿、三个儿子，申请建造房屋4间，用地面积160㎡，审批时间为1985年。2011年11月21日，姜春某作为被拆迁人就47号院签订拆迁补偿安置协议，认定人口为姜春某、朱某英、姜某猛、赵某凤、姜某、姜某强6人，拆迁利益

为 2 套二居室、1 套三居室及征收补偿款若干元。61 号院宅基地系姜春某通过王某俊之夫李某亮生前院落置换取得，同居人员为母亲、妻子、女儿、三个儿子，申请建房 3 间，置换前院落面积为 132.8㎡。2016 年 11 月 8 日，姜某猛作为被拆迁人就 61 号院签订拆迁补偿安置协议，无认定人口，拆迁利益为征收补偿款若干元。

审理过程中，经询问，王某银、李某、李某臣、李某光表示不主张本案分割的财产中有其利益，不申请作为当事人参加诉讼；其余继承人均作为当事人参加诉讼。

拆迁取得的三套安置房屋分别由姜某永、姜某强、姜某猛实际占有，剩余征收款项部分留存于姜春某名下银行账户存款，部分由姜某猛实际占有。另有姜春某名下存款、丧葬费、工会补助费等比照姜春某遗产需在本案中一并处理。

【案件焦点】

1. 47 号院内房屋建设情况及权属认定；2. 61 号院宅基地权属及房屋权属认定；3. 安置补偿房屋占有是否合法；4. 姜春某名下征收款及存款应作为遗产进行分割的部分；5. 遗嘱及协议情况；6. 赡养情况。

【法院裁判要旨】

根据已查明的事实，47 号院及 61 号院的宅基地系以姜春某的名义获得审批，除 61 号院少部分棚建院落外，61 号院内的其余房屋及其他地上物和 47 号院内的全部房屋及地上物均在姜春某生前建设。其中 61 号院宅基地及翻建前的房屋，虽以姜春某的名义获批，但系用王某俊的最后一任丈夫李某亮所有的宅基地及院落置换而来，且审批时王某俊亦为该宅基地的共同居住人，故酌定王某俊在该院落的房屋上享有 2% 的份额。因此 61 号院内房屋除王某俊享有的份额外的部分（即 98%）及 47 号院内的全部房屋，均系姜春某和朱某英的夫妻共同财产。

关于姜春某的遗产，61 号院及 47 号院的房屋在转化为征收利益后，除姜春某和朱某英外的被认定人口及名义上的被征收人对包括征收款和安置房在内的征收利益的产生存在独立的贡献，因此在处理征收利益时，应先将除朱某英外的其余对征收利益存在贡献的共有人即姜某强、姜某猛、赵某凤、姜某的份额析出，再析出夫妻共同财产中属于朱某英的份额，剩余部分作为姜春某的遗产处理。

关于王某俊的遗产，王某俊的部分继承人及继承人的继承人放弃继承，本院不持异议，故王某俊的遗产，在其继承人及继承人的继承人之间均等继承。

关于安置房归属，各方未就安置房的归属达成协议，故在析产、继承前，安置房屋应归各被认定人口共同所有，各被认定人口均应均等负担购房款。由于被认定人口中部分并非47号房屋的所有人，其使用了归姜春某和朱某英所有的部分房屋面积，才得以以安置优惠价格购置安置房。该部分与姜春某实得的该部分面积的定向房屋安置面积补偿款之间的差额，应由除姜春某和朱某英以外的各被认定人口均等负担，分别补偿给姜春某和朱某英。

关于征收款项的分割，由本院结合征收政策、款项性质、征收协议、征收档案，结合各共有人对款项的贡献予以酌定。其中，61号院获得征收补偿款中，款项性质应按照房屋权属份额分割的部分，由王某俊的继承人享有2%，由朱某英及姜春某的其他继承人共同享有98%。

其他财产在析出朱某英享有的份额后由姜春某的各继承人平均分割遗产或比照遗产分割财产。

综上所述，北京市门头沟区人民法院依照《中华人民共和国物权法》第九十九条，《中华人民共和国继承法》第三条、第五条、第十三条、第二十六条、第二十九条第一款、第三十三条，《中华人民共和国婚姻法》第十七条，《中华人民共和国民事诉讼法》第六十四条、第一百四十四条之规定，判决如下：

一、北京市门头沟区潭柘寺镇潭柘新区7号院3号楼3单元4××室房屋上一切权利归姜某强所有；

二、北京市门头沟区潭柘寺镇潭柘新区1号院7号楼3单元5××室房屋上一切权利归朱某英和姜某永共同所有，其中朱某英占66%的份额，姜某永占34%的份额；

三、北京市门头沟区潭柘寺镇潭柘新区8号院2号楼3单元1××室房屋上一切权利归姜某猛所有；

四、姜某猛于本判决生效之日起七日内给付姜某华征收补偿款4000元；

五、姜某猛于本判决生效之日起七日内给付姜某英征收补偿款4000元；

六、姜某猛于本判决生效之日起七日内给付姜某芳征收补偿款4000元；

七、姜某猛于本判决生效之日起七日内给付姜某联征收补偿款4000元；

八、姜春某名下中国邮政储蓄银行（账号601014387200012×××及账号601000981200446×××）、北京银行（账号1017781×××）、北京农商银行（账号041300000153×××及账号050300000162×××）内的存款及利息由朱某英继承；

九、姜某强于本判决生效之日起七日内给付朱某英财产折价款103936元；

十、姜某强于本判决生效之日起七日内给付姜某兰财产折价款27796元；

十一、姜某强于本判决生效之日起七日内给付姜某永财产折价款27796元；

十二、姜某强于本判决生效之日起七日内给付姜某猛财产折价款299820元；

十三、朱某英于本判决生效之日起七日内给付姜某永财产折价款14408元；

十四、朱某英于本判决生效之日起七日内给付姜某兰财产折价款23562元；

十五、姜某猛、赵某凤、姜某于本判决生效之日起七日内给付朱某英财产折价款581188元；

十六、姜某猛、赵某凤、姜某于本判决生效之日起七日内给付姜某兰财产折价款96865元；

十七、姜某猛于本判决生效之日起七日内给付朱某英财产折价款1384976元；

十八、姜某猛于本判决生效之日起七日内给付姜某兰财产折价款237437元；

十九、姜某猛于本判决生效之日起七日内给付姜某永财产折价款113134元；

二十、姜某永于本判决生效之日起七日内给付姜某兰财产折价款215464元；

二十一、驳回姜某强的其他诉讼请求。

【法官后语】

相较于其他法律适用层面存在明显疑难问题的案件而言，分家析产、继承案由案件审理难点主要集中在事实查明，财产分割时，注意“先析产、再继承”。此类案件，由于当事人之间存在特定亲属关系，且对法律理解、运用能力较弱，对案件事实陈述往往较为混乱，法官审理时积极发挥释明、引导作用推进案件审理。

案件审理，应重点审查当事人的身份关系。由于当事人法律常识欠缺，起诉时往往会遗漏继承人或财产共有人也即必要诉讼当事人，法官审理时需要引导当事人积极提供其余当事人线索。

权属认定方面，涉农村土地、房屋，宅基地权属认定上，把握一户一宅，以及户的流动性特点，基于宅基地系家庭人口共同生活居住使用，不仅要考虑宅基地审批人，审批时宅基地审批表中确认的共居人口亦属于宅基地权益人，具体到房屋利益，则需要结合房屋建设时的贡献情况。

土地房屋转化利益分割，则需在权属认定准确的基础上，结合征收政策、征收协议将属于认定人口的利益析出后，剩余部分为家庭共同财产的，再析出家庭成员部分，剩余部分作为遗产在各继承人之间分配。

由于分家析产、继承案件涉及财产数量、当事人数量较大，对于继承、分割、负担折价钱款，当事人往往需要互负给付义务，给付行为往往存在交叉，判项相对烦琐。且该类案件当事人之间往往矛盾较深，判决时，为便于执行、避免执行阶段矛盾激化，对各方当事人互负给付义务，由法院核算、折抵后一并酌情处理，真正做到减少当事人诉累，案结事了。

此外，分家析产、继承案件的人身属性强，且当事人普遍存在对适用法律理解不足、诉讼能力欠缺等问题，法官在案件审理过程中应做好权利义务释明，举证、质证指导，诉讼风险释明等工作，更好地引导当事人参与诉讼，让每个当事人在诉讼中感受司法公正、程序正义。

编写人：北京市门头沟区人民法院　周伟男　宁帆

50

共有关系的认定及共有物的分割问题分析

——李某兰诉李某平等人分家析产、继承案

【案件基本信息】

1. 裁判书字号

北京市第一中级人民法院（2018）京 01 民终 8079 号民事判决书

2. 案由：分家析产、继承纠纷

3. 当事人

原告（上诉人）：李某兰

被告（被上诉人）：李某平、王甲、王某章、王某芝、王某玲

【基本案情】

李某兰向一审法院起诉请求：判令献陵村73号院内北房东首3间、东房2间归李某兰所有，并允许其在院中垒墙独立使用东院。

一审法院认定事实：李某兰与王某系夫妻关系，二人生育二子二女，即王某章、王某青、王某芝、王某玲。王某青与李某平系夫妻关系，婚后生育一子王甲。王某青于2012年2月12日死亡，王某于2016年2月25日死亡。王某父亲王某海于1964年死亡，母亲王高氏于1976年死亡。

王某青与李某平于1985年2月登记结婚，婚后与李某兰、王某夫妇共同在献陵73号院内居住生活，该院内有王某、李某兰所建北房4间。王某、李某兰、王某青、李某平在上述宅院共同生活期间将献陵村73号院原有北房4间拆除后建北房6间、东西房各2间（东房两间中靠北的一间为厨房，靠南的一间为过道）、西跨院北房1间和南棚子1间，北房与东房、西房之间分别建有棚子各1间。王某青死亡后，王某、李某兰仍居住在献陵村73号院内至王某死亡。位于献陵村64号院原有北房三间，王某章于1979年结婚后与王某、李某兰分开单过，献陵村64号院一直由王某章居住使用，该院内现有北房4间、东西房各2间、南房4间，宅基地使用权人登记为王某章。

王某在中国邮政储蓄银行共有银行账户7个，其中尾号为1159的账户于2016年2月17日分别支取1万元、2000元，于2016年8月2日支取8012.46元，现账户余额为零；尾号为9070的账户为定期储蓄账户，现有余额10560.41元；尾号为8070的账户为定期储蓄账户，王某章于2016年2月23日支取10983.65元，现该账户余额为零；尾号为3583的账户为定期储蓄账户，王某的亲属于2016年3月16日以王某的名义将该账户内的10612.04元取出，现该账户余额为零；尾号为2310的账户为定期储蓄账户，王某章于2016年2月15日将该账户内的10303元取出，现该账户内余额为零；尾号为7906的账户为定期储蓄账户，王某章于2016年7月27日将该账户内的10904.52元取出，现该账户内余额为零；尾号为8060的账户尚未销户，该账户内的余额为1万元。李某兰主张王某的银行卡均在其手中，王某去世后王某章帮助其办理了王某一部分账户的销户手续，王某青和王某住院期间花费了一部分存款，王某去世后办理后事花费了一部分存款，另案中已查明剩余的存款2万余元也已花完，用于李某兰看病。李某平、王甲对上述存款支出不认可。王某章、王某芝、王某玲对李某兰的陈述无异议，另均表示将其继承份额赠与给李某兰。

【案件焦点】

1. 李某兰是否有权请求对诉争房屋进行分割；2. 在具体的分割方式上能否采取实物分割。

【法院裁判要旨】

北京市昌平区人民法院经审理认为：当事人对自己提出的诉讼请求所依据的事实或者反驳对方诉讼请求所依据的事实有责任提供证据加以证明，没有证据或者证据不足以证明当事人的事实主张的，由负有举证责任的当事人承担不利后果。献陵村 64 号院和献陵村 73 号院均属于老宅院，根据两宅院的居住使用情况以及当地的风俗习惯，两宅院原房屋均视为李某兰、王某对王某章和王某青的赠与行为，献陵村 64 号院现房屋为王某章投资建设，且涉案宅基地也登记在其名下，故李某平、王甲主张该宅院房屋应作为遗产进行分割，依据不足，本院不予支持。献陵村 73 号院，现有房屋是在李某平、王某青与王某、李某兰共同生活期间所建，且王某有相应的收入，同时结合现有证据，该院房屋应属李某平、王某青与王某、李某兰共有，具体份额本院根据现有证据，酌定为李某兰、王某为 30% 份额，李某平、王某青为 70% 份额。根据法律规定，继承从被继承人死亡时开始，继承开始后，由被继承人的配偶、子女、父母继承。被继承人的子女先于被继承人死亡的，由被继承人的子女的晚辈直系血亲代位继承。对生活有特殊困难的缺乏劳动能力的继承人，分配遗产时，应当予以照顾。遗产在家庭共有财产之中的，遗产分割时，应当先分出他人的财产。本案中，王某青于 2012 年死亡，其份额（35%）应由李某兰、王某、李某平和王甲继承，每人继承份额 8.75%；王某于 2016 年死亡，其份额（15% + 8.75% =23.75%）由李某兰、王某章、王某芝、王某玲及王甲继承，因王某章、王某芝、王某玲均表示将其继承份额赠与给李某兰，故李某兰应继承份额为 19%，王甲继承 4.75%。综上，献陵村 73 号院内房屋，李某兰享有份额为 42.75%，李某平享有份额为 43.75%，王甲享有份额为 13.5%。现李某兰要求对献陵村 73 号院的共有物房屋进行分割符合法律规定，但对共有物的分割应有利于生产和生活需要，不损害共有物效用为原则，本案中，诉争房屋为宅基地房屋，考虑到宅基地以户为单位，同时考虑该院房屋结构和布局，如进行实物分割不利于共有人的生产和生活，也会增加共有人之间的矛盾加剧等，同时，李某平、王甲也表示同意李某兰在诉争宅院内房屋居住生活，因此，李某兰主张对诉争房屋进行实物分割不符合法律规定，审理中，经本院向其释明，是否变更诉讼请求，要求对共有房屋享有的份额进行货币补偿，其仍坚持原诉讼请求，故其诉讼请求本院难以支持。同时指出，李某平、王甲要求继承王某存款8.3万元，根据本院调取的银行查询结果，双方产生争议后，王某的剩余存款为20560.41元，该款属李某兰、王某夫妻共同存款，其中二分之一作为王某的遗产进行分割，王甲、李某平主张分割8.3万元，超出部分依据不足，本院不予支持，李某兰主张该款已用于医疗费等支出，未提交证据，本院不予支持。上述存款依法应由李某兰、王某章、王某芝、王某玲和王甲继承，考虑到李某兰年事已高，并丧失劳动能力，故应适当多分，同时，王某章、王某芝、王某玲均表示将其各自应继承的份额赠与给李某兰，本院不持异议，故李某兰应继承上述存款（遗产）额为8580元，王甲继承1700元，此外，李某平与王某、李某兰虽共同生活多年，但未提交其对王某、李某兰尽主要赡养义务的相关证据，故李某平主张参与继承王某遗产的诉讼请求，证据不足，本院不予支持。

北京市昌平区人民法院依照《中华人民共和国物权法》第九十三条、第九十九条、第一百条，《中华人民共和国土地管理法》第六十二条，《中华人民共和国继承法》第二条、第三条、第十条、第十一条、第十二条、第十三条和《中华人民共和国民事诉讼法》第六十四条之规定，判决如下：

一、驳回原告李某兰的诉讼请求；

二、王某生前存款20560.41元，原告李某兰分得18860.41元，被告王甲继承1700元（由原告李某兰给付），于本判决生效后十日内执行；

三、驳回被告李某平、王甲的其他诉讼请求。

李某兰不服一审判决提起上诉。北京市第一中级人民法院经审理认为：第二审人民法院应当围绕当事人的上诉请求进行审理。当事人对自己提出的诉讼请求所依据的事实或者反驳对方诉讼请求所依据的事实，应当提供证据加以证明。当事人未能提供证据或者证据不足以证明其事实主张的，由负有举证证明责任的当事人承担不利的后果。家庭成员应共有在共同生活期间由全体家庭成员出资出力翻建、新建共同居住的房屋。李某兰、王某夫妇与王某青、李某平共同在献陵村73号院居住生活，并且将原有的北房四间翻建、新建，故该院内房屋应当属于李某兰、王某夫妇与王某青、李某平夫妇的夫妻共同财产。继承从被继承人死亡时开始，继承开始后，由被继承人的配偶、子女、父母继承。被继承人的子女先于被继承人死亡的，由被继承人的子女的晚辈直系血亲代位继承。对生活有特殊困难的缺乏劳动能力的继承人，分配遗产时，应当予以照顾。遗产在家庭共有财产之中的，遗产分割时，应当先分出他人的财产。本案中，王某青先于王某去世，献陵村 73 号院内房屋属于王某青的份额及属于王某的份额应分别由其继承人继承。因李某兰年事已高，缺乏劳动能力，且其一直在献陵村 73 号院内居住生活，故李某兰要求对献陵村 73 号院进行分割的诉讼请求，本院予以支持。就献陵村 73 号院内房屋的分割，本院从有利于生产生活，不损害遗产效用的角度酌情予以分割。根据相关证明，献陵村 73 号院内北房六间、东西房各两间建设时经过审批、西跨院及棚子各一间建设时未经审批，本院在分割上述房屋时予以考虑。

北京市第一中级人民法院依据《中华人民共和国物权法》第九十三条、第九十九条，《中华人民共和国继承法》第二条、第三条、第十条、第十一条、第十二条、第十三条，《中华人民共和国民事诉讼法》第一百七十条第一款第二项之规定，判决如下：

一、维持北京市昌平区人民法院（2018）京 0114 民初 7302 号民事判决第二项、第三项；

二、撤销北京市昌平区人民法院（2018）京 0114 民初 7302 号民事判决第一项；

三、位于北京市昌平区十三陵镇献陵村 73 号院内北房东首三间及东房两间归李某兰所有，北房西首三间及西房两间归李某平及王甲所有，西跨院一间及棚子一间由李某平及王甲使用，李某平、王甲享有对东房靠南一间即过道的通行权；

四、驳回李某兰的其他诉讼请求；

五、驳回李某兰的其他上诉请求。

【法官后语】

本案的诉求包含两个不同层次的主张：一是李某兰是否有权请求对诉争房屋进行分割；二是在具体的分割方式上能否采取实物分割。对于第一层主张，主要问题在于共有关系的认定以及共有物进行分割的条件认定，一审法院与二审法院均给出了肯定的答复，作为诉争房屋的共有人有权主张对房屋的分割；第二层主张，主要问题是共有物分割的方式、方法及依据、标准，由于我国现行法律只有对遗产分割的原则性规定，并无共同继承遗产分割具体而明确的规则，故在结合个案情况时一审法院与二审法院做出了不同的处理。我们认为，审理此类案件时应当重点把握以下四点：

一、析产继承纠纷中共有关系的认定标准及类型

根据《中华人民共和国物权法》第九十三条的规定，不动产或者动产可以由两个以上单位、个人共有。共有包括按份共有和共同共有。第九十四条规定，按份共有人对共有的不动产或者动产按照其份额享有所有权。第九十五条规定，共同共有人对共有的不动产或者动产共同享有所有权。上述法律条文是共有关系的法律依据，规定了共有关系的基础及种类。由于农村房屋的特殊性质，以及其形成过程的长期性、复杂性，析产继承纠纷中作为遗产的农村房屋可能呈现出法律关系复杂、权利人难以确定、权属界定不清的特点。但是，虽然析产继承纠纷共有关系的认定面临上述问题，其基础仍然要基于法律之规定，其核心问题是判断是否存在共有关系，如果存在，进而考察共有关系的类型及权利人。这是析产继承纠纷应审查的基本事实问题及应判断的基础法律关系。所以，析产继承纠纷中，不应局限于农村房屋的特殊性，而是应判断诉争房屋是否存在共有关系，以及判断该共有关系是按份共有还是共同共有，在此基础上对后续法律问题进行判断。

二、析产继承纠纷中共有物分割的成立条件

《中华人民共和国物权法》第九十九条规定，共有人约定不得分割共有的不动产或者动产，以维持共有关系的，应当按照约定，但共有人有重大理由需要分割的，可以请求分割；没有约定或者约定不明确的，按份共有人可以随时请求分割，共同共有人在共有的基础丧失或者有重大理由需要分割时可以请求分割。因分割对其他共有人造成损害的，应当给予赔偿。分家析产，一般认识上是指父母与已婚子女就家庭财产分配和父母赡养问题等所达成协议并由一个较大规模的家庭形成数个较小规模的家庭单位。分家析产其涉及的内容比较广泛，涵盖家庭生活的方方面面，一般包括家庭财产分配、遗产继承、老人赡养和子女抚养等事项。判断是否存在分家析产及分家析产的条件是否成就，主要考虑是否对分家析产的基本单位的家庭以及家庭单位分裂解体为数个小的家庭单位具有必要性。如果确实存在分家析产的必要性，那么，析产继承案件中的房屋作为分家析产的物质表现也应当进行审查

处理，并应按照物权法的相关规定进行认定。所以，在认定存在大的家庭单位且该家庭单位已无法维持的情况下，应当对与该家庭单位的共有财产进行审查处理。

三、析产继承纠纷中共有物分割的依据及标准

析产继承纠纷共有物分割的条件成立之后，需要选择共有物分割的具体方式方法，这就需要对共有物分割方式方法进行判断及选择，并确定其依据。析产继承纠纷中，对于作为诉争标的的房屋进行共有物分割，主要应审查遗产房屋的相关事实基础。主要包括房屋的初始权利人、房屋的形成过程、对房屋形成做出贡献的主体、当事人目前的生产生活状况、房屋构造等。其中，对房屋初始权利人的审查应当是重中之重，分割方法的选择宜优先考虑初始权利人的需求。在农村涉宅基地房屋继承案件中，常出现继承人或继承人以外的人以在被继承人生前翻扩建宅基地房屋时有贡献为由，主张享有宅基地上房屋共有权或在继承中多分宅基地房屋。我们认为这种主张混淆了两种不同的法律关系，即基于继承获得的物权请求权和基于翻扩建贡献的债权请求权。翻扩建的行为虽增加了宅基地上房屋的价值，但其对继承物权归属并无影响，并非是影响宅基地上房屋遗产份额划分的因素。

四、析产继承纠纷中共有物的分割方式方法

区分情形确定共有物的具体分割方式，以追求共有物效益的最大利用并保护当事人的权益。具体而言，应当区分主张分割的主体是宅基地初始权利人（多为父母）还是已分家另过的子女。根据《中华人民共和国物权法》第一百条规定，共有的不动产或者动产可以分割并且不会因分割减损价值的，应当对实物予以分割；难以分割或者因分割会减损价值的，应当对折价或者拍卖、变卖取得的价款予以分割。该条宣示了遗产分割中的三种实现方法，即实物分割、折价分割和拍卖、变卖分割。根据条文的语词顺序，分割实现时首先要考虑共有物是否可以实物分割，在不适于实物分割的情况下，可以考虑折价分割或拍卖、变卖分割。这与《中华人民共和国继承法》第二十九条第二款的规定“不宜分割的遗产，可以采取折价、适当补偿或者共有等方法处理”保持一致。因此，对于宅基地初始权利人主张分割的，在不损害遗产效用的同时应优先考虑分割实物。因初始权利人系宅基地使用权的初始获得者，地上房屋的建造也是基于宅基地使用权的获得，且其一般长期居住在共同继承的房屋内，对房屋有着较深的情感寄托，在进行分家析产、继承分割时应首先考虑初始权利人对房屋的需求，以其分得房屋为宜。对于已分家另过的子女，我

们认为，如果其已经另行取得宅基地，再行主张分割则违反了“一户一宅”的宅基地使用原则，也侵害了与父母共同居住儿女的宅基地使用权，既违背农村习俗也有失公平，因此对其继承分割的主张不宜支持。如果该子女仍为农村集体经济组织成员身份且未新分宅基地的，由于其社员福利仍在该宅基地上，这种情况下我们认为该子女与其他户内成员一样享有权利，在不影响初始权利人居住使用的情况下可以进行实物分割。

具体到本案中，献陵村73号院原有四间北房系王某、李某兰夫妻所建，李某兰作为房屋的初始权利人请求对献陵村73号院的共有物房屋进行分割符合法律规定。但一、二审法院在应否对诉争房屋进行实物分割这一问题上做出相反的处理，原因在于一审法院认为本案诉争房屋为宅基地房屋，宅基地以户为单位，如进行实物分割不利于共有人的生产和生活，也会导致共有人之间的矛盾加剧，故不宜对房屋进行分割。二审法院则认为在分割遗产中的房屋时，应从有利于发挥其使用效用和继承人实际需要的角度出发，依据优先考虑初始权利人需求，兼顾各继承人利益的原则进行处理。李某兰系诉争房屋初始权利人，现有房屋是在原有房屋的基础上翻建、新建所形成，且李某兰长期居住在诉争房屋内，并无其他居所，对诉争房屋进行分割并不会损害房屋功能及结构。因此，二审法院改判有利于平衡双方当事人的利益，也切实保障了李某兰作为房屋初始权利人的合法权益，是正确的。

编写人：北京市第一中级人民法院　刘福春　方硕

51

集体土地上的房屋可以分割使用权

——周某某诉王某滨等分家析产案

【案件基本信息】

1. 裁判书字号

青海省西宁市中级人民法院（2018）青01民终856号民事判决书

2. 案由：分家析产纠纷

3. 当事人：

周某某（被上诉人）：周某某

被告（上诉人）：王某滨、唐某某、王某军

【基本案情】

周某某与王某滨原系夫妻关系，唐某某是王某滨、王某军的母亲。2016年1月7日，讼争房屋由王某滨与某村村民委员会签订入住协议，面积为99.91平方米，其中三被告（上诉人）各无偿取得20平方米面积，其余39.91平方米为王某滨与周某某共同从其他村民处购买。该房屋系在农村集体所有的土地上建造，无房屋产权证明，由周某某与王某滨共同居住。2017年8月1日，周某某与王某滨经法院调解离婚，调解协议对双方争议的房屋以涉及第三人为由未作处理。

【案件焦点】

1. 集体土地上建造的房屋能否分割；2. 讼争房屋财产权利属周某某与王某滨夫妻存续期间共同所有还是属三被告（上诉人）共有；3. 该房屋及装修应如何分割、补偿。

【法院裁判要旨】

一审法院认为，本案系因周某某与王某滨离婚时未对讼争房屋权利进行分割而引起分家析产的纠纷。讼争房屋无不动产产权证明，土地为集体所有，故不宜对房屋所有权做出处理，根据本案具体情况处理使用权。讼争房屋由王某滨与村委会签订交房装修及入住协议，并与周某某在婚姻存续期间共同使用，表现为夫妻共同财产权利，但其中60平方米来源于三被告各自分配取得的20平方米，对其他39.91平方米面积来源及出资，结合王某滨在离婚诉讼中的自认可以确认系由周某某与王某滨出资购买，本院确认讼争房屋使用权为周某某和王某滨、唐某某、王某军按份共有，其中周某某与王某滨基于夫妻关系共占60%，即60（实际为59.91）平方米面积，唐某某、王某军各占20%，即20平方米面积。现三被告对房屋权利的共有基础依然存在，在分割时仍可共同享有权利，但周某某与王某滨已离婚，共有关系基础不存在，可以依照婚姻法相关规定对二人共有份额进行分割。因讼争房屋系农村集体经济组织提供给本集体成员享有，具有较强的人身属性，故双方讼争房屋使用权60%的份额归王某滨享有为宜，王某滨应当给予周某某一半补偿款。综上所述，周某某诉请确认讼争房屋系夫妻共同财产，与查明事实不符，本院不予支持；诉请房屋归王某滨所有，因该房屋无产权且存在共有关系，本院不予支持；诉请王某滨支付补偿款，有事实和法律依据，本院予以支持，补偿款数额依法计算；诉请王某滨支付房屋装修补偿款，提交证据不充分，不予支持。

二审法院同意一审法院裁判意见。

一审裁判结果：

一、西宁市城东区南山东路121号2号楼1单元××室房屋，由被告王某滨、唐某某、王某军共同居住使用，其中被告唐某某、王某军各享有20%即20平方米面积的使用份额，被告王某滨享有60%即59.91平方米面积的使用份额；

二、被告王某滨于判决书生效后十日内给付原告周某某补偿款107838元；

三、驳回原告周某某的其他诉讼请求。

二审裁判结果：

驳回上诉，维持原判。

【法官后语】

本案审理实际上是周某某、王某滨与唐某某、王某军分家析产纠纷+周某某、王某滨离婚后财产纠纷，综合本案中分家析产与离婚后财产纠纷的密切关联性，同时兼顾减轻当事人诉累，节约司法资源，促进案结事了，确定以分家析产纠纷为案由进行全面审理。

近年来，农村集体经济组织为建设新农村在集体土地上建造房屋并分配给本村村民居住的现象较为普遍，这类房屋虽然未取得产权证，但在村民间可以买卖，通常是家庭的主要财产，故应根据具体案情作出处理。本案根据《最高人民法院关于适用〈中华人民共和国婚姻法〉若干问题的解释（二）》第二十一条第一款“离婚时双方对尚未取得所有权或者尚未取得完全所有权的房屋有争议且协商不成的，人民法院不宜判决房屋所有权的归属，应当根据实际情况判决由当事人使用”的规定，对使用权作出处理，有利于解决当事人纠纷。若今后诉争房屋取得完全所有权，当事人可依据该条第二款“当事人就前款规定的房屋取得完全所有权后，有争议的，可以另行向人民法院提起诉讼”之规定取得救济。

本案中，对讼争房屋是夫妻共同财产还是家庭共有财产，一、二审法院系结合各当事人之间的法律关系、取得的原因、各当事人的出资以及对财产的实际使用状况等作出了综合判断，并结合三被告对房屋权利的共有基础依然存在、周某某与王某滨已离婚、讼争房屋系农村集体经济组织提供给本集体成员享有，具有较强的人身属性等情况，作出案涉房屋由三被告共同居住使用，被告王某滨按相应份额给予周某某补偿款的判决，合法、合情、合理。

编写人：青海省西宁市城东区人民法院　郑慧玲

九、继承纠纷

52

代书遗嘱中律师见证的效力认定

——赵某志等诉赵某基遗赠案

【案件基本信息】

1. 裁判书字号

广东省广州市中级人民法院（2018）粤01民终20101号民事判决书

2. 案由：遗赠纠纷

3. 当事人：

原告：赵某志、赵某宝、赵某正、赵某平

被告：赵某基

【基本案情】

广州市越秀区北京路341号房屋由赵某泰于1981年接受赵某祥赠与取得产权，登记在赵某泰一人名下。其配偶为梁某仪，二人均为香港永久性居民。梁某仪于2010年9月14日在香港死亡，赵某泰于2018年3月19日在香港死亡。被告赵某基为赵某泰和梁某仪唯一法定继承人。

四原告主张按赵某泰遗嘱接受遗赠，称赵某泰在广东贯虹律师事务所订立代书遗嘱一份，由黄敏彦律师代书，黄敏彦和陈柏念律师为见证人。代书遗嘱由《遗嘱书》《律师见证书》《谈话笔录》及身份证、房产证复印件组成。《遗嘱书》除写明房产赠与四原告继承外，还列明了四位受遗赠人应当履行的义务。落款“立遗嘱人：赵某泰”并于其上捺指模，落款时间为“2011年11月21日”，除“赵某泰”为手写外《遗嘱书》其他内容均为打印，无其他人签名。《律师见证书》内容为：“兹见证赵某泰［男，1932年出生，香港人，身份证号码：×××××××（×）］于2011年11月21日在本所黄敏彦、陈柏念律师面前，在前面的《遗嘱书》上签名、按捺指模。本见证书一式六份，赵某泰存五份，广东贯虹律师事务所存一份。”落款为“广东贯虹律师事务所见证律师：黄敏彦、陈柏念”，日期为“2011年11月21日”。除见证律师黄敏彦、陈柏念签名为手写外，其他内容均为打印，广东贯虹律师事务所盖章；《谈话笔录》主要内容是答话人表示委托问话人对其在遗嘱书上签名、按捺指模进行见证；了解答话人身份、精神状况、遗嘱内容以及是否为其真实意思表示等，落款为“答话人：赵某泰，问话人（见证律师）：黄敏彦、陈柏念”、落款日期为：“2011年11月21日”，除“赵某泰”“黄敏彦”“陈柏念”为手写签名外其他内容均为打印，广东贯虹律师事务所盖章。原、被告在庭审中均援引中华人民共和国内地继承法作为自己主张的法律依据。

【案件焦点】

由律师见证的遗嘱是否具有代书遗嘱的效力。

【法院裁判要旨】

一审法院认为：本案争议的焦点为赵某泰所立的代书遗嘱是否合法有效。首先，对于该遗嘱是否具有真实性，四原告提供了广东贯虹律师事务所作出的《见证书》及见证过程中拍摄的照片，被告虽然不予确认，但未提供相反的证据予以反驳，故应当认定四原告提供的赵某泰《遗嘱书》确系其本人签名，内容为其本人真实意思。其次，赵某泰的代书遗嘱是否符合法律规定的形式要件。原、被告双方均援引中华人民共和国内地继承法作为本案处理依据，法院认定当事人已对本案法律适用作出选择，故对赵某泰的代书遗嘱效力依照《中华人民共和国继承法》的规定进行认定。《中华人民共和国继承法》第十七条第三款规定，代书遗嘱应当有两个以上见证人在场见证，由其中一人代书，注明年、月、日，并由代书人、其他见证人和遗嘱人签名。四原告所持赵某泰《遗嘱书》上只有赵某泰本人签名，并没有代书人和其他见证人的签名。结合《见证书》所附《律师见证书》和《谈话笔录》内容看，广东贯虹律师事务所黄敏彦、陈柏念律师对遗嘱进行见证并另外出具《律师见证书》，是基于律师事务所接受当事人委托办理的律师见证业务，该律师见证书不能替代代书人、见证人在代书遗嘱上的签名，因此该代书遗嘱不符合法定的形式要件，即便遗嘱内容确系赵某泰真实意思表示，也不能认定为有效。综上，四原告所持赵某泰代书遗嘱无效。一审法院判决驳回原告的诉讼请求。

二审法院同意一审法院裁判意见，并认为对于涉案《谈话笔录》是否可认定为代书遗嘱的问题，《谈话笔录》虽然有遗嘱人赵某泰及该笔录代书人、见证人的签名，对遗嘱内容也有所涉及，但笔录中问话人仅询问了赵某泰遗嘱的主要内容而非全部、完整内容，上诉人承认赵某泰遗嘱内容除处分房产外，还有其他各种附加条件，可见《谈话笔录》并非独立存在的有效遗嘱。故上诉人要求认定《谈话笔录》为代书遗嘱的意见不予采纳。终审法院判决：驳回上诉，维持原判。

【法官后语】

本案争议的焦点为原告提交的遗嘱中律师所做的见证是否符合《中华人民共和国继承法》对代书遗嘱见证人的要求。

原告提交的《律师见证书》记载："兹见证赵某泰（……）于 2011 年 11 月 21 日在本所黄敏彦、陈柏念律师面前，在前面的《遗嘱书》上签名、按捺指模。"即两位律师明确表示见证的是立遗嘱人签名和按捺指模的行为，代表律师仅确认《遗嘱书》上"赵某泰"的签名是由赵某泰本人所写。

《中华人民共和国继承法》第十七条第三款规定："代书遗嘱应当有两个以上见证人在场见证，由其中一人代书，注明年、月、日，并由代书人、其他见证人和遗嘱人签名。"即见证应当是"有两个以上见证人在场见证，由其中一人代书"，是对订立遗嘱全程的见证，具有时间和空间的高度一致性。"见证人"仅见证了遗嘱订立过程中的某一个片段，或者订立遗嘱时并未在现场，而是事后听他人转述订立遗嘱的过程并补签名字的，不属于《中华人民共和国继承法》规定的代书遗嘱必备的见证人。

司法实践中，聘请律师对所立的遗嘱进行见证是很多人的选择。但要使律师的见证行为达到《中华人民共和国继承法》规定的见证的效力，却必须严格区分律师是作为代书遗嘱见证人的身份对订立遗嘱的全过程进行见证，还是仅作为办理一项律师见证业务对遗嘱人签名的过程进行见证。本案中，律师的见证正是司法实践中绝大多数律师在遗嘱见证业务中所采取的见证方式，即律师向委托人收取一定的见证费用，见证委托人在文书上的签名的真实性。这种见证行为的前提条件是律师作为法律服务提供者的身份。然而律师作为代书遗嘱的见证人，却并不需要其为立遗嘱人提供特殊的法律服务，如指导立遗嘱人组织语言，甚至直接替立遗嘱人订立遗嘱。其最应当做的是抛开律师的身份，做一个客观事实的记录者，如实记录立遗嘱人的真实意思表示，见证订立遗嘱的完整过程。这才符合《中华人民共和国继承法》意义上代书遗嘱对“代书人”和“见证人”的要求。

编写人：广东省广州市越秀区人民法院　张霞　葛佳茗

53

打印遗嘱是否具有法律效力

——张某华诉朱某林、朱某妹遗赠扶养协议案

【案件基本信息】

1. 裁判书字号

江苏省无锡市中级人民法院（2018）苏02民终400号民事判决书

2. 案由：遗赠扶养协议纠纷

3. 当事人：

原告：张某华

被告：朱某林、朱某妹

【基本案情】

无锡市翠园新村49号1××室房屋登记在朱某根名下。朱某江（于1989年10月27日去世）与范某英（于1998年4月5日去世）系夫妻，两人共育有朱某根、朱某林、朱某妹、朱某宝、朱某保五个子女。朱某根于2017年2月11日去世。朱某根独子朱国全于1981年去世。朱某根去世前，婚姻状况为离婚。朱某宝、朱某保均先于朱某根去世。

朱某根生前立下《遗赠》1份，内容为：“兹有朱某根特请张某华到我家，24

小时服务照顾。我今年80岁，在今年9月自己不小心在家把腰跌伤至骨折，再加上年纪大，骨头老化，腰间盘变形弯曲，全身痛得不能动，晚上小便都不能起床，走路都不能走。在身体有病期间，一直由张某华日夜照顾服侍我，因我拿低保、又要看病，无能力支付张某华每月几千元的工资，同时我与张某华协商，她每月有两千多元的退休工资，每月支付给朱某根壹仟元生活。张某华也同意。因为我们都是信耶稣的，张某华愿意照顾朱某根到死。我朱某根愿意把翠园新村49号1××室单间在我死后赠送给张某华。因为我无妻子、无子女、是孤老。我对张某华的照顾很满意，放心。张某华冬天晚上不怕冷，天天24小时照顾服侍我，不怕烦恼，耐性好。我从心里万分感激。同时说明：我把我的房子送给张某华，与弟弟朱某林无关，与妹妹朱某妹无关。因为翠园新村单间的产权是我朱某根个人的，任何人无权干涉。在我生病期间弟弟朱某林、妹妹朱某妹没有来照顾我一天，看都没有看过。我几次在死亡线上都是由张某华救回我的性命，并给我支付医疗费用。现我把房屋财产赠送给张某华，以表示对张某华深切的感恩和谢意。”上述书面材料内容均系打印，落款处有“朱某根亲手写”字样，并捺有手印及盖有“朱某根”私印。落款处的日期为2016年12月21日，该日期系由张某华书写。

2017年2月12日，张某华出具《声明书》，表示接受朱某根于2016年12月21日所书写的遗赠，接受无锡市翠园新村49号1××室房屋。

被告朱某林、朱某妹辩称，张某华认为其提供的《遗赠》是遗赠扶养协议，但该协议只是单方行为，没有张某华的签字，不符合协议的要件。即使该遗赠是遗赠扶养协议，张某华也没有尽到遗赠扶养协议约定的义务和法定的义务，生养死葬是遗赠扶养的核心，生的时候张某华没有养的能力，死的时候张某华没有葬的能力，不应认定为遗赠扶养协议，要求驳回张某华的诉讼请求。

【案件焦点】

1. 打印遗嘱是否具有法律效力；2. 遗赠扶养协议与遗赠的区分。

【法院裁判要旨】

无锡市梁溪区人民法院经审理认为：遗赠扶养协议是指遗赠人与扶养人签订的，遗赠人的全部或部分财产在其死亡后按协议规定转移给扶养人所有，扶养人承担对遗赠人生养死葬义务的协议。因此，遗赠扶养协议属于一种特殊的合同关系，在遗赠扶养协议中，扶养人享有接受遗赠的权利，同时承担负责被扶养人生养死葬义务；遗赠人承担将遗产遗赠给扶养人义务，同时享有接受扶养人扶养的权利。本案中，朱某根所写的《遗赠》，从形式上来看，落款处仅有朱某根的签名和盖章，落款日期是张某华代签，张某华本人并未在《遗赠》上签名，并不符合合同的法律形式要件。从内容上看，《遗赠》的内容都是朱某根单方面的意思表示，且所载明的内容都是在该遗赠形成之前，张某华对朱某根的照顾情况，对《遗赠》形成之后，张某华对朱某根所应尽的生养死葬义务，朱某根享有的权利都没有明确的约定，不能体现出朱某根与张某华就遗赠扶养一事达成合意。因此该份《遗赠》无论是形式上还是内容上都不符合遗赠扶养协议的构成要件，且《遗赠》形成之后，至朱某根去世仅有 2 个月不到的时间，张某华也确认朱某根去世后，丧葬费等都是由朱某林、朱某妹出资，在张某华未能提供充分证据证明其对朱某根尽到了生养死葬义务情况下，朱某根立下的《遗赠》不应认定为遗赠扶养协议。

公民可以立遗嘱将个人财产赠给国家、集体或者法定继承人以外的人。自书遗嘱由遗嘱人亲笔书写，签名，注明年、月、日。代书遗嘱应当有两个以上见证人在场见证，由其中一人代书，注明年、月、日，并由代书人、其他见证人和遗嘱人签名。朱某根所写的《遗赠》落款时间并不是朱某根本人所写，内容也是他人进行打印，并没有两个以上见证人签字，不符合继承法关于自书或代书遗嘱形式的规定，不应认定为遗嘱。故朱某根立下的《遗赠》既不属于遗赠扶养协议又不属于遗嘱，现张某华依据该遗赠主张无锡市翠园新村 49 号 1 × ×室房屋所有权，无事实与法律依据，本院不予支持。

无锡市梁溪区人民法院依照《中华人民共和国继承法》第二条、第五条、第十六条、第十七条、第三十一条之规定，作出如下判决：

驳回张某华的全部诉讼请求。

一审判决后，张某华提起上诉。无锡市中级人民法院经审理认为：遗赠是遗嘱人以遗嘱的方式将其个人财产的一部分或全部，在死亡后赠与国家、集体及法定继承人以外的人，遗赠是单方民事法律行为，须以遗嘱方式进行，也即只有在遗嘱有效的前提下，遗赠才能成立。本案中，《遗赠》系打印形成，根据朱某根的自身情况，其不具备操作电脑打印的能力，而是他人代为完成，因此，如《遗赠》具有遗嘱的性质，也应当属于代书遗嘱。根据法律规定，代书遗嘱应当有两个以上见证人在场见证，由其中一人代书，注明年、月、日，并由代书人、其他见证人和遗嘱人签名。而《遗赠》仅有朱某根签名，没有代书人及其他见证人签名，况且时间是由张某华填写，其也并非在场见证人，故该遗赠不符合代书遗嘱的构成要件，不具有法律效力。

遗赠扶养协议是公民与扶养人订立的，有扶养人承担该公民生养死葬义务、享有受遗赠的权利的协议。遗赠扶养协议是双方的法律行为，具有双务合同性质，扶养人的权利必须在其履行协议约定的扶养义务并在受扶养人死亡时才能实现，遗赠扶养协议是生前生效行为与死后生效行为的结合。由于遗赠扶养协议具有双务性，协议本身就是遗赠人与扶养人就扶养、遗赠的相关事宜达成合意的一种书面表示，《中华人民共和国继承法》中关于"受遗赠人应当在知道受遗赠后两个月内作出接受或放弃受遗赠的明确的意思表示"的规定，并不适用于遗赠扶养协议。本案中的《遗赠》仅有朱某根单方签名，张某华并未作为协议另一方签字，如《遗赠》作为遗赠扶养协议，则直至朱某根死亡时未经张某华签字确认，协议并未成立。张某华在朱某根死亡后，以《遗赠》为由提出接受遗赠显然也不符合遗赠扶养协议的规定。综上，《遗赠》既不属于有效的遗赠，也不属于遗赠扶养协议，不具有法律效力，张某华据此主张权利缺乏依据，本院不予支持。一审判决正确，依法应予维持。无锡市中级人民法院依照《中华人民共和国民事诉讼法》第一百七十条第一款第一项之规定作出如下判决：

驳回上诉，维持原判。

【法官后语】

根据我国继承法第十七条规定，遗嘱的形式分别为公证遗嘱、自书遗嘱、代书遗嘱、录音遗嘱、口头遗嘱。但是近些年来，出现了一些新的遗嘱形式，最常见的就是打印遗嘱。打印相对于手写更加方便、快捷、清楚。打印形式的遗嘱效力如何认定，应当根据案件的实际情况进行认定，不能一概而论。

本案中，一审法院及二审法院并没有仅仅因为该遗嘱为打印形式就认定其不符合"亲笔书写"的形式要件，从而认定该遗嘱无效，而是结合案件实际情况，认为考虑到被继承人的自身情况并不具备操作电脑能力，由他人代为完成，因此即便《遗赠》具有遗嘱的性质，也应当属于代书遗嘱。该遗赠上并无两人以上见证人在场见证，且时间由张某华填写，故该遗赠不符合代书遗嘱的构成要件，不具有法律效力。

对于遗嘱的效力，应当综合考虑案情，灵活结合双方提供的证据，尽可能还原被继承人订立遗嘱时的情形。如果坚持严格的遗嘱要式性，立遗嘱人的遗嘱自由很大程度上被削弱，这与立遗嘱人的初衷相悖。应当以更开放理性的态度对待打印遗嘱。

关于遗赠与遗赠扶养协议的主要区分在于：（1）遗赠扶养协议是双方法律行为，而遗赠是单方法律行为，遗赠扶养协议采用合同形式，而遗赠的意思表示采用遗嘱形式；（2）遗赠扶养协议是死后生效行为与生前生效行为的结合，而遗赠属于死后生效的行为；（3）遗赠扶养协议属于有偿的行为，具有双务合同性质，遗赠是无偿的行为。本案中《遗赠》仅有朱某根单方签名，张某华并未作为协议另一方签字确认，故协议并未成立。所以本案中《遗赠》既不属于有效的遗赠，也不属于遗赠扶养协议。

编写人：无锡市梁溪区人民法院　丁舟扬

54

夫妻一方放弃对子女遗产的继承，遗产权属如何认定问题

——齐某帝诉穆某亮遗嘱继承案

【案件基本信息】

1. 裁判书字号

北京市第三中级人民法院（2018）京03民终13348号民事判决书

2. 案由：遗嘱继承纠纷

3. 当事人

原告（被上诉人）：齐某帝

被告（上诉人）：穆某亮

【基本案情】

原告齐某帝与齐某芝系姐弟关系。1993年11月13日，被告穆某亮与齐某芝登

记结婚，双方均系再婚，婚后未生育子女。穆某亮与前妻育有两名子女，齐某芝与前夫育有一女张某，至穆某亮与齐某芝再婚时，穆某亮子女均已成年，张某年满15周岁，与穆某亮、齐某芝共同生活。2015年2月17日张某去世。2016年12月26日齐某芝去世。齐某芝之父母均先于齐某芝死亡。

齐某芝曾于2015年4月28日向北京市方圆公证处申请办理继承张某遗产的公证。同日，穆某亮书写声明书一份，明确表示对其继子女张某去世后遗留的坐落于北京市密云县××南区×号楼×单元102号，北京市朝阳区××苑×号楼×门601号的房产两套，指南者1J4NF4××型小型越野客车一辆，自愿全部放弃继承权。2015年8月3日，北京市方圆公证处分别作出（2015）京方圆内民证字第03472号、03473号、03474号公证书，其上写明与张某形成抚养关系的继父穆某亮表示自愿放弃张某遗产的继承权，故张某的遗产由其母亲齐某芝继承。后上述遗产均变更登记在齐某芝名下，房产共有情况为单独所有。

2016年1月21日，齐某芝立下《遗嘱》，写明上述两套房产及指南者越野车均由其弟弟齐某帝继承。现齐某帝要求上述两套房产及指南者越野车归其所有。穆某亮不认可该遗嘱，后经鉴定该遗嘱系齐某芝本人书写。穆某亮主张密云区1××号房屋系其与齐某芝的夫妻共同财产，齐某芝在未向其告知的情况下将房屋过户给张某；朝阳区6××号房屋及指南者越野车其虽未出资，但其与张某系形成抚养关系的继父女关系，亦属于继承人之一。张某去世后，其为了照顾齐某芝的情绪及日后方便打理，故放弃继承，全部登记在齐某芝名下，但即使其放弃继承张某的遗产，本案诉争的房屋和车辆亦系齐某芝在婚姻关系存续期间取得，就应当是其与齐某芝的共同财产。

另，穆某亮和齐某芝曾签订协议书一份，约定因购买密云区1××号房屋是由齐某芝出资的，该房产权仍登记在齐某芝名下，穆某亮仅有居住权，没有所有权。穆某亮认可该协议系其签订，但主张其对该房屋曾出资3万元，对此并未提交相关证据。

【案件焦点】

穆某亮放弃对张某遗产的继承权，能否认定穆某亮与齐某芝达成约定，从张某处继承的遗产系齐某芝个人财产。

【法院裁判要旨】

北京市密云区人民法院经审理认为：张某去世后未留有遗嘱，其遗产在未实际分割之前，应为全体继承人共同共有。张某去世后，其遗产的法定继承人只有齐某芝和穆某亮二人，且二人系夫妻关系。在遗产分割时，穆某亮在声明中明确表示对于张某所有的遗产，其自愿全部放弃继承权，故张某的遗产由齐某芝一人继承，应属齐某芝的个人财产。齐某芝所书写的遗嘱符合《中华人民共和国继承法》规定的自书遗嘱的形式要件。且根据现有证据，可认定该遗嘱系齐某芝真实意思表示，且遗嘱所处分的财产系其死亡时遗留的个人合法财产，故该遗嘱系有效遗嘱。齐某芝在遗嘱中明确表示本案诉争的房屋、车辆由原告继承，故对于原告要求继承上述遗产之诉讼请求，理由正当、于法有据，本院予以支持。北京市密云区人民法院依据《中华人民共和国继承法》第三条、第五条、第十六条、第十七条之规定，作出如下判决：

一、坐落于朝阳区××苑×号楼×门601房屋归原告齐某帝继承；

二、坐落于密云县××南区×号楼×单元102房屋归原告齐某帝继承；

三、指南者1J4NF4××型小型越野客车一辆归原告齐某帝继承。

穆某亮不服一审判决，提出上诉。北京市第三中级人民法院经审理认为：办理张某遗产的继承公证过程中，穆某亮出具的声明书写明放弃对张某遗产的全部继承权，继承公证文书中载明张某遗产由其母亲齐某芝一人继承，随后涉案房屋及车辆均登记在齐某芝名下且房屋共有情况载明齐某芝单独所有，结合上述遗产处理过程及所涉文书内容，以及后续财产权属的登记情况，按一般人的通常理解，系属穆某亮、齐某芝对于张某遗产由齐某芝一人继承所有达成合意。齐某芝与穆某亮再婚时，张某已年满15周岁，穆某亮对其抚养教育时间不长张某即已成年。且张某名下的遗产，无证据表明上述财产来源与穆某亮具有关联。再者，如采纳穆某亮的主张，其放弃声明放弃的仅为作为张某继承人的继承权，而非齐某芝所继承所得财产的权属，考虑到张某仅有穆某亮、齐某芝两位继承人，则与穆某亮不放弃继承所达到的法律后果并无二致，其上述放弃遗产的声明并无存在的必要，显然与双方进行继承公证的初衷不符。穆某亮在声明书中虽未明确写明放弃对齐某芝所继承遗产的权利，但考虑到双方年龄、职业及教育背景，均非具有法律知识的专业人员，其字面表述上虽不完善，不足以否定双方的真实意思。故北京市第三中级人民法院依照《中华人民共和国民事诉讼法》第一百七十条第一款第一项之规定，作出如下判决：

驳回上诉，维持原判。

【法官后语】

本案有两种观点。第一种观点认为：在穆某亮书写的声明书及齐某芝与穆某亮办理的公证书中，穆某亮均明确表示，仅放弃对张某遗产的继承权，根据字面意思，穆某亮放弃的仅仅是作为张某继承人的继承权。放弃的这部分遗产由齐某芝继承后，依据法律规定，齐某芝在婚姻关系存续期间继承的遗产应属于夫妻共同财产。齐某芝去世后，穆某亮并未放弃对齐某芝遗产的继承权，故齐某芝的遗嘱处分了属于穆某亮的财产。另一种观点则是本案的观点，认为穆某亮自愿放弃对张某遗产的继承权，应视为穆某亮、齐某芝对于张某遗产由齐某芝一人继承所有已经达成合意。

《中华人民共和国婚姻法》第十七条规定，对于婚姻关系存续期间，夫妻一方因继承或赠与所得的财产归夫妻共同所有。但是，对于夫妻双方继承子女遗产时，如果其中一方放弃了继承权，那么另一方继承的遗产究竟系个人财产还是依据婚姻法的规定转化为夫妻共同财产，法律对此并无明确规定。面对没有具体法条规定的案件，法官不能机械地固守法律、法规的字面含义，僵化刻板地理解、适用法律，而是要综合分析双方当事人陈述及证据材料，还原案件事实，判决结果要考虑社会价值的倡导，要为社会树立行为标准，实现真正的公平正义。

本案中，如果按照第一种观点判决，实际上造成了穆某亮与齐某芝的继承公证手续毫无意义，这显然违背了齐某芝办理公证手续的初衷，也与日常生活逻辑不符。并且因穆某亮与张某建立抚养关系仅三年时间，张某的遗产穆某亮亦无任何贡献，如仅依据婚姻关系穆某亮便享有二分之一的遗产份额，对齐某芝亦不公平，如形成判例，也不具有正面、良好的示范效应。故本案从齐某芝与穆某亮签订的协议书入手，分析出穆某亮与齐某芝属于再婚，经济上处于相对独立的状态，这就能理解双方在继承张某遗产时选择公证的真正目的——厘清财产权属。从日常逻辑推理，公证时穆某亮应该是知悉齐某芝的真实意愿是张某的遗产由其个人继承且作为个人财产而非夫妻共同财产，穆某亮依然出具了放弃张某遗产继承权的声明书并办理了公证手续，这表示穆某亮对张某遗产归齐某芝个人所有是同意的，且穆某亮辩解出具该声明是为了照顾齐某芝的情绪，更从侧面印证了齐某芝的真实意思。穆某亮在声明书中虽未明确写明放弃对齐某芝所继承遗产的权利，但穆某亮、齐某芝作为非法律人士，法院对其书写的内容不能过于苛责，仅从字面意思进行解读是不恰当的，而要结合当事人的行为还原文字背后的真正含义。本案的判决结果充分尊重了当事人的意愿，实现了真正的公平正义。

编写人：北京市密云区人民法院　张东冉

55

“有利害关系的人”在遗嘱继承案件中的适用

——杨某诉徐某等人遗赠案

【案件基本信息】

1. 裁判书字号

北京市第一中级人民法院（2018）京 01 民终 8637 号民事判决书

2. 案由：遗赠纠纷

3. 当事人

原告（上诉人）：杨某

被告（被上诉人）：徐某、杨某一、杨某二、杨某三、张某、杨某四

【基本案情】

葛某和汪某于 1986 年结婚，婚后未生育子女。葛某与前妻杨某五生育三个子女，分别为杨某二、杨某三、杨某六。张某系杨某六之妻，二人生育一女杨某四。汪某与前夫徐某一生育一子徐某。葛某父母均已去世，汪某父亲汪某一于 1991 年去世，母亲杨某一在世。

葛某原系中国人民大学职工，于 1996 年申请购买涉案房屋，按 1997 年成本价购得涉案房屋，使用了葛某 43 年工龄。审理中，中国人民大学资产与后勤管理处出具

证明，称涉案房屋所有权正在办理中，尚未发放，该房屋可以继承，不可上市交易。2014年，葛某立下代书遗嘱，内容如下：我今年82岁，在立遗嘱时精神清醒……订立如下遗嘱。由于我握笔困难，找高某代我起草本遗嘱，并由杨某为本遗嘱的执行人。1. 将中国人民大学分配给我居住的位于中国人民大学校内，静园某楼，某单元某号一栋房产由爱人汪某居住，并由孙子杨某照顾生活，待爱人汪某去世后，最终由我孙子杨某继承。其他人不享有继承该房产的权利。2. 除上述房产外，我其余的财产按国家有关法律进行处理。3. 由于我的次子杨某六未经我允许，变卖了位于北京市顺义区高丽营镇七村本应属于我的部分平房、住宅，以及二十多年以来，从未对我进行赡养等一系列行为，我决定我的次子杨某六不可以继承我的任何财产。4. 本遗嘱正本两份，一份由我保存，另一份由我孙子杨某保存，另有三份复印件分别由代书人和两名遗嘱见证人保存。立遗嘱人：葛某2014.10.26；代书人：高某2014.10.26，见证人：陈某2014.10.26，聂某2014.10.26。立遗嘱时高某、陈某、聂某、汪某、杨某在场。高某系杨某的姑姑，聂某系杨某的高中同学，陈某系杨某的大学同学。

2016年1月，葛某去世。2016年2月，杨某六去世。2016年8月，汪某去世。

杨某请求判令诉争房屋归其所有。徐某、杨某一、张某、杨某四称遗嘱不符合法定形式，代书人高某是受遗嘱人杨某的姑姑，见证人聂某与陈某是受遗嘱人杨某的同学，遗嘱应为无效。

【案件焦点】

葛某所立代书遗嘱是否合法有效。

【法院裁判要旨】

北京市海淀区人民法院经审理认为：葛某所立代书遗嘱系由高某代书，由陈某和聂某在场见证。高某系杨某的姑姑，聂某系杨某的高中同学，陈某系杨某的大学同学。上述三人均系受遗赠人杨某有利害关系的人，不能作为遗嘱见证人。葛某所立代书遗嘱不符合继承法规定的形式要件，遗嘱应为无效。判决驳回杨某的诉讼请求。

杨某不服原审判决，提起上诉。北京市第一中级人民法院经审理认为：本案争议焦点为诉争遗嘱是否合法有效，就本案而言包含两方面内容。其一，诉争遗嘱的见证人是否属于与杨某有利害关系的人。根据《中华人民共和国继承法》第十八条及《最高人民法院关于贯彻执行〈中华人民共和国继承法〉若干问题的意见》第三十六条规定可以看出，“有利害关系的人”在我国民法领域通常分为两类：一是继承人或受遗赠人的近亲属，包括配偶、子女、兄弟姐妹、祖父母、外祖父母、孙子女、外孙子女；二是与继承人、受遗赠人有民事债权债务关系的人，二者具有较高的经济依存度及关联性。本案中代书人高某系杨某与杨某四的姑姑，与徐某、张某亦属亲戚关系，即高某与本案中的各方当事人均存在一定的亲属关系，并非只与杨某存在亲属关系，故无法认定高某与本案中当事人的某一方存在利害关系，高某不应认定为继承法规定的有利害关系的人。见证人聂某系杨某的高中同学，陈某系杨某的大学同学，但“同学”的范围较为广泛，且未有证据证明其与受遗赠人杨某存在民事债权债务等关系，故聂某、陈某不应认定为继承法规定的有利害关系的人。一审法院认为上述三人均系受遗赠人杨某有利害关系的人，不能作为遗嘱见证人，缺乏法律依据，本院不予认定。其二，诉争遗嘱是否系被继承人葛某的真实意思表示。本案中除代书遗嘱外，杨某另提交了录像、照片资料对订立遗嘱时的情形进行了还原。录像中被继承人葛某思维清晰、意识清楚、行动较为灵活，见证人向其朗读遗嘱内容，被继承人葛某表示认可。录像同时记录了被继承人葛某在代书遗嘱上签字的经过，该签字亦真实有效，故诉争遗嘱应视为葛某真实意思表示。综上，诉争遗嘱合法有效，本院对杨某提交的被继承人葛某的代书遗嘱效力予以认定。徐某提交杨某一放弃继承权声明书。综上，判决：

一、撤销北京市海淀区人民法院（2017）京 0108 民初 22201 号民事判决；

二、位于北京市海淀区某路某号人民大学静园某号楼某号房屋上的权益由杨某与徐某各享有百分之五十份额；

三、驳回杨某、徐某、杨某一、杨某二、杨某三、张某、杨某四的其他诉讼请求；

四、驳回杨某的其他上诉请求。

【法官后语】

我国继承法规定了遗嘱的多种形式，除自书遗嘱外，代书、录音和口头遗嘱需要有两个以上的见证人在场见证。遗嘱见证人除须具备完全民事行为能力外，继承人、受遗赠人以及与继承人、受遗赠人有利害关系的人不能作为见证人。根据常理，与被继承人或继承人、受遗赠人完全无关、不认识的人通常不会作为遗嘱的见证人，见证人必然与被继承人或继承人、受遗赠人相识，且多与当事人有亲属、邻居、朋友等关系，但其中哪些人应认定为“有利害关系的人”，我国法律目前并无明确的判断标准，审判实践中的处理结果也各异。笔者结合本案试从与遗嘱见证人“有利害关系的人”的范围界定及具体适用两方面对此问题加以分析。

一、“有利害关系的人”的范围界定

关于“利害关系”，在《中华人民共和国继承法》和《最高人民法院关于贯彻执行〈中华人民共和国继承法〉若干问题的意见》仅有两个法律条文有所提及。继承法第十八条规定：下列人员不能作为遗嘱见证人：（一）无行为能力人、限制行为能力人；（二）继承人、受遗赠人；（三）与继承人、受遗赠人有利害关系的人。《最高人民法院关于贯彻执行〈中华人民共和国继承法〉若干问题的意见》第三十六条规定：继承人、受遗赠人的债权人、债务人、共同经营的合伙人，也应当视为与继承人、受遗赠人有利害关系，不能作为遗嘱的见证人。一般认为，利害关系指兼具情感利益和经济利益的亲属关系和纯经济上的利害关系①。具体而言，“有利害关系的人”在我国民法领域通常分为两类：一是继承人或受遗赠人的近亲属，包括配偶、子女、兄弟姐妹、祖父母、外祖父母、孙子女、外孙子女；二是与继承人、受遗赠人有民事债权债务关系的人，二者具有较高的经济依存度及关联性。

然而根据《中华人民共和国继承法》第十条规定的法定继承人范围和第十一条、第十二条关于代位继承和丧偶儿媳、女婿继承权的规定，在限定亲属关系仅仅为近亲属关系的情况下，不能作为遗嘱见证人的亲属范围亦极为广泛。这在当前对遗嘱形式要求德愈加严格的情况下极可能导致见证人身份不适格，进而影响遗嘱效力。梁慧星的《继承法立法建议稿》第一千八百七十三条规定不能作为见证人的是“继承人、受遗赠人及其配偶或者其他直系血亲”②。因此，在对与继承人、受遗赠人“有利害关系的人”进行认定时只宜排除有较强利害关系者，其中包括一定范围内的近亲属关系、较大的经济利益关系、一定情况下的同居关系。至于同学关系、战友

① 梁分、梁小红：《完善遗嘱见证人制度的几点思考》，载《西南石油大学学报（社会科学版）》第21卷第1期。

② 梁慧星：《中国民法典草案建议稿附理由：继承编》，法律出版社2004年版。

关系、职业上下级关系等若不满足上述条件不宜作为“有利害关系的人”进行排除。

本案中代书人高某与双方均有亲属关系，故不宜认定为仅与某一方存在利害关系。两位见证人系受遗赠人杨某的同学，未有证据证明其与受遗赠人杨某存在较强的经济利益关系，故两位见证人也不宜认定为继承法规定的“有利害关系的人”。

二、“有利害关系的人”的具体适用

在界定“有利害关系的人”范围后，对“有利害关系的人”的认定宜结合具体案件情况，综合考虑被继承人的真实意思表示作出认定。

一方面，尽力还原被继承人立遗嘱时的真实情况。可结合当事人提交的录音录像、见证人的证人证言、立遗嘱时在场人员的陈述等证据具体分析被继承人立遗嘱时的身体状况，是否具备立遗嘱的行为能力、是否知晓遗嘱的具体内容、是否有继承人或受遗赠人在场、是否有见证人全程在场见证、是否做出同意或否认的意思表示等，尽可能地还原立遗嘱时的真实情况。

另一方面，积极探求被继承人立遗嘱时的真实意思表示。可结合当事人所提交证据对被继承人文化程度、被继承人生前与继承人、受遗赠人的关系状况、被继承人生前居住状况、被继承人生前受赡养或抚养状况、继承人或受遗赠人有无残疾或丧失劳动能力、缺乏收入来源状况、其他继承人之前是否已从被继承人处取得利益等情况综合分析，探求被继承人所立遗嘱是否与上述情况相吻合，是否与上述情况有较为明显的出入。

本案中结合杨某提交的录像、照片资料，可以对被继承人立遗嘱时的状况进行还原，同时考虑受遗赠人杨某一家对被继承人生前尽了较多的赡养义务，被继承人将房屋遗赠给杨某符合常理，故可以认定本案遗嘱系被继承人的真实意思表示，本案两位见证人亦可认定具备遗嘱见证资格，不宜认定为与受遗赠人“有利害关系的人”。

编写人：北京市第一中级人民法院　方硕　刘福春

56

同一顺位的继承人之间继承份额的划分

——胡某萍诉胡某荣、胡某海法定继承案

【案件基本信息】

1. 裁判书字号

北京市第一中级人民法院（2018）京01民终9613号民事判决书

2. 案由：法定继承纠纷

3. 当事人

原告（上诉人及被上诉人）：胡某萍

被告（上诉人及被上诉人）：胡某荣

被告（被上诉人）：胡某海

【基本案情】

胡某文与刘某福为夫妻关系，二人共育有六子二女，分别为胡某宏、胡某成、胡某山、胡某海、胡某洋、胡某兴、胡某萍、胡某荣。胡某文于1956年去世，刘某福于1999年去世。胡某宏于2016年去世，胡某山于2012年去世，胡某洋于2016年去世，胡某兴于1985年去世。胡某成于2017年7月26日去世。

2017年9月27日，北京市公安局平西府派出所在本院调查令回执上标注“胡某成……未婚；无户内成员”。

当事人一致认可在胡某成去世前胡某萍与胡某成共同居住生活在北京市昌平区平西府温泉花园××号楼××单元××号房屋（以下简称××号房屋），胡某成的身份证、医保卡、户口本、房屋所有权证及工资本均由胡某荣保管，胡某萍从胡某荣处支取生活费及医疗费等开销。胡某荣为胡某成支付护工费4600元。

2017年7月26日，胡某荣向北京池塘月色殡葬用品有限公司支付胡某成殡葬用品费用6900元。2017年7月28日，胡某荣向北京市通州区殡仪馆支付胡某成殡

葬事宜费用6410元。胡某荣表示自己与胡某海出资30000元为胡某成购买墓地及3000元购买墓碑，胡某萍认可相关材料的真实性，但表示墓地是由胡某成自己拆迁坟地的钱购买。

胡某成在中国邮政储蓄银行股份有限公司的账户在2017年6月9日“折现金取”支出12000元，在2017年7月1日“折现金取”支出10000元，在2017年9月21日“汇总压缩”存入10250.87元，在2017年12月21日“利息”存入9.82元，在2018年1月19日“折现金取”支出12962元，余额显示为0.54元。

2009年3月14日，胡某某向胡某成借款80000元，并承诺在2009年9月14日返还84000元。胡某某认可存在上述借款事项并尚未归还欠款。

经法庭询问，当事人一致同意对××号房屋分割份额。胡某萍表示自己对胡某成的丧葬事宜没有出资，胡某荣与胡某海表示胡某成的医疗费用及丧葬费用都是自己垫付，从胡某成的存折中取款也是用于上述费用。

【案件焦点】

继承人对被继承人尽扶养义务情况及各继承人应分得××号房屋的份额问题。

【法院裁判要旨】

北京市昌平区人民法院经审理认为：根据查明的事实，被继承人胡某成没有第一顺序继承人，故其遗产应由第二顺序继承人胡某海、胡某萍、胡某荣继承。

同一顺序继承人继承遗产的份额，一般应当均等。对被继承人尽了主要扶养义务或者与被继承人共同生活的继承人，分配遗产时，可以多分。当事人争议的焦点集中在胡某萍是“尽了主要扶养义务或者与被继承人共同生活的继承人”还是“虐待被继承人的继承人”。根据庭审查明的事实，胡某萍自2004年搬入××号房屋与胡某成同住，与胡某成相伴，承担做饭等家务，直至胡某成去世。在此期间，胡某成的生活由胡某萍陪伴照料，而其他兄弟姐妹们未与胡某成同住，亦未进行轮流照顾，综合全案情况考虑，可以认定胡某萍对胡某成尽了主要的扶养义务，根据法律规定，可以适当多分遗产。对于胡某海、胡某荣所称胡某萍不给胡某成喝水导致其死亡，其并未提交充分证据证明存在上述情况，现有证据亦无法认定胡某成的死亡与缺水之间存在必然的因果关系，故本院当事人的该部分意见不予采信。

北京市昌平区人民法院依据《中华人民共和国继承法》第二条、第三条、第五条、第七条、第十条、第十三条，《最高人民法院关于贯彻执行〈中华人民共和国继承法〉若干问题的意见》第三条之规定，作出如下判决：

一、位于北京市昌平区北七家镇温泉花园A区××号楼××单元××号房屋（房屋所有权证号：京房权证昌私字第××号）由原告胡某萍享有40%的份额，被告胡某海享有30%的份额，被告胡某荣享有30%的份额；

二、被继承人胡某成对胡某某的债权84000元，由原告胡某萍享有40%的份额，被告胡某海享有30%的份额，被告胡某荣享有30%的份额；

三、驳回原告胡某萍的其他诉讼请求；

四、驳回被告胡某海、胡某荣的其他诉讼请求。

胡某萍、胡某荣不服一审判决，提出上诉。北京市第一中级人民法院经审理认为：

驳回上诉，维持原判。

【法官后语】

本案的重点问题有二，其一为继承顺位的确定。《中华人民共和国继承法》第五条规定，继承开始后，按照法定继承办理；有遗嘱的，按照遗嘱继承或者遗赠办理；有遗赠扶养协议的，按照协议办理。本案中，根据查明的事实，胡某成并未留有遗嘱、遗赠或遗赠抚养协议，应按照法定继承处理。我国继承法规定，遗产按照下列顺序继承：第一顺序：配偶、子女、父母。第二顺序：兄弟姐妹、祖父母、外祖父母。继承开始后，由第一顺序继承人继承，第二顺序继承人不继承。没有第一顺序继承人继承的，由第二顺序继承人继承。本案中，被继承人胡某成之父母均先于其去世，其亦无配偶、子女，无第一顺序继承人，故其遗产依法应由其第二顺序继承人即其兄弟姐妹继承。继承开始后，继承人没有表示放弃继承，并于遗产分割前死亡的，其继承遗产的权利转移给他的合法继承人。现胡某宏、胡某山、胡某洋、胡某兴均先于胡某成去世，故胡某成遗产应由胡某海、胡某荣、胡某萍继承。

其二为确定各继承人应继承的份额。《中华人民共和国继承法》第十三条规定，同一顺序继承人继承遗产的份额，一般应当均等。对生活有特殊困难的缺乏劳动能力的继承人，分配遗产时，应当予以照顾。对被继承人尽了主要扶养义务或者与被继承人共同生活的继承人，分配遗产时，可以多分。本案中，当事人之间的争议焦点在于胡某萍、胡某海、胡某荣中谁对胡某成尽了主要扶养义务或者系与胡某成共同生活的继承人，因而可以适当多分。首先，“对被继承人尽了主要扶养义务”的认定，《最高人民法院关于贯彻执行〈中华人民共和国继承法〉若干问题的意见》（以下简称《意见》）第三十条规定，对被继承人生活提供了主要经济来源，或在劳务等方面给予了主要扶助的，应当认定其尽了主要赡养义务或主要扶养义务。可见，是否尽了主要扶养义务应从经济支持、生活照料与精神陪伴等多方面进行判定。具体到本案，胡某成的身份证、房屋所有权证及工资等由胡某荣保管，胡某萍自2004年搬入胡某成家中与其同住，从胡某荣处支取生活费用及医疗费等开销，而胡某海与胡某荣均未与胡某成同住，仅对其进行一定的探望。综合以上情况，本院认定胡某萍与胡某成共同生活并对其尽了主要抚养义务。具体理由为：第一，胡某成本人具备一定的经济收入，自身基本生活能够保障，而胡某萍、胡某海、胡某荣均未对胡某成提供经济支持。第二，胡某萍自2004年开始予胡某成同住，不管胡某成是否丧失了自理能力，做饭等生活事务由胡某萍承担，给与胡某成一定的生活上的照料。第三，胡某萍与胡某成相伴共同居住生活期间，给与胡某成必要的精神陪伴。综上，相对于胡某海、胡某荣，胡某萍更多给予胡某成生活上的支持和精神上的陪伴，应予以适当多分。同时，“与被继承人共同生活的继承人”的认定，《意见》第三十四条规定有扶养能力和扶养条件的继承人虽然与被继承人共同生活，但对需要扶养的被继承人不尽扶养义务，分配遗产时，可以少分或者不分。可见，与被继承人共同生活并不必然可以适当多分，其本质仍为与被继承人共同居住的继承人是否对被继承人尽到了主要的抚养义务，故应从继承人与被继承人共同生活中对被继承人是否尽到了《意见》第三十条规定的经济、劳务等方面的义务为判断因素。本案中，胡某萍自2004年开始予胡某成共同居住生活，而胡某海、胡某荣均未与胡某成同住，亦未进行轮流照顾，综合全案考虑，可以认定胡某萍与胡某成共同生活并尽了主要的扶养义务，因而予以适当多分，最终确定对于胡某成的遗产，胡某萍享有40%的份额、胡某荣与胡某海各享有30%的份额。

编写人：北京市昌平区人民法院　张俊

57

公民死亡后其生前单位发放的抚恤金是否属公民的遗产

——郑某珍诉王甲遗嘱继承案

【案件基本信息】

1. 裁判书字号

广西壮族自治区桂平市人民法院（2018）桂0881民初1275号民事判决书

2. 案由：遗嘱继承纠纷

3. 当事人

原告：郑某珍

被告：王甲

【基本案情】

被继承人王某砚生前是桂平市财政局职工，与其前妻生育有儿子王甲、王乙及女儿王丙三个子女。王某砚的前妻去世后，于2010年6月21日与原告登记结婚。婚后，王某砚于2014年4月23日在案外人黎某、刘某的见证下自书《遗嘱》一份，明确在其死亡后，其单位发放的抚恤金归原告所有。后王某砚于2018年2月10日去世，桂平市财政局向其亲属发放了抚恤金175967元（包括死亡一次性抚恤金157808元、困难补助金13159元、丧葬费5000元）。

【案件焦点】

王某砚于2014年4月23日立具的遗嘱是否合法、有效。

【法院裁判要旨】

广西壮族自治区桂平市人民法院经审理认为：《中华人民共和国继承法》第三条规定“遗产是公民死亡时遗留的个人合法财产”。公民可以立遗嘱将自己的财产给法定继承人或赠与他人，但抚恤金是国家机关、企事业单位、集体经济组织对死者家属或伤残职工发给的精神抚慰和经济，不是死者生前拥有的个人合法财产，不属于遗产范围，不能通过遗嘱的方式处分。王某砚自书的《遗嘱》，虽是其真实意思表示，但其在《遗嘱》中处理的抚恤金不属其遗产范围，其无权处分。

依照《中华人民共和国继承法》第三条，《中华人民共和国民事诉讼法》第六十四条第一款之规定，判决如下：

驳回原告郑某珍的诉讼请求。

【法官后语】

本案争议的焦点在于公民死亡后其生前单位发放的抚恤金是否属于公民的遗产，公民是否可以遗嘱的方式对其死亡后所获得的抚恤金予以分配。根据《中华人民共和国继承法》第三条规定，遗产是公民死亡时遗留的个人合法财产，包括：（一）公民的收入；（二）公民的房屋、储蓄和生活用品；（三）公民的林木、牲畜和家禽；（四）公民的文物、图书资料；（五）法律允许公民所有的生产资料；（六）公民的著作权、专利权中的财产权利；（七）公民的其他合法财产。综合本案证据，笔者认为本案中被继承人王某砚死亡后其家属所获得的抚恤金不属于王某砚的遗产，王某砚无权以遗嘱的方式进行分配。主要理由如下：

（1）抚恤金是国家发给死者亲属的费用，而遗产则是死者个人所有的于死亡后留下的财产。遗产可以是金钱，也可以是物，而抚恤金只能是金钱。

（2）发放抚恤金的目的，在于抚慰死者家属，而遗产继承，则是为了保护公民个人合法的财产权益，使死者生前的合法财产不至于因其死亡而消失。

（3）享受抚恤金待遇，必须是死者的直系亲属；而可以得到遗产的人，则除了直系亲属之外，还可以是其他人或者集体、国家。

编写人：广西壮族自治区桂平市人民法院　陈静珍

58

共同遗嘱的效力以及变更

——王丙诉王丁继承案

【案件基本信息】

1. 裁判书字号

北京市第三中级人民法院（2018）京03民终14658号民事判决书

2. 案由：继承纠纷

3. 当事人

原告（上诉人）：王丙

被告（被上诉人）：王丁

【基本案情】

王甲、王乙系夫妻，二人于1974年收养一子王丙，1979年收养一女王丁。北京市平谷区×镇×村29号院（以下简称29号院）内有北房七间、厢房三间、两间棚子系王甲与王乙二人所建。2010年王乙与王甲签订协议，写明："王乙、王甲关于二十九号房产的处理意见：二十九号房产有七间北房，三间厢房，两间棚子，在王乙、王甲百年之后（'在王乙、王甲百年之后'处画有一道横线，并摁有两个指印），归女儿王丁所有，由王丁处理。北房后有一尺2寸滴水。"后有王乙、王甲的签字及书写协议的日期。下部王丙写有"我同意把老家的房给小丁的意见。王丙2010年×月×日。"尾部写明"本件一式三份，老家、丁、丙各一份"，并加盖北京市平谷区×镇×村村民委员会的印章。2017年9月王乙因病去世。2017年10月王甲立下代书遗嘱，写明："立遗嘱人：王甲，为防止我故后，因遗产事宜发生纠纷，故立此遗嘱：我死亡之时遗留的属于我所有的合法财产全部由我的儿子王丙继承，其他（她）任何人不得继承我的财产。我的财产包括：坐落在29号北正房七间、西厢房三间、东边三间棚子等建筑物，属于我的财产份额和我继承丈夫王乙的财产份额及我去世时属于我的一切合法财产，全部由儿子王丙单独继承。王丙必须承担我生养死葬的义务，保障我的晚年生活。立遗嘱：王甲（右手中指指纹），见证人：王某平，代书人：刘某仲。2017 年 10 月 × 日。”2018 年王甲去世。现王丙提起诉讼，要求其继承王乙和王甲的遗产。王丁不同意王丙的诉讼请求。

王丁曾向北京市平谷区人民法院提起诉讼，要求依法确认 29 号院内房屋归其所有。北京市平谷区人民法院认为，因王丁无法证明将处理意见中的语句“在王乙、王甲百年之后”画掉系王乙、王甲对夫妻共同财产的先前共同处分行为的共同变更，故无法认定“在王乙、王甲百年之后”已作废，故判决驳回王丁的诉讼请求。二审维持一审判决。

王甲曾向北京市平谷区人民法院提出诉讼请求：要求 1. 解除王甲与王丁的收养关系；2. 王丁每月给付王甲生活费 3000 元。北京市平谷区人民法院判决：解除王甲与王丁的收养关系，并驳回王甲的其他诉讼请求。二审维持一审判决。

【案件焦点】

1. 王甲与王乙订立的共同遗嘱的效力；2. 王乙先去世，王甲对遗嘱的变更的效力。

【法院裁判要旨】

北京市平谷区人民法院经审理认为：公民可以立遗嘱将个人财产指定由法定继承人的一人或者数人继承。代书遗嘱应当有两个以上见证人在场见证，由其中一人代书，注明年、月、日，并由代书人、其他见证人和遗嘱人签名。遗嘱人可以撤销、变更自己所立的遗嘱。立有数份遗嘱，内容相抵触的，以最后的遗嘱为准。自书、代书、录音、口头遗嘱，不得撤销、变更公证遗嘱。本案中，涉诉房屋系王乙、王甲的夫妻共同财产，双方当事人并无异议。王乙、王甲所书写的“处理意见”系遗嘱性质已由生效判决所确认，在王乙去世后王甲又立下代书遗嘱指定其遗产由王丙继承，故王乙的遗产应依“处理意见”由王丁继承，王甲遗产继承应以最后的代书遗嘱为准，由王丙继承。鉴于涉诉房屋系王乙、王甲的夫妻共同财产，本院酌情确定王丙、王丁各自继承该房屋百分之五十的份额。

北京市平谷区人民法院依据《中华人民共和国继承法》第十六条、第十七条、第二十条之规定，作出如下判决：

一、王丙、王丁对 29 号院内北正房 7 间、西厢房 3 间、东侧棚子 2 间各继承百分之五十的份额；

二、驳回王丙的其他诉讼请求。

王丙不服一审判决，提出上诉。北京市第三中级人民法院经审理认为：王乙去世后王甲又立下代书遗嘱，而该代书遗嘱订立形式符合法律规定，在王丁不能提供相反证据证明该代书遗嘱无效的情况下，本院对该代书遗嘱的效力予以确认。根据代书遗嘱，王甲指定其遗产由王丙继承，即王甲对其遗产的处理方式予以变更。故王乙的遗产应依“处理意见”由王丁继承，王甲遗产继承应以最后的代书遗嘱为准，由王丙继承。鉴于涉诉房屋系王乙、王甲的夫妻共同财产，一审法院确定王丙、王丁各自继承该房屋百分之五十的份额，并无不当，本院予以确认。

北京市第三中级人民法院经审理认为：依照《中华人民共和国民事诉讼法》第一百七十条第一款第一项之规定，作出如下判决：

驳回上诉，维持原判。

【法官后语】

共同遗嘱主要是指夫妻共同遗嘱，是相对于夫妻一方单独遗嘱而言，是指夫妻二人达成合意、共同订立一份遗嘱，并在遗嘱中对各自或共同的财产作出处分安排。在司法实践中，夫妻共同遗嘱引发的纠纷已经成为继承纠纷中的重要案件类型，但我国现行《中华人民共和国继承法》并没有共同遗嘱的相关规定，法官在处理此类纠纷时存在着法律适用的难题。本案例涉及典型的夫妻共同遗嘱，厘清共同遗嘱的效力以及变更与撤销等问题，对案件裁判至关重要。

一、共同遗嘱的形式

此类遗嘱主要包括三种形式：一是相互型夫妻共同遗嘱，即订立遗嘱时均相互指定对方为自己的遗产继承人；二是共同指定第三人为受益人的遗嘱，也就是夫妻在订立共同遗嘱时将双方的共同财产或个人财产指定由第三人继承，最常见的就是共同指定子女在其死后继承财产；三是相互指定对方为自己的遗产继承人并规定死者将遗产留给某第三人。本案所涉及的共同遗嘱属于第二种形式。

二、共同遗嘱的效力

(1) 能否认定有效

对于共同遗嘱的效力，无论是理论界还是实践中均存在颇多争议，但总体上来说，目前大都倾向于有限度地承认，即只承认主体为夫妻的共同遗嘱的效力。笔者亦赞同这种观点，主要根据在于：①承认共同遗嘱的效力是符合私法自治原则的。遗嘱行为是一种私法上的行为，遗嘱人设立遗嘱的目的，是表明自己死亡后对遗产处分的意愿。在对遗嘱效力确认时，只要是遗嘱人真实意思表示且满足遗嘱的形式要件，应当认定为有效，而不应过分关注其行为的方式。②共同遗嘱是一种双方的合意行为，是基于立遗嘱人之间特定家庭关系而作出的，它不完全等同于契约等合意行为，这种与特定身份关系相联系的共同遗嘱有利于维护家庭稳定。③共同遗嘱符合我国当前的社会习惯，现实生活中的夫妻共同遗嘱很常见，且随着公民财产权利意识的增强和私法自治理念的深入，共同遗嘱有不断增加的趋势。

2018年6月11日，北京市高级人民法院通过《北京市高级人民法院关于审理继承纠纷案件若干疑难问题的解答》（以下简称《解答》），其中第十九条规定：以夫妻双方名义共同订立的处理夫妻共同财产的遗嘱，符合遗嘱形式要件的应为有效。根据《解答》内容，共同遗嘱只能由夫妻双方共同设立，且应当遵守现行《中华人民共和国继承法》规定的形式要求，也就是说，只要夫妻共同遗嘱符合五种遗嘱法定形式之一，应认定为有效。本案中王甲夫妻二人生前所订立的处分共同财产的意见符合遗嘱形式要件，经生效判决确定性质为遗嘱。

（2）生效时间

根据《中华人民共和国继承法》规定遗嘱是死因行为，一般是从被继承人死亡时开始生效。但共同遗嘱由于其特殊性，生效时间与一般遗嘱有所不同。就共同遗嘱本身而言，因形式不同致使生效时间亦有所不同。第一种形式，法律关系比较简单明确，一旦立遗嘱人一方去世，遗嘱立即生效，遗产由另一方继承。第二种形式，实践中往往夫妻处理的系双方共同财产，而一般情况下夫妻二人不会同时死亡，此时，夫妻中一方的死亡还不能使整个遗嘱发生法律效力，只能使遗嘱中涉及死去一方的财产内容发生法律效力。第三种形式，其特别之处在于只有夫妻都死亡后，遗产才能由第三人继承，这种遗嘱的生效时间应当出现两次：第一次是夫妻一方死亡，在先的相互遗嘱生效，在世一方全部继承遗产；第二次是夫妻双方均死亡后，全部遗产由第三人继承。本案例中，夫妻双方在共同遗嘱中处理的房屋属于可分割遗产，王乙先于王甲去世，在王乙去世时其对财产的处分已经发生效力，即房屋中属于其的部分已经转移为王丁所有。

三、共同遗嘱的变更与撤销

共同遗嘱自订立到最终生效往往要经历一个漫长的过程，其间可能遭遇客观事实的变化导致共同遗嘱需要变更或撤销。根据2000年发布的《遗嘱公证细则》第十五条规定，遗嘱人坚持申请办理共同遗嘱公证的，共同遗嘱中应当明确遗嘱变更、撤销及生效的条件。但是对于未经过公证的共同遗嘱，夫妻双方亦未约定变更或撤销条件的，行使时应区分不同时间段。

第一种情形：夫妻双方在世期间。

这种情形下，共同遗嘱虽有效成立，但是对夫妻双方应没有实质性约束，应充分尊重遗嘱自由及其财产所有权，夫妻任何一方均可单方面变更或撤销其遗嘱意思表示，但一方丧失遗嘱能力的除外。

第二种情形：夫妻一方先去世。

在世一方能否变更或撤销共同遗嘱是本案例值得探讨的问题。北京高院在《解答》中规定，夫妻一方先死亡的，在世一方有权撤销、变更遗嘱中涉及其财产部分的内容；但该共同遗嘱中存在不可分割的共同意思表示，上述撤销、变更遗嘱行为违背该共同意思表示的除外。按照先前划分的三种形式，如果共同遗嘱是第一种形式，在一方去世时已整体发生效力，无需考虑变更或撤销问题。对于第二种和第三种形式的共同遗嘱，一方去世之后，另外一方只能对属于自己的财产部分行使变更权和撤销权，但行使该权利也有一定的限制，即不能违背不可分割的共同意思表示。这同时保障了去世一方以及在世一方的遗嘱自由，也给予在世一方因情势变更作出更改或撤销的权利。本案中王乙去世时，涉及其财产部分已经产生继承效力，而王甲的部分因其在后遗嘱与共同遗嘱内容相背，故以其在后遗嘱为准，视为撤回共同遗嘱中其死因处分。

编写人：北京市平谷区人民法院　李晓彤　李建伟

59

继承开始前对财产期待继承权处分协议的效力认定

——陈某穗诉陈某灵等遗嘱继承案

【案件基本信息】

1. 裁判书字号

广东省广州市越秀区人民法院（2018）粤0104民初14577号民事判决书

2. 案由：遗嘱继承纠纷

3. 当事人

原告：陈某穗

被告：陈某灵、陈某辉、陈某婷

【基本案情】

被继承人陈某然与陈某成婚后生育了陈某穗、陈某赣、陈某灵子女三人。陈某赣与吴某玲婚后生育了陈某辉，收养了陈某婷。陈某成于1988年8月去世，陈某赣于2003年1月17日去世，被继承人陈某然于2013年5月31日去世，陈某然的父母均先于陈某然去世。

陈某然于2008年6月5日立下遗嘱公证书，写明："在我去世后，将我坐落于广州市越秀区流花路××号大院××栋××房的房屋交由儿子陈某穗、女儿陈某灵两人继承，各占二分之一，与其他人无涉。"

2010年1月23日，陈某穗（弟）与陈某灵（姐）签订《协议书》，写明经双方共同协商，根据公证书的内容：由于母亲陈某然年迈需要子女照顾，胞弟陈某穗同意搬入涉案房屋照顾母亲至终老。陈某灵同意以人民币捌万元整将其在该房产的继承权等所有权利转让给陈某穗。陈某穗在本协议签订生效后7日内，付给陈某灵人民币3万元整。其余款项人民币8万元整在3年内付清。同日陈某灵出具《声明》，本人陈某灵自愿将我名下的位于流花路××号××栋××房的房产的继承权给予我的弟弟陈某穗。2010年12月21日，陈某灵开出《收据》，写明：于2010年12月21日收到陈某穗支付的人民币3万元整（30000元）。2011年12月31日陈某灵开出《收据》，写明：收到陈某穗支付2万元整。2012年12月22日，陈某灵开出《收据》，写明：2012年12月22日收到陈某穗交付现金3万元整。现陈某穗起诉要求判决广州市越秀区流花路××号××栋之一××房屋产权归其一人所有。庭审过程中，陈某灵确认上述协议书签订后间隔一段时间陈某穗搬入诉争房屋与被继承人一直居住至被继承人去世；另认为陈某穗没有按上述协议给足8万元，加上充抵的保姆费用后才有8万元，上述《收据》是受胁迫所写。陈某灵没有提供受胁迫的证据。

【案件焦点】

陈某穗与陈某灵签订的放弃继承的协议书是否有效，诉争房屋是否应由陈某穗继承。

【法院裁判要旨】

广东省广州市越秀区人民法院经审理认为：本案争议焦点为原告与被告陈某灵签订的放弃继承的协议书是否有效，诉争房屋是否应由原告继承。对此作如下分析：1. 从本案原告与被告陈某灵于2010年1月23日签订《协议书》及于2010年1月26日签订《补充协议》可见，原告与被告陈某灵是知晓被继承人立下（2008）粤穗广证内字第7477号遗嘱公证书，即原告及被告陈某灵对诉争房屋有期待继承权。2. 原告与被告陈某灵在对诉争房屋有期待继承权的情况下，原告与被告陈某灵签订协议约定原告搬入诉争房屋照顾被继承人终老，被告陈某灵以8万元将其在诉争房产的继承权等所有权利转让给原告，该协议是双方自愿签订，是对期待继承权的处分，被告陈某灵认为是受胁迫签订的，但没有提供证据证实，本院对此不予以采信。3. 被告陈某灵认为原告没有按上述协议给足8万元，加上充抵的保姆费用后才有8万元，所写的《收据》是受胁迫所写，因原告给付的8万元费用中是否抵扣了需给被继承人请保姆的费用等，这只是给付的形式，被告陈某灵对此也写了《收据》，被告陈某灵没有提供受胁迫的证据，故应视为原告已实际给付了8万元给被告陈某灵。本案，从原告与被告陈某灵的陈述及双方签订的《协议书》、《补充协议》及被告陈某灵开出的《收据》可见，原告已按协议约定履行搬入××房照顾被继承人终老及给付8万元给被告陈某灵的义务，即原告已按协议约定履行了相应的义务。4. 继承权是一种混合的权利，包括身份权和财产权，现行法律并未规定继承人在继承开始前放弃继承权中财产部分的行为无效，意思自治是民法的基本原则，当事人可以自由处分自己的权利，同时也应对自己的行为负责。被告陈某灵作为完全民事行为能力人，与原告签订协议时应当知道相关的法律后果，被告陈某灵在继承开始前已通过协议的形式放弃对诉争房屋的继承权，其应受该处分行为的法律约束，在继承开始后被告陈某灵又主张与原告签订的放弃继承的协议书无效，从而主张继承权有违诚实信用原则，本院对此不予支持。综上，诉争房屋应由原告继承。

广州市越秀区人民法院综上所述，依照《中华人民共和国民法总则》第五条、第七条、第一百三十三条、第一百三十六条，《中华人民共和国继承法》第五条、第八条、第十六条第二款的规定，作出如下判决：登记在被继承人陈某然名下的广州市越秀区流花路××号××栋之一××房由原告陈某穗继承。原、被告相互配合办理上述房屋的更名登记手续。

【法官后语】

继承人有期待继承权，现行法律并未对继承人在继承开始前放弃财产期待继承权的行为作限制性规定，根据意思自治的原则，当事人对财产期待继承权的处分协议是其真实意思表示，在协议不违反法律规定、不损害他人利益的情况下，当协议所附的条件成就时，该协议有效。所以继承开始前当事人放弃财产期待继承权的行为有效。理由如下：

一、法律并无规定继承开始前继承人不能放弃财产期待继承权。《中华人民共和国继承法》第二十五条第一款规定："继承开始后，继承人放弃继承的，应当在遗产处理前，作出放弃继承的表示。没有表示的，视为接受继承。"《最高人民法院关于贯彻执行〈中华人民共和国继承法〉若干问题的意见》第四十九条规定："继承人放弃继承的意思表示，应当在继承开始后、遗产分割前作出。遗产分割后表示放弃的不再是继承权，而是所有权。"在我国法律法规中，仅上述法律条文对放弃继承的时间作出了规定，并且是对继承开始后作出放弃继承表示的时间进行了规定，并未对继承开始前放弃期待继承权的时间作出规定。法无禁止即自由，故从法律的角度来看，继承开始前继承人可以对财产期待继承权作出放弃的意思表示。

二、对期待继承权的放弃只能是财产部分。继承权是一种混合的权利，包括身份权和财产权。财产权可以放弃，但身份权具有人身专属性，不得转让也不得放弃。同时，不管继承人有无放弃继承财产，均不得放弃对被继承人生前的赡养、抚养等法定义务。因此，继承人在继承开始前放弃继承的只能是财产部分，放弃身份权部分的行为无效。本案争议的是在被继承人死亡前当事人签订的放弃继承诉争房屋的协议书是否有效，即继承人在继承开始前放弃的只是财产期待继承权。

三、对财产期待继承权处分协议所附期限和条件已同时成就，协议有效。对期待继承权的处分协议是附期限的协议，因为该协议需以被继承人去世的事实作为生效的要件，若被继承人尚未去世，不发生继承，协议不生效。对期待继承权的处分协议是附条件的协议，因签订协议时所处分的是未来可能得到的财产，故当继承发生时，协议所处分的财产需仍然存在，且该处分人未丧失继承资格；同时当事人按协议履行了协议约定的相应义务，该处分协议才生效。本案被继承人已去世，没有重新订立新的遗嘱，即被告陈某灵期待继承所依据的遗嘱仍有效，且原告与被告陈某灵签订协议约定的其他条件均已成就，故本案当事人对财产期待继承权签订的协议书有效。

四、认定财产期待继承权处分协议的效力符合诚实信用的原则。《中华人民共和国民法总则》第七条规定："民事主体从事民事活动，应当遵循诚信原则，秉持诚实，恪守承诺。"本案原告与被告陈某灵在知道被继承人立下遗嘱后签订《协议书》，约定原告搬入涉案房屋照顾被继承人至其终老，被告陈某灵以80000元的价格将其在涉案房屋的继承权转让给原告。被告陈某灵作为完全民事行为能力人，对于"放弃继承"一事有认知能力，对于自己放弃继承遗产所带来的后果也有判断能力。在没有受到任何欺诈、胁迫的情况下，被告陈某灵作出放弃继承的意思表示，没有违反公序良俗及损害社会利益和他人利益，是其对自己权利的处分。原告与被告陈某灵签订的协议书对双方具有法律约束力，原告已按协议约定履行了相应义务，被告陈某灵也应当遵循诚实信用原则，按协议履行自己的承诺。民事主体从事民事活动应当诚实守信，倘若在双方签订的协议条件成就后认为继承人在继承开始前作出的放弃继承的表示无效，这等于变相纵容言而无信的行为，不仅与民法的基本原则相违背，同时也破坏稳定的社会秩序，不利于人与人之间的诚信和谐相处。

编写人：广东省广州市越秀区人民法院　曾志清　何芷君

60

房改房中，使用了已故配偶的工龄购买的房屋是否应作为已死亡配偶的遗产予以继承

——李某诉李某权等继承案

【案件基本信息】

1. 裁判书字号

北京市丰台区人民法院（2018）京0106民初8626号民事判决书

2. 案由：继承纠纷

3. 当事人

原告：李某

被告：李某权、李某桦、李某珍、沈某芳

【基本案情】

于某民与李某一系夫妻关系，婚后育有一子李某璞，两女李某权、李某桦，李某璞与沈某芳系夫妻关系，婚后育有一女李某。李某一于1984年死亡，于某民于2012年死亡，李某璞于2018年2月8日死亡，位于北京市丰台区卢沟桥北里11号楼2门××号房屋登记在于某民名下，涉案房屋原为于某民单位北京首钢耐材炉料有限公司的自管公房，1996年7月李某一和于某民购买房屋，使用双方的工龄购买。房产证颁发日期是1999年4月27日。被告认为涉诉房屋虽登记在于某民名下，但涉案房屋应为双方夫妻共同财产。二人去世后该房屋应为双方遗产。双方生前未留有遗嘱，其法定继承人应按法律规定继承，被告李某权和李某桦应享有三分之二的房屋份额，李某璞享有三分之一的房屋份额。被告李某权和李某桦主张将涉案房屋判为归其共同所有，给付原告李某和沈某芳该房屋的三分之一的折价款。

【案件焦点】

使用李某一的工龄购买诉争房屋，是否应作为已死亡配偶的遗产予以继承。

【法院裁判要旨】

北京市丰台区人民法院经审理认为：关于诉争房屋的权属性质，诉争的房屋系被继承人于某民在其配偶李某一去世后签订购房协议并取得房屋所有权证，而非夫妻关系存续期间取得，虽然购买诉争房屋时，使用了李某一的工龄，但折扣工龄并非将诉争房屋认定为夫妻共同财产的法定事由，不能将该诉争房屋认定为于某民与李某一的夫妻共同财产。但是，诉争房屋是在计算了李某一的工龄后出售给于某民的公有住房，李某一的工龄在计算房价时体现了可量化的经济价值，属于财产性利益，若未使用李某一的工龄，于某民必定要以高于实际支付的价格购得房屋，因此，李某一的工龄在购买诉争房屋过程中，应视为一种财产性权益，具有财产价值，该政策性福利所对应的财产价值应作为李某一的遗产份额。李某一去世时并未留有遗嘱，对诉争房屋中属于李某一的遗产按照法定继承予以分割。具体数额本院根据购房时李某一的工龄价值在购买房屋款项所占比例，结合诉争房屋的现状现值予以酌定。据此作出如下判决：

一、位于北京市丰台区卢沟桥北里11号11幢2门××号房屋由李某继承所有，李某桦、李某权、李某珍、沈某芳于本判决生效之日起十日内协助李某办理房屋所有权转移登记手续；

二、李某于本判决生效之日起十日内向李某桦、李某权各支付房屋折价款343261.87元；

三、驳回李某的其他诉讼请求。

【法官后语】

本案争议焦点为：房改房中，使用了已故配偶的工龄购买的房屋是否应作为已死亡配偶的遗产予以继承？《最高人民法院关于在享受本人工龄和已死亡配偶生前工龄优惠后所购公房是否属夫妻共同财产的函的复函》（〔2000〕法民字第4号）："夫妻一方死亡后，如果遗产没有分割，应予查明购房款是夫妻双方的共同积蓄，还是配偶一方的个人所得，以此确认所购房屋是夫妻共同财产还是个人财产；如果购房款是夫妻双方的共同积蓄，所购房屋应视为夫妻共同财产。"根据该批复的规定，夫妻一方死亡后，购房款如果是夫妻共同积蓄，则所购房屋有可能认定为共同财产。但是2013年4月8日最高人民法院发布《最高人民法院关于废止1997年7月1日至2011年12月31日期间发布的部分司法解释和司法解释性质文件（第十批）的决定》（法释〔2013〕7号），决定对〔2000〕法民字第4号复函予以废止，原因为与现行房改政策不一致。对该问题最高院现无明确统一的官方意见，导致实践中出现不一致情况。

2018年6月11日，北京市高级人民法院审判委员会〔2018〕第9次会议通过《北京市高级人民法院关于审理继承纠纷案件若干疑难问题的解答》，其中第六条明确指出按成本价或标准价购买公房时，依国家有关政策折算已死亡配偶一方工龄而获得政策性福利的，该政策性福利所对应财产价值的个人部分应作为已死亡配偶的遗产予以继承。据此，在本案审理过程中，我们认为，购买房改房享有的工龄优惠具有人身属性且具有财产性质，属于财产权益，可以在折算后进行继承分配。首先，房改房具有特殊性，是特定历史条件下的产物，是根据国家房改政策的有关规定，单位将原公房通过优惠的形式出售给已经承租或使用该房屋的职工，职工对其享有部分产权或者全部产权。因此，房改房具有出售对象特殊性、房屋价格特殊性、该种福利优惠政策每个家庭只能享受一次等特点。从进行房改时的国家政策的内容可以看出，职工的工龄优惠是一种十分重要的因素，是考虑到我国长期低工资制、住房福利性分配制度，房改房相当于将多年的工资差额，一次性补发给职工。从这个角度看，虽然职工生前没有实际取得工龄优惠，但工龄优惠实际来源于死者生前的贡献，应理解为个人的财产性利益。其次，鉴于每个个人、家庭只能享受一次，说明该福利具有极强的人身属性，已故配偶工龄优惠带有强烈的个人属性，因此，不能无视已故配偶的人身属性而将福利随意归于健在配偶一方。最后，遗产的形式不应拘泥于公民死亡时已有的物质财产，亦包含死亡后因其生前行为而转化的财产利益。随着财产的内涵和外延的不断深化和扩展，不能狭隘地理解财产的性质和范围，符合财产或财产权益本质属性的财产利益属于遗产范围。因此，工龄优惠应认定为专属于已故配偶个人的财产性利益，作为已故配偶的遗产予以继承。

编写人：北京市丰台区人民法院　徐全影　张燕玲

61

违法建筑的继承不属于民事案件受理范围

——陈某宝诉陈某旭、石某选等继承案

【案件基本信息】

1. 裁判书字号

福建省厦门市中级人民法院（2018）闽 02 民终 3987 号民事判决书

2. 案由：继承纠纷

3. 诉讼双方：

原告（被上诉人）陈某宝

被告（上诉人）陈某旭、石某选

【基本案情】

1979 年，陈某海申请在厦门市湖里区高崎社建房，1 厅 5 房 1 春脚，面积 143 平方米。申请书上备注家庭人口 8 人，并进一步载明 8 人的具体姓名。经查，当时与陈某海同户的家庭成员为黄某花、陈某（某美）、陈某瑶、陈某月、陈某福、陈某好、陈某宝。

1995 年，陈某海申请补办换证，编号为 0001909#。经审批，同意换证 188. 54 平方米，补二层 166. 47 平方米。申请书上载明户口人数 11 人，包括陈某海、黄某花、陈某瑶、陈某福、石某选、陈某宝、刘某治、陈某阳、刘某梅、刘某籍以及陈某旭。其中，刘某治系陈某瑶再婚的配偶，刘某梅、刘某籍系刘某治与其前夫生育的子女。1999 年 8 月 11 日，刘某治与陈某瑶离婚。陈某阳、陈某旭均未成年。

2000 年，陈某海等人将原有住房推倒重建了三层半的楼房（其中第一层至第三层的面积约 169. 32 平方米，第四层一间的面积约 27 平方米）。2008 年，石某选在陈某海等人建设的基础上对第一层至第三层进行了扩建，并加建了第四、五层，形成了厦门市湖里区高殿村高崎社 2132 号房产目前的规模。

再查明，2003 年 5 月 15 日，陈某海与黄某花共同订立一份《遗嘱》并办理了公证手续。《遗嘱》的内容如下："立遗嘱人的房屋坐落于湖里区高殿村高崎三组，持有 NO. 00019××号《厦门市村镇个人建房用地许可证》，以陈某海的名义申请。因我们年龄较大，现为了防止日后子女纠纷，特立遗嘱如下：1. 夫妻双方若一方先去世后，其个人财产全部由在世的另一方继承。2. 若夫妻双方均未变更本遗嘱，待双方均去世后，上述房产将由长子陈某瑶、三女陈某宝和孙子陈某旭（已故次子陈某福的儿子）共同继承。"2005 年 5 月 12 日，陈某海去世。2016 年 12 月 5 日，黄某花去世。

又查明，黄某花去世后，陈某（某美）从黄某花的银行账户内取款 100900 元交给石某选保管。

另查明，陈某海与黄某花夫妻二人共生育子女 6 人，包括陈某（某美）、陈某瑶、陈某月、陈某福、陈某好、陈某宝。其中陈某福在陈某海、黄某花之前去世，其与配偶石某选仅生育一子陈某旭。陈某好已故，未结婚生育子女。

【案件焦点】

违建房产如何继承分割。

【法院裁判要旨】

福建省厦门市湖里区人民法院经审理认为：首先，讼争房屋翻建时没有取得合法的批建手续，事后也未补办相关手续，属于违法建筑。参照《最高人民法院关于适用〈中华人民共和国婚姻法〉若干问题的解释（二）》第二十一条第一款关于"离婚时双方对尚未取得所有权或者尚未取得完全所有权的房屋有争议且协商不成的，人民法院不宜判决房屋所有权的归属，应当根据实际情况判决由当事人使用"的规定，不宜判决房屋所有权的归属，仅能根据实际情况判决由当事人使用。因此，陈某宝请求确认房屋所有权的归属并且要求被告协助办理相应的产权过户登记手续缺乏事实和法律依据，依法不予支持。

其次，根据我国土地管理法的相关规定，农村村民一户只能拥有一处宅基地，因此以陈某海的名义申请的宅基地以及在此基础上建成的房产实为家庭成员共有的财产。1979 年最初申请建房时，家庭成员为陈某海、黄某花、陈某（某美）、陈某瑶、陈某月、陈某福、陈某好、陈某宝。1995 年补办换证时，家庭成员变更为陈某海、黄某花、陈某瑶、陈某福、石某选、陈某宝、刘某治、陈某阳、刘某梅、刘某籍、陈某旭。2000年陈某海等人重建房产时，刘某治已经和陈某瑶离婚，并且带走了刘某梅、刘某籍，亦即当时刘某治、刘某梅、刘某籍已经不属于家庭成员，对重建的房产也没有作出贡献，陈某阳、陈某旭尚未成年，因此陈某海等人重新建造的讼争房产第一层至第三层以及第四层的一间宜认定为陈某海、黄某花、陈某瑶、陈某福、石某选、陈某宝的家庭共有的财产，各享有1/6的使用权。陈某福早于陈某海、黄某花去世。在陈某福没有遗嘱或者遗嘱抚养协议的情况下，陈某福享有的1/6的使用权由其配偶石某选、其子陈某旭以及父母陈某海、黄某花继承。又，陈某海、黄某花去世后，根据公证遗嘱，其对该部分房产享有的使用权（包括他们每人自有的1/6的使用权以及从陈某福处继承的使用权）由陈某瑶、陈某宝、陈某旭继承。因此，陈某宝合计对该部分房产享有11/36的使用权［1/6+（1/6+1/6/4）×2/3=11/36)］。陈某瑶亦享有11/36的使用权，石某选享有5/24的使用权（1/6+1/6/4=5/24)，陈某旭享有13/72的使用权［（1/6+1/6/4）×2/3+1/6/4=13/72)］。又，陈某海等人重新建造的讼争房产第一层至第三层以及第四层的一间约535平方米（实际上不止535平方米，第四层的房间之外还有公共通道）。据此，陈某宝享有使用权的面积约163平方米（535×11/36=163)，与第一层的面积相差无几。又，第一层的两个楼梯系通往楼上的必经之路，其他使用权人也有合理使用的权利。因此，陈某宝请求将讼争房产第一层（扣除石某选扩建的部分）交付其使用合法合理，依法予以支持。

再者，陈某瑶等辩称公证遗嘱非陈某海、黄某花的真实意思表示，并且陈某宝存在虐待、遗弃黄某花的行为导致丧失继承权，但是如前所述，其申请的证人林庆联的证言缺乏其他证据相互印证，依法不予采纳。

最后，关于黄某花留下的现金。石某选辩称现金100900元已经用于黄某花的丧葬事宜等，并未提交相关证据，酌情按照受诉法院所在地上一年度职工月平均工资标准，以六个月总额计算丧葬费为32160元，剩余68740元应作为黄某花的遗产进行分割。在黄某花就该部分遗产没有遗嘱或者遗赠抚养协议的情况下，陈某（某羡）、陈某瑶、陈某月、陈某宝各继承1/5，即13748元，陈某旭作为陈某福的晚辈直系血亲代位继承1/5，亦为13748元。为此，石某选作为该笔款项的保管方，依法应当支付陈某宝13748元。

福建省厦门市湖里区人民法院依照《中华人民共和国土地管理法》第六十二条第一款，《中华人民共和国物权法》第三十三条，《中华人民共和国继承法》第十条、第十一条、第十三条第一款、第十六条第一款、第二款，《中华人民共和国民事诉讼法》第六十四条第一款之规定，判决：

一、位于厦门市湖里区高殿村高崎社21××号的农村自建房第一层至第三层以及第四层的一间，陈某宝享有11/36的使用权，陈某瑶享有11/36的使用权，石某选享有5/24的使用权，陈某旭享有13/72的使用权（上述使用权的行使不得对抗行政管理部门的有关规定）；

二、陈某瑶、石某选、陈某旭应于本判决生效之日起十日内将址于厦门市湖里区高崎社2132号房产的第一层（扣除石某选扩建的部分）交付陈某宝使用；

三、石某选应于本判决生效之日起十日内支付陈某宝13748元；

四、驳回陈某宝的其他诉讼请求。

宣判后，陈某旭、石某选以房产分割有误为由提起上诉。

福建省厦门市中级人民法院认为：依据《中华人民共和国继承法》第三条规定，遗产是公民死亡时遗留的个人合法财产。本案案涉厦门市湖里区高崎社21××号房屋并非陈某海所持权属证书所指向之房屋，而是2000年陈某海等人将原房屋推倒后重新建设的。该房屋在建设时未取得任何批建手续，建成后也未取得任何权证，在现阶段无法确认为陈某海遗留的个人合法财产。而该建筑本身目前也无任何手续，其使用面积也无任何测绘部门出具的测绘成果予以认定。在此情形下，陈某宝以继承及分家析产为由，要求确认该建筑的权利归属及内容（分割使用权），不属于人民法院民事案件受理范围，陈某宝关于该房屋的诉求一审法院予以审理不当，陈某宝的该部分起诉应予驳回。

福建省厦门市中级人民法院依照《最高人民法院关于适用〈中华人民共和国民事诉讼法〉的解释》第三百三十条之规定，裁定如下：

驳回陈某宝要求确认被继承人陈某海、黄某花位于厦门市湖里区高崎社21××号房屋（除了石某选加建以及扩建的部分）的三分之一产权归陈某宝所有及陈某瑶、陈某旭、陈某（某羡）、陈某月、石某选协助陈某宝办理厦门市湖里区高崎社21××号房屋产权过户手续，并腾出三分之一建筑面积，即第一层（除了石某选扩建的部分）交由陈某宝使用的起诉。

【法官后语】

一、违章建筑的法律含义

在我国现行法律法规中，违章建筑与违法建筑并未作严格区分，是通用的概念，且其二者均未有法律意义的定义。根据目前通说认为，其可定义为指违反了《中华人民共和国土地管理法》《中华人民共和国城乡规划法》等法律以及政府部门规章制度的建筑。

如前所述，现行法律文本上并没有关于违章建筑和违法建筑的明确定义。但从已经废止的《中华人民共和国城市规划法》第四十条第三款文本中关于“违法建筑”的表述，即未经规划许可、建设用地许可或建筑工程施工许可，或未按许可的条件和内容擅自建造的建筑物、构筑物及设施，可为违法建筑的认定提供了一个大致方向。该界定为《中华人民共和国城乡规划法》第六十四条沿用。

目前，我国通过法定许可制度对土地利用和工程规划进行规范管理。所以，人民法院对违章建筑认定的主要标准一般从程序上加以认定，即审查是否违反相关法律法规的禁止性规定，是否经过行政主管机关许可等；具体程序为，建设方按要求、按顺序提出申请：如申请《建设用地规划许可证》《建设用地批准书》《建设工程规划许可证》《建筑工程施工许可证》；再经由行政主管机关根据法律规定和具体情况，作出批准与否的许可。

因违章建筑是未取得相关许可或未按许可条件进行建造的建筑物、构筑物，故有法定许可权限的行政主管部门是对违章建筑进行认定和处理的当然主体。

二、人民法院不宜在民事审判中对违章建筑直接作出司法评价

目前，有相当一部分的学者或是司法人员认为法院也可以，甚至是也应该在审判阶段当中径行对违法建筑进行认定，以避免当事人无法获得司法救济的可能。但是我们对该观点持反对意见。

首先，人民法院对违章建筑的认定应从程序审查的主要标准一般从程序上加以认定。如前所述，违法建筑是未取得相关许可或未按许可条件进行建造的建筑物、构筑物，故有法定许可权限的行政主管部门才是最终认定主体，这也是行政职能与司法职能分开的必然要求。

其次，根据现行法律规定，政府职能部门对未经批准建设的房屋可以一定行政程序补办报批手续，也就是，对于违章建筑，当事人可先行从行政主管部门寻求效

力补正的可能。同时，当事人对行政主管部门作出违法建筑的认定有异议，可以选择行政复议和行政诉讼寻求救济。故而，人民法院在审判阶段不宜未经政府建设部门认定的情况下就直接认定违章建筑。

三、违章建筑与继承问题

违章建筑是否可以继承，这涉及违章建筑的财产属性和继承法上遗产范围的认定。

建造人违法建造的事实行为应受到否定性评价，往往无法获得不动产物权登记。也就是说，违法建筑虽然违反了公法，在公法范畴内应当受否定性的评价；但并不能因此完全排除其私法上的所有权利。

换个角度而言，在私法领域上看，违法建筑在被有权机关依法拆除之前仍应作为一种财产性权益进行看待，可被实际利用并产生了一些经济效益，发挥着“物尽其用”的功能，但为防止当事人利用法院判决将违章建筑合法化，避免出现司法职权逾权行政职权问题，故而人民法院不宜在民事审判当中对违章建筑径行作出认定。

回到本案当中，陈某海等人于2000年将原有住房（经合法批建的房屋）推倒重建了三层半的楼房（其中第一层至第三层的面积约169.32平方米，第四层一间的面积约27平方米）；后再由石某选于2008年在陈某海等人建设的基础上对第一层至第三层进行了扩建，并加建了第四、五层，形成了厦门市湖里区高殿村高崎社21××号房产（即涉讼房产）目前的规模。

从前述查明事实分析，涉讼房产的现况系经由陈某海等人和石某选分二次未经行政批准而建造，进而导致建造后未能依法取得相应的不动产权登记；但该等房产确实具有实际使用功能。

另，根据《中华人民共和国继承法》第三条规定，“遗产是公民死亡时遗留的个人合法财产”。由于违章建筑是非法的，它不属于遗产的范围，因此，继承人是无法基于继承事实继承被继承人的违章建筑的。也就是涉讼房产因其未经行政审批，而不宜径行认定为遗产范围，以避免通过民事判决方式变相为违章建筑合法化。故而，本案最终就涉讼房产部分，径行裁定驳回陈某宝要求确认被继承人陈某海、黄某花位于厦门市湖里区高崎社21××号房屋（除了石某选加建以及扩建的部分）的三分之一产权归陈某宝所有及陈某瑶、陈某旭、陈某（某羡）、陈某月、石某选协助陈某宝办理厦门市湖里区高崎社21××号房屋产权过户手续，并腾出三分之一建筑面积，即第一层（除了石某选扩建的部分）交由陈某宝使用的起诉。

编写人：厦门市中级人民法院　许莹

62

土地征收补偿款能否作为遗产继承

——郑某兰等诉郑某安等法定继承案

【案件基本信息】

1. 裁判书字号

安徽省淮南市中级人民法院（2018）皖04民终1164号民事判决书

2. 案由：法定继承纠纷

3. 当事人：

原告（上诉人）：郑某兰、郑某秀、郑某玲

被告（被上诉人）：郑某安、郑某敏、郑某乐

第三人：淮南市大通区九龙岗镇夏农村民委员会

【基本案情】

郑某学与闫（颜）某华系夫妻关系，双方共生育六名子女：长子郑某平、长女郑某兰、次女郑某秀、次子郑某安、三子郑某乐、小女郑某玲，其中郑某平先于郑某学夫妇去世，郑某敏系郑某平之子。1995年二轮承包土地时，郑某学一户得地人口为9口人，包括郑某学、闫（颜）某华、郑某安家4口人，郑某玲家3口人。郑某学于2008年去世，闫（颜）某华于2011年夏天去世。

郑某学承包经营户土地从2004年开始征收，至2016年年底征收完毕，后征收单位给付的补偿款项由夏农村民委员会交由村民小组发放到户。郑某学承包经营户的补偿款项由郑某安领取或郑某勇、郑某领取后交由郑某安。

另查明，郑某乐、郑某玲在庭审过程中当庭表示放弃继承权。

【案件焦点】

1. 遗产的范围和数额；2. 土地征收补偿款能否作为遗产继承。

【法院裁判要旨】

安徽省淮南市大通区人民法院经审理认为，遗产是公民死亡时遗留的个人合法财产。本案中原、被告争议的遗产为土地补偿款和房屋拆迁补偿款，根据法律规定，我国农村集体土地实行的是家庭联产承包责任制，家庭联产承包责任制的承包方是本集体经济组织的农户，即家庭承包是以农户为单位而不是以个人为单位，家庭成员之一死亡，并未导致农户的消亡，农村土地承包合同并未终止，故以家庭为农村土地承包户的承包地并不发生继承，而征地补偿款是国家征收农村集体土地时补偿给村集体经济组织的，集体经济组织又根据《中华人民共和国村民委员会组织法》和《中华人民共和国农村土地承包法》的规定分配给丧失承包地的农户，用于对失去土地农户的预期损失补偿及安置，以保障失地农户将来的生产生活，且农村征地补偿款的分配不是基于人口，而是基于土地对农户进行补偿。征地补偿款按照家庭为单位发放，以家庭承包的土地面积确定补偿款。已去世的家庭成员已经丧失了农户成员的身份，不属于享受补偿的权利主体。因此，征地补偿款从性质上看不属于承包收益，不能列入遗产范围。

结合本案，郑某学夫妇在农村享有土地的承包经营权，该部分土地在 2004 年开始被陆续征收并获得土地补偿款，现郑某兰、郑某秀、郑某玲要求将其生前父母名下的承包地补偿款作为遗产予以继承，因其未能举证证明郑某学夫妇死亡时遗留有个人合法财产，且郑某学夫妇死后所获得的土地补偿款不属于遗产范围，故对该项诉讼请求，不予支持。

综上所述，依照《中华人民共和国继承法》第三条、第四条，《中华人民共和国农村土地承包法》第十五条、第十六条、第三十一条，《中华人民共和国民事诉讼法》第六十四条、第一百四十四条之规定，判决如下：

驳回原告郑某兰、郑某秀、郑某玲的诉讼请求。

案件宣判后，原告郑某兰、郑某秀、郑某玲提出上诉，二审法院同意一审法院裁判意见，作出驳回上诉，维持原判的终审判决。

【法官后语】

《中华人民共和国农村土地承包法》第十五条规定："家庭承包的承包方为本集体经济组织的农户。"通过家庭承包方式取得的土地承包经营权的权利主体是本集体经济组织的农户，其本质特征是以本集体经济组织内部的农户家庭为单位实行农村土地承包经营，农户成员以具有本集体经济组织成员资格为前提。也就是说，家庭承包方式的农村土地承包经营权属于农户家庭，而不是属于某一个家庭成员。以家庭承包方式取得的承包经营权具有社会保障功能，其主要目的是在于为承包农户的全体家庭成员提供基本的生活保障，而非成员的个人财产。在承包期内，当承包户中的一人或几人死亡时，承包地仍由其他家庭成员继续承包经营，不发生继承问题。死亡绝户的土地承包经营权应收归村集体组织管理。虽然物权法将土地承包经营权物权化，也规定了土地承包期届满，由土地承包经营权人按照国家有关规定继续承包。但有一个不可忽略的前提：即这个承包农户中承包经营权人没有死亡。如果承包经营权人死亡，又尚在承包期内，应由该农户的其他家庭成员继续承包经营，如果承包农户家庭成员全部死亡的，应当由村集体经济组织依法终止该土地承包合同，收回该承包地，另行分配。这也就避免了出现符合条件的人无地可包或者一人承包数份土地的现象，否则，便会侵犯集体经济组织其他成员赖以生存的生产资料，对集体组织其他成员的合法权益造成损害。

值得注意的是，我国对土地承包经营权实行的是有区别的继承制度，对林地和通过"招标、拍卖、公开协商等方式"取得的荒山、荒沟、荒丘、荒滩经营权可以继承，这主要是考虑到林地和"四荒地"的承包，收益周期较长、投资大、风险大，如果不允许继承，很难使前一承包方在其死亡时获得因履行合同所获得的利益，不利于调动承包人的积极性。当然，继承人对林地和"四荒地"承包经营权的继承要以承包合同在承包期限为前提。

我国继承法第三条规定："遗产是公民死亡时遗留的个人合法财产。"农村土地承包经营权的标的是农地，其所有权属于农村集体经济组织，承包人不享有所有权，农村土地承包经营权不属于个人财产，故不发生继承问题。另外，还需注意土地承包收益和征地补偿款的区别。我国土地承包法第三十一条第一款规定："承包人应得的承包收益，依照继承法的规定继承。"我国继承法第四条规定："个人承包应得的个人收益，依照本法规定继承。"可见法律允许继承的是承包经营所得的收益，而不是承包权本身。承包人在承包期内，所获得的收益是一种财产权利，构成公民私有财产的一部分，承包人死亡时其承包的所得收益应当依照继承法的规定继承。而征地补偿款是国家分配给丧失承包地的农户，用于对失去土地农户的预期损失补偿及安置，以保障失地农户将来的生产生活，且农村征地补偿款的分配不是基于人口，而是基于土地对农户进行补偿。征地补偿款按照家庭为单位发放，以家庭承包的土地面积确定补偿款。两者性质的不同决定了前者可以继承而后者不可以继承。

编写人：安徽省淮南市大通区人民法院　余培

63

公租房承租权中具备物权特征的交换价值可作为被继承人遗产予以继承

——沈某华等诉沈某东继承案

【案件基本信息】

1. 裁判书字号

江苏省扬州市邗江区人民法院（2018）苏 1003 民初 4069 号民事判决书

2. 案由：继承纠纷

3. 当事人

原告：沈某华、卢红某、卢佰某

被告：沈某东

【基本案情】

沈某华、卢红某、卢佰某与沈某东均为钱某某子女，其中沈某华与沈某东系钱某某于第二次婚姻中与沈某所生。2000 年，钱某某去世，2001 年沈某去世。钱某某生前系扬州水箱有限公司（以下简称水箱公司）职工，位于扬州市文峰路 23 号

1幢1××室案涉房屋系水箱公司福利分配给钱某某的公有住房，钱某某去世后，被告沈某东继续居住在案涉房屋内。2012年6月19日，水箱公司提供一份租赁合同文本，合同首部承租人为钱某某，尾部签字人为被告沈某东。2018年4月29日，被告沈某东签订《扬州市广陵区国有土地房屋征收补偿协议书》，案涉房屋被征收，房屋及装饰装潢、附属物获补偿金426669元，固定设施移装费用2298元、各类补助补偿和奖励费用33183元、补偿金84634元、提前奖30000元，共计补偿576784元。沈某华、卢红某、卢佰某要求共同继承案涉房屋的拆迁补偿款，沈某东认为其母钱某某去世后，是其与水箱公司签订的租赁合同，最后的征收补偿协议书亦由其签订，故拆迁补偿款576784元属于沈某东的个人财产，而非钱某某的遗产，沈某华、卢红某、卢佰某无权要求继承，双方为此发生分歧，故诉至法院。

【案件焦点】

1. 案涉房屋的拆迁补偿款576784元属于钱某某的遗产还是沈某东个人财产；2. 如补偿款属于遗产，应当如何分割。

【法院裁判要旨】

江苏省扬州市邗江区人民法院经审理认为：遗产是公民个人的合法财产，公有住房承租权具有永久占有、使用、支配、转让等特征，与物权中的用益物权相似，其中的交易价值部分应为原承租人的个人财产，原承租人死亡后，该部分权益应属遗产之列。钱某某去世，其对案涉房屋承租权中的交易价值部分成为其遗产，即案涉房屋的拆迁补偿款系钱某某遗产，但其中如各类补助、补偿和奖励费用、补偿金、提前奖是拆迁人补偿给被拆迁人的个人奖励，应当由被拆迁人即沈某东享有。沈某东与水箱公司继续签订租赁合同，是因为法律赋予共同居住人居住权而得以签订，其对租赁物仅享有占有、使用权，不享有租赁物的交换价值，如拆迁安置权益。沈某东的辩称无法律依据，不应予以支持。继承从被继承人死亡时开始，继承开始后，按照法定继承办理，由第一顺序继承人继承，与被继承人共同生活的继承人，分配遗产时，应当予以照顾。被继承人钱某某于2000年去世，其遗留的案涉房屋于2018年拆迁，扣除被拆迁人个人享有的部分，剩余补偿款428967元应当由法定继承人共同继承。沈某东与被继承人钱某某共同生活多年，亦承担了案涉房屋的维修义务，应当予以照顾，可以多分，故酌定沈某华、卢红某、卢佰某分别享有

20%遗产份额，沈某东享有40%份额。

江苏省扬州市邗江区人民法院依照《中华人民共和国继承法》第二条、第三条、第五条、第十条、第十三条之规定，作出如下判决：

沈某华、卢红某、卢佰某分别继承位于扬州市文峰路23号1幢1××室房屋的拆迁补偿款85793.4元。

【法官后语】

公有住房简称公租房，是指国家以及国有企业、事业单位投资兴建的住宅，产权归国家或集体所有，业主仅享有承租权。它是我国计划经济时代的特殊产物，兼具国家社会保障功能和个人住房消费补偿福利等双重特征。公租房承租权的性质，一直是理论与实务中颇多争议的问题，它与私有房屋的承租权有着鲜明的区别。首先，在租赁期限上，公租房承租权具有永续性，租期届满后自动续期，非因特定事由，房管部门不得终止租赁合同，承租人去世，其配偶子女可续租；其次，租金远低于市场价，一般仅为私有房屋租金市场价的5%，且租金基本用于房屋维修；再次，公租房承租权的取得者除具备特殊身份（如产权单位的职工、取得回迁房的原被拆迁房屋所有权人）外还需支付对价，计划经济时代公租房是作为实物工资分配给承租人，或在公房政策改革后通过市场置换出资取得，这一点与私有住房承租人只需支付租金即可取得承租权明显不同；最后，公租房承租权具有客观存在的交易价值，如遇房屋拆迁，承租人可获得拆迁补偿安置权益，还可以通过置换的方式将承租权以市场价格予以转让。上述的区别说明，公租房承租权不仅仅是单纯的债权，其具有的永久占有、使用、支配、转让等特征，与物权中的用益物权相似，具有明显的物权特征，是物权化的特殊债权。而公有住房承租权具备的物权特征决定，权利终止时间以物的消灭而非权利人民事权利能力消灭为节点。在承租人死亡后，承租权中具备物权特征的交换价值转换为被继承人遗产，由继承人共同继承。

编写人：扬州市邗江区人民法院　王芳

64

继父母与完全丧失劳动能力的成年继子女之间是否构成抚养关系

——李甲等诉李丙法定继承案

【案件基本信息】

1. 裁判书字号

北京市第三中级人民法院（2018）京03民终11424号民事判决书

2. 案由：法定继承纠纷

3. 当事人

原告（被上诉人）：李甲

原告：苏甲、李乙

被告（上诉人）：李丙

【基本案情】

李己、贾甲原系夫妻，共育有三子，即李丙、李丁、李戊。李丁曾用名李庚（未婚生育子女），1968年出生，其在15岁时（1983年）因遭电击致肢体二级残疾，无劳动能力。1985年10月7日（农历8月23日），李己、贾甲主持分家："一、李丙分东院东头两间半，李戊分东院西头两间半，西院五间全部归李丁，但是父母在世由父母所掌权，久后父母不在因李丁有病残疾，全部权利归李丁……八、李丁因残疾如父母愿轮流过时，李丁同父母一起轮过，父母不在，李丁仍由哥俩照顾，所受分东西由哥俩均分……立约人李丙、李庚、李戊，中间人李某1、李某2、李某3、李某4，代笔人徐甲，各自姓名后画有'+'，公元一九八五年旧历八月二十三日立。"1988年李己去世，生前未留有遗嘱。1989年，李甲与贾甲结婚，婚后未生育子女，李丁与李甲、贾甲共同生活并居住在北京市密云区东邵渠镇石峨村三区149号院内。2012年8月1日贾甲去世，未留有遗嘱，之后，李丁的生活仍由李甲照顾直至2016年11月12日李丁去世。2018年3月6日李戊去世，李戊与苏甲原系夫妻，生育一女李乙。

【案件焦点】

1. 诉争房屋是否为李丁的遗产；2. 李丁是否完全丧失劳动能力；3. 李甲与李丁是否形成抚养关系、李甲是否为李丁的第一顺序继承人。

【法院裁判要旨】

北京市密云区人民法院经审理认为：本案的争议焦点主要有三个：一是诉争房屋是否为李丁的遗产、分家契约第八条的性质认定；二是李丁是否完全丧失劳动能力；三是李甲与李丁是否形成抚养关系、李甲是否为李丁的第一顺序继承人。

对于第一个争议焦点，根据1985年10月7日李己、贾甲主持的分家契约第一条可以明确地看出分家契约将诉争房屋的所有权分给了李丁，而对此产生异议的关键在于对分家契约第八条的理解不同，分家契约第八条应当认定为带有遗赠性质的条款，即只有在满足以下两项条件的前提下，诉争房屋才能由李丙、李戊二人均分：1. 李己、贾甲由李丙、李戊轮流赡养时一定要同时抚养李丁；2. 李己、贾甲去世后，由李丙、李戊保障李丁的生活起居。第八条同样可以理解为附条件生效的条款，附生效条件的民事法律行为只有在条件成就时才能生效。事实上，李己、贾甲、李丁未在李丙、李戊两家轮流居住生活，李己、贾甲去世后，李丙、李戊亦未对李丁进行过生活上的扶助、经济上的补助，反而，是李甲抚养照顾李丁的生活起居，直至李丁去世。故该条件未成就，第八条便未生效，诉争房屋在李丁去世后仍是李丁的遗产，房屋权利并未处分。

对于第二个争议焦点，李丙主张李丁在遭受电击后并未完全丧失劳动能力，对此，为查清李丁遭受电击后是否完全丧失劳动能力，法院依职权特意走访了李丁生前所在石峨村多名村干部及李丁附近邻居，被走访村民一致认为李丁在电击后脑部受损，意识虽清楚但身体已无法正常行动，尤其在贾甲与李甲结婚后，李丁身体条件越来越差，完全丧失了劳动能力，生活起居依靠贾甲与李甲照顾，贾甲去世以后，李丁便与李甲共同生活，生活起居由李甲照顾。

对于第三个争议焦点，李甲与李丁之间是否形成有抚养关系的继父子关系，对此应当明确“扶养”的含义，继承法中的扶养泛指亲属之间经济上的供养、生活上的照顾以及精神上的慰藉，既包括继父母对继子女的抚养，也包括继子女对继父母的赡养。本案中，李甲与贾甲登记结婚时，李丁虽已满十八周岁，但因肢体二级残疾，完全丧失了劳动能力，在李甲与贾甲婚后以及贾甲去世之后，李丁与李甲共同生活了 27 年之久，其间李甲一直照顾李丁的全部生活起居，根据继承法关于扶养的应有之意，可以认定李甲与李丁之间已形成了有抚养关系的继父子关系，李甲可以作为李丁的第一顺序继承人继承李丁的遗产。

综上，依照《中华人民共和国婚姻法》第二十一条、第二十七条，《最高人民法院关于适用〈中华人民共和国婚姻法〉若干问题的解释（一）》第二十条，《中华人民共和国继承法》第三条、第五条、第十条、第十三条、第二十九条之规定，判决如下：

一、坐落于北京市密云区东邵渠镇石峨村三区一百四十九号院内北正房五间由原告李甲继承；

二、驳回原告苏甲、李乙之诉讼请求。

李丙不服原审判决，提起上诉。北京市第三中级人民法院经审理认为：继子女与继父母是子女因其父亲或母亲再婚时与父或母的配偶之间形成的亲属关系，故继子女和继父母之间是一种姻亲关系。根据《中华人民共和国继承法》第十条、《中华人民共和国婚姻法》第二十七条、《最高人民法院关于贯彻执行民事政策法律若干问题的意见》第三十七条的规定，继子女与继父母并不必然形成法律上的权利义务关系，继父母对继子女的遗产是否享有法定继承权取决于继子女与继父母之间有无抚养关系。存在抚养关系的继子女与继父母在法律上已形成拟制血亲关系，相互间互为法定继承人。本案中，李丁没有妻子儿女，亲生父母李己、贾甲均已去世。李甲与贾甲结婚成为李丁的继父时，李丁虽已满 18 周岁，但李丁于 15 岁时因遭受电击而完全丧失劳动能力，全部生活起居均需他人照顾，且随着年龄的增长，身体越来越差，对照顾的要求也越来越高。故对于完全丧失劳动能力的残疾人李丁而言，是否需要抚养与其是否已成年并无关联，其需终身被抚养，且随其年龄的增长，因自身疾病的原因，需被抚养的需求更高。故本案认定是否构成抚养关系应结合被抚养人的具体情况进行分析和认定。

“抚养”是指特定亲属间一方对他方承担生活供养义务的法律关系。抚养关系是否存在可从以下几个方面考虑：1. 抚养时间的长期性。继子女与继父母及其他家庭成员共同生活较长时间的情况下，家庭成员之间关系更为融洽，且能体现出继父母与继子女之间在主观上愿意建立亲密关系。2. 经济与精神抚养的客观存在。3. 家庭身份的融合性。继父母与继子女能够共同生活，互相照料。一审法院认定李甲作为被继承人李丁的第一顺序法定继承人继承李丁的遗产并无不当，本院予以确认。

综上所述，李丙的上诉请求和理由均不能成立，应予驳回；一审判决认定事实清楚，适用法律正确，应予维持。依照《中华人民共和国民事诉讼法》第一百七十条第一款第一项之规定，判决如下：

驳回上诉，维持原判。

【法官后语】

本案主要的争议焦点为李甲与李丁之间是否形成抚养关系，李甲能否作为第一顺序继承人继承李丁的遗产。同时在裁判时不仅要考虑案件法律适用问题，还应考虑公序良俗原则及案件的社会效果、执行效果。

1. 抚养关系的认定

李甲与李丁之间是否构成抚养关系，李甲能否作为第一顺序继承人继承李丁的遗产，对此争议存在两种不同的观点：

（1）第一种观点认为，李甲与贾甲结婚时，李丁已经成年，李丁与李甲之间不构成抚养关系，李甲不能作为第一顺序继承人继承李丁的遗产。这种观点认为法定继承纠纷应严格确定法定继承人身份，本案中，李甲与贾甲于1989年1月结婚时李丁已成年，不宜认定李甲与李丁之间形成抚养教育关系，李甲不宜列为李丁的法定继承人，则被继承人李丁的第一顺序法定继承人均不存在，应由第二顺序继承人继承其遗产，并根据《中华人民共和国继承法》第十四条的规定，对继承人以外的依靠被继承人扶养的缺乏劳动能力又没有生活来源的人，或者继承人以外的对被继承人扶养较多的人，可以分配给他们适当的遗产。因此该种观点主张在本案遗产分配过程中，应充分考虑李甲对李丁扶养情况、李甲的血亲情况、李丁遗产分割后的效用等因素，妥善作出处理。

（2）第二种观点则认为，继父母与成年继子女抚养关系的认定，不能仅以年龄为标准，应综合考虑成年继子女是否具备劳动能力、抚养时间的长期性、经济与精神抚养的客观存在以及家庭身份的融合性。二审法院认同该种观点。《中华人民共和国继承法》第十条规定，父母为第一顺序的遗产继承人，其中的父母包括生父母、养父母和有抚养关系的继父母。《中华人民共和国婚姻法》第二十一条规定，父母对子女有抚养教育的义务，子女对父母有赡养扶助的义务，父母不履行抚养义务时，未成年的或不能独立生活的子女，有要求父母付给抚养费的权利。《最高人民法院关于适用〈中华人民共和国婚姻法〉若干问题的解释（一）》第二十条进一步规定："不能独立生活的子女"，是指尚在校接受高中及其以下学历教育，或者丧失或未完全丧失劳动能力等非因主观原因而无法维持正常生活的成年子女。这就需要考虑李丁在遭受电击后是否完全丧失了劳动能力，李丁经过电击后造成肢体二级残疾，且经过法院依职权走访李丁生前所居住村的知情村委村民后，可以证明李丁在遭受电击后已经完全丧失了劳动能力，且随着时间的推移，李丁的身体条件越来越差，李甲自与贾甲结婚时便开始照顾李丁的生活起居，直至李丁去世，共27年的时间，这期间李甲对李丁无论是经济上还是精神上都给予了无微不至的关怀，长时间的共同生活、相依为命，李甲与李丁已经成为不是父子却胜似父子的关系，因此应当认定李甲与李丁之间构成抚养关系，李甲应当作为李丁的第一顺序继承人继承李丁的遗产。

2. 裁判综合考量因素

（1）公序良俗原则

本案裁判时法官充分考虑了公序良俗原则，裁判结果将影响该地区的民风塑造，李甲为与贾甲组建家庭，将自己原居住村唯一的房屋变卖，到贾甲家与贾甲、李丁共同生活，27年来如亲生父亲般照顾李丁，而李丙作为李丁的亲生兄长，多年来却并未尽到对弟弟的照顾，现今李丁去世，李丙却将涉案房屋大门紧锁不准李甲继续在涉案房屋内居住，李甲年过八旬，无其他住所，送走了李丁而自己却无法在生活了27年的院落内孤身安度晚年，有违公序良俗。

（2）房屋的效用价值及案件执行效果

法官在判决时还考虑到了涉案房屋分割后的效用价值以及案件的执行效果，由于房屋在一个院落内，分割房屋同院居住有可能埋下后续纠纷隐患，裁判时应当予以避免，同时也避免了执行不能的问题，有利于民事审判的审执衔接，也有利于纠纷的有效解决。

综上，李甲与李丁之间已构成抚养关系，李甲作为被继承人李丁的第一顺序法定继承人继承李丁的遗产并无不当，二审予以维持。本案透露着一个很重要的思想，即法院在审理民事案件时，不仅要兼顾法律在案件中的适用，同时还要兼顾案件的社会效果，民法并非是冰冷的条文，它也有人性的善良温度，法律的公平正义及温暖情怀都能体现在本案当中，本案为民事审判实践提供了有益的借鉴。

编写人：北京市密云区人民法院　韩璀珺

65

继承人配偶对被继承人抚养义务较多可酌定分得遗产权

——杜甲诉杜乙、杜某强继承案

【案件基本信息】

1. 裁判书字号

天津市红桥区人民法院（2018）津0106民初252号民事判决书

2. 案由：继承纠纷

3. 当事人：

原告：杜甲

被告：杜乙、杜某强

第三人：李某

【基本案情】

坐落天津市红桥区佳园北里12－113－1××号房屋，原系公产房屋，于2010年4月被购买产权，产权登记在被继承人杜某禄名下。关于购买产权的出资来源，原、被告及第三人存在争议，原告与被告杜某强认为系被继承人杜某禄出资，被告杜乙及第三人李某认为系第三人李某出资，但均未提交相应证据。被告杜某强与第三人婚后居住于该诉争房屋，后双方分居，被告杜某强搬离该房在外居住，第三人与双方的婚生子与被继承人共同居住。被继承人死亡后，诉争房屋由第三人李某和其子杜丙实际居住。

被继承人杜某禄与穆某玉生前未留有遗嘱或遗赠协议，继承人间虽就诉争房屋出售达成过一致意见，但并未就继承份额进行约定。原、被告及第三人一致认可被继承人的遗产范围为诉争房屋，该房屋的市场价值为1200000元。

【案件焦点】

第三人作为继承人的配偶对被继承人抚养义务较多，能否取得酌定分得遗产权。

【法院裁判要旨】

天津市红桥区人民法院经审理认为：继承人享有继承遗产的权利。本案中因不存在按照遗嘱或遗赠等分配遗产的情形，故应按照法定继承办理。对于法定继承，同一顺序继承人继承遗产的份额，一般应当均等。原告与二被告系本案被继承人的第一顺序继承人，且对被继承人均尽了赡养义务，故均应平均继承遗产。第三人与被继承人长期在诉争房屋内共同生活，第三人对被继承人的生活起居照顾较多，考虑第三人李某与被告杜某强长期分居的事实，可以认定第三人对被继承人的照顾不是基于履行杜某强的赡养义务，故第三人可以适当分得遗产，具体的遗产份额法院酌定为25%。被告杜乙认为其本人对被继承人尽的赡养义务较多，未提供相应证据，本院不予采纳。原告杜甲与被告杜乙、被告杜某强的遗产继承分割均为25%。考虑原、被告以及第三人对遗产房屋的处理意见以及各自给付能力，诉争房屋由原告杜甲继承所有，并由其给付被告及第三人经济补偿款为宜。

综上所述，法院判决如下：

一、被继承人杜某禄名下坐落天津市红桥区佳园北里12－113－1××号房屋由原告杜甲继承所有；

二、原告杜甲自本判决书生效之日起三十日内，一次性给付被告杜乙财产补偿款300000元，一次性给付被告杜某强财产补偿款300000，一次性给付第三人李某财产补偿款300000元；

三、自本判决主文第二项原告的给付义务履行到位后十日内，被告杜乙、被告杜某强、第三人李某协助原告杜甲办理天津市红桥区佳园北里12－113－1××号房屋产权转移登记手续，产权转移登记手续相关费用由原告自行承担。

【法官后语】

《中华人民共和国继承法》第十四条规定了酌情分得遗产权，继承人以外的对继承人扶养较多的人可以分给适当的遗产。酌定分得遗产权的法理依据是尊重和维护被继承人生前稳定的扶养关系。但法律对该权利的性质是继承权还是债权、权利主体的范围、权利的构成要件等均没有明确的规定。例如，权利主体一般是被继承人的朋友、同事，扶养一般也是无偿性的。实践中被继承人儿媳与儿子因夫妻矛盾分居，儿媳与被继承人仍然共同生活，在生活起居、就医照料等方面尽义务较多，是否可以取得酌定分得遗产权存在疑问。一种观点是儿媳尽义务较多，是基于配偶的赡养义务，属于继承人尽赡养义务较多，儿媳不宜认定为对被继承人抚养较多的人，不能作为继承案件独立的主体。另一种观点是儿媳与配偶分居、离婚后，与被继承人仍然保持先前的扶养关系，对被继承人扶养较多，不是基于夫妻的法定义务，而是由于出于对被继承人的感情或者道德方面的动机，被继承人从中受益，应当判定儿媳可以独立地适当分得遗产。

该案裁判对继承法第十四条进行了解释：第三人与被继承人长期在诉争房屋内共同生活，第三人对被继承人的生活起居照顾较多，考虑第三人李某与被告杜某强长期分居的事实，可以认定第三人对被继承人的照顾不是基于履行杜某强的赡养义务，故第三人可以适当分得遗产，具体的遗产份额法院酌定为25%。

编写人：天津市红桥区人民法院　南宝龙

66

养子女与其他继承人享有同等继承权

——谢某等诉吴某伟析产继承案

【案件基本信息】

1. 裁判书字号

江苏省南京市浦口区人民法院（2017）苏0111民初2959号民事判决书

2. 案由：析产继承纠纷

3. 当事人

原告：谢某、吴某芳、吴某娜、吴某侠、吴某明

被告：吴某伟

【基本案情】

吴某英与赵吴氏共育长子吴某峰、次子吴某明、女儿吴某侠三名子女。吴某峰与谢某生育长女吴某芳、儿子吴某伟两名子女。吴某娜系吴某峰与谢某养女，由吴某峰与谢某抱养。吴某英于1960年去世，吴某峰于2013年4月25日去世，赵吴氏于2016年12月30日去世。

位于南京市高新区丽岛路某某号房产，建筑面积为75平方米，于2012年8月8日登记于吴某伟、吴某峰名下，共有情况为共同共有。2010年10月9日设定抵押权42.9万元。截至2018年5月28日，该房屋尚欠贷款本金余额314472.35元。

2017年1月10日，谢某、吴某芳与吴某伟签订《关于死者吴某峰与其子吴某伟的房产纠纷协商调解意见》一份，载明：因吴某伟姐姐吴某芳在购房中投资35万元（部分首付，装修和部分还房贷）现决定把此房卖掉先把其姐35万元还清，余额再由其母子共同协商分配。沈某和刘某、吴某明等七人见证，沈某和刘某于2017年6月出具说明，陈述经过协商，吴某伟认可欠其姐35万元，并签下协议，决定把此房卖掉，归还其姐35万元。2016年，谢某、吴某芳与吴某伟多次因诉争房屋产生纠纷报警。

吴某明、吴某侠于2017年11月出具申明，均放弃对位于南京市高新区丽岛路某某号房产相应份额的继承权。

庭审中，原告为证明吴某娜由吴某峰与谢某收养，系被继承人的合法继承人，提交了邳州市某村民委员会、邳州市八路镇民政办公室出具的证明，并出示户口簿载明吴某娜在吴某峰户登记为二女。被告不认可吴某娜由吴某峰与谢某收养，但未提供相反的证据。

对于2017年1月10日谢某、吴某芳与吴某伟签订《关于死者吴某峰与其子吴某伟的房产纠纷协商调解意见》，原告主张系吴某芳对房屋出资35万元，被告不认可吴某芳出钱交首付、还房贷、装修。

【案件焦点】

养子女与其他各继承人是否均享有相同份额的继承权。

【法院裁判要旨】

南京市浦口区人民法院经审理认为：公民依法享有继承权。位于南京市高新区丽岛路某小区某某号房产（建筑面积75m^2）系吴某伟、吴某峰共同共有，在吴某峰去世后，共有的基础丧失，当事人主张继承吴某峰应享有的份额，应依法进行析产后继承。吴某伟和吴某峰未约定共有房产各自所占的份额，应视为各占一半。吴某峰与谢某系夫妻关系，吴某峰享有的份额应为夫妻共同财产，应由吴某峰与谢某各占一半。

吴某峰去世后，其子女、配偶、母亲并未放弃继承，应视为接受继承，但在遗产处理前吴某峰之母去世，对于吴某峰之母应继承的遗产份额依法应进行转继承，转继承人吴某侠、吴某明在继承财产处理前作出放弃继承的表示，不违反法律法规的规定，合法有效。

被告不认可吴某娜系吴某峰的继承人，原告提供的派出所出具的证明、民政办出具的证明、户口簿，证据之间相互印证，证明吴某娜系吴某峰与谢某抱养的女儿，是合法继承人，故对被告的辩称不予采信。

综上，吴某峰、谢某共有房产份额中吴某峰所有的部分，因吴某峰生前未留有遗嘱，故三原告与被告作为继承人应继承的份额为四分之一，三原告与被告应继承位于南京市高新区丽岛路某小区某某号房产份额的十六分之一，即谢某享有位于南京市高新区丽岛路某小区某某号房产份额的十六分之五，吴某芳、吴某娜各享有位于南京市高新区丽岛路某小区某某号房产份额的十六分之一，吴某伟享有位于南京市高新区丽岛路某小区某某号房产份额的十六分之九。

原告吴某芳所主张要求被告偿还原告35万元，双方争议较大，当事人双方为原告吴某芳与被告吴某伟，系债务纠纷，与本案并非同一法律关系，不予处理，当事人可另行主张。对于诉争房屋尚欠贷款，由原、被告按照各自取得的份额承担。

南京市浦口区人民法院依照《中华人民共和国民法通则》第五条、第五十七条、第七十六条、第七十八条，《中华人民共和国婚姻法》第十七条、第二十四条、第二十六条，《中华人民共和国收养法》第二十三条，《中华人民共和国继承法》第一条、第二条、第三条、第五条、第九条、第十条、第十三条、第十五条、第二十五条、第二十六条、第二十九条，《最高人民法院关于贯彻执行〈中华人民共和国继承法〉若干问题的意见》第五十二条，《中华人民共和国民事诉讼法》第六十四条第一款之规定，判决如下：

一、原告谢某对位于南京市高新区丽岛路某小区某某号房产份额享有十六分之五，对该房屋尚欠房贷314472.35元承担十六分之五即98272.61元；

二、原告吴某芳对位于南京市高新区丽岛路某小区某某号房产份额享有十六分之一，对该房屋尚欠房贷承担十六分之一即19654.52元；

三、原告吴某娜对位于南京市高新区丽岛路某小区某某号房产份额享有十六分之一，对该房屋尚欠房贷承担十六分之一即19654.52元；

四、被告吴某伟对位于南京市高新区丽岛路某小区某某号房产份额享有十六分之九，对该房屋尚欠房贷承担十六分之九即176890.70元。

【法官后语】

公民依法享有继承权。父母与子女相互之间的继承权是法定继承权，继承权的产生一般是因血缘关系的承继或因收养形成拟制的血亲关系。关于养子女与养父母相互之间继承权的问题，探讨的权利来源并非因血缘关系，亦非人工受精而产生的母亲与子女的血缘关系、父亲与子女的法定权利义务关系，而是一对夫妻共同决定收养子女而产生的法定父母子女关系。一般养子女随养父母共同生活，形成实际抚养关系。关于收养关系的形成，可以从形式上判断，我国最早的一部收养法是在1992年颁布的，对收养关系的成立有登记制、收养协议和收养公证并存的形式，在1999年收养法进行了修订，修改后仅规定收养关系成立要到民政部门办理登记，自登记之日起成立，合法的收养关系一经成立，养父母与养子女之间，就具有了亲生父母与子女间同等权利和义务。另外可以判断是否存在事实上的收养行为，事实收养关系需要熟悉情况的派出所、社区等基层组织或身边的亲友证明确认存在养父母与养子女关系并长期共同生活。对于事实收养关系，养子女介入抚养人的家庭，必须在养父母对其的实际抚养中，双方以父母子女相称，才能在该家庭中，形成父母与子女间的权利义务关系，需要过程，这个过程必须是合法、合理和实际持续行为，另外养子女与其生父母的权利义务已经消除，如户籍登记的记录等，收养家庭成员关系具有稳定、排他的特点，对于家庭成员之间权利义务是符合公序良俗的可期待性是正当的。

国家保护合法的收养关系，养父母和养子女间的权利和义务，适用父母子女关系的婚姻家庭继承有关规定，养子女与亲生子女享有平等的继承权，同为第一顺序继承人。基于实际的抚养关系，产生养子女对养父母享有继承权、在养父母年老时的赡养义务等。养子女主张继承养父母遗产的，应证明养父母与养子女形成收养关系，本案中，养女提供的派出所出具的证明、民政办出具的证明、户口簿，证据之间相互印证，证明确系被继承人夫妻收养的女儿，从而享有对养父的继承权。

编写人：江苏省南京市浦口区人民法院　汪会中

十、人身安全保护令

67

充分发挥人身安全保护令功效保护未成年人免受家庭暴力伤害

——安岳县妇女联合会代未成年人莫某甲、莫某乙申请人身安全保护令案

【案件基本信息】

1. 裁判书字号

四川省资阳市安岳县人民法院（2017）川2021民保令5号

2. 案由：申请人身安全保护令

3. 当事人

申请人：莫某甲、莫某乙

代为申请机构：安岳县妇女联合会

被申请人：莫某某

【基本案情】

莫某甲、莫某乙系被申请人莫某某的双胞胎未成年女儿，被申请人的妻子精神失常，长期住在娘家。被申请人经常因生活琐事等打其女莫某甲、莫某乙，并经村委、妇联等多次调解及教育。2017年6月4日晚，莫某某因其女几天没回家，在其女熟睡后用绳子将其脚捆住，用藤条将其手、脚、背打伤。派出所出警后将莫某某带至派出所调查了解，并有接警记录，次日上午其女被送去医院治疗。安岳县妇女

联合会向人民法院申请人身安全保护令，请求禁止被申请人对其女莫某甲、莫某乙殴打。

【案件焦点】

1. 是否发出《人身安全保护令》；2. 如何发挥保护令的功效。

【法院裁判要旨】

2017 年 6 月 7 日，安岳县妇女联合会代莫某甲、莫某乙向安岳县人民法院提出人身安全保护令的申请，并随案提交了村民委员会证明、110 案件信息、乡妇联关于解决父亲对女儿施暴问题情况汇报。法院经审查认为，被申请人莫某某之女莫某甲、莫某乙因遭受家庭暴力或者面临家庭暴力的现实危险，且申请人提供了村委会证明、所在派出所的接警记录，对上述事实予以佐证。安岳县妇女联合会的申请符合人身安全保护令的法定条件。依照《中华人民共和国反家庭暴力法》第二十六条、第二十七条、第二十八条、第二十九条之规定，裁定如下：

禁止被申请人莫某某对其女莫某甲、莫某乙实施殴打等形式的家庭暴力。

本裁定自作出之日起 3 个月内有效，人身安全保护令失效前，人民法院可以根据申请人的申请撤销、变更或者延长。被申请人对本裁定不服的，可以自裁定生效之日起五日内向本院申请复议一次。复议期间不停止裁定的执行。

如被申请人莫某某违反上述禁令，本院将根据《中华人民共和国反家庭暴力法》第三十四条之规定，视情节轻重，处以罚款、拘留；构成犯罪的，依法追究刑事责任。

【法官后语】

我国反家庭暴力法于 2016 年 3 月 1 日起开始施行，首次建立了人身安全保护令制度。该法第三十二条规定，当事人因遭受家庭暴力或者面临家庭暴力的现实危险，向人民法院申请人身安全保护令的，人民法院应当受理。当事人是无民事行为能力人、限制民事行为能力人，或者因受到强制、威吓等原因无法申请人身安全保护令的，其近亲属、公安机关、妇女联合会、居民委员会、村民委员会、救助管理机构可以代为申请。本案是全县首份由县妇联组织代为申请的人身安全保护令，具有典型的意义。

家庭暴力，简称家暴，是指家庭成员之间以殴打、捆绑、残害限制人身自由以及经常性谩骂、恐吓等方式实施的身体、精神等侵害行为，家庭成员中既有受害者，也有加害者。《中华人民共和国反家庭暴力法》的立法目的是预防和制止家庭暴力，保护家庭成员的合法权益，维护平等、和睦、文明的家庭关系，促进家庭和谐、社会稳定。家庭暴力的核心是控制，施暴本身不是目的，而是施暴方为了达到控制受害方的目的而采取的手段，"控制"是指某人或某事处于自己的占有、管理或影响之下。家庭暴力的类型有：身体暴力、性暴力、经济控制、精神暴力等。《中华人民共和国反家庭暴力法》基本原则是：预防为主，教育、矫治与惩处相结合。当事人因遭受家庭暴力或者面临家庭暴力的现实危险，向人民法院申请人身安全保护令的，人民法院依法应当受理。申请人身安全保护令的条件是：有明确的被申请人；有具体的请求；有遭受家庭暴力或者面临家庭暴力现实危险的情形。

司法实践中，应在正确理解反家庭暴力立法精神与相关法律条文的基础上，结合申请人的证据，准确解读家庭暴力的持久性、控制性、恐惧性以及后果的严重性，还要明确危险存在的可能性。法官处理案件时，应注重以下问题：一是要充分把握立法目的，即制止家暴和预防家暴，重在预防。二是要注重内心确认，不要担心国家公权力介入会不会导致家庭成员间的关系恶化，甚至家庭解体（立法者对此已充分论证）。三是要具有"三种意识"。即"性别平等意识"，这是我国的一项基本国策。"禁止家庭暴力意识"，暴力就是暴力，它不是个人或家庭隐私，不能被容忍，不适用"丛林法则"，反家暴问题上，司法权不能缺席。"受害人无过错意识"，即受害人即便有许多毛病、过错，如打牌输钱、"红杏出墙"等，均不能作为挨打的理由，不能成为施暴的原因。四是及时制发并送达《人身安全保护令》。制发该裁定书时，不要严苛申请人提供充分的证据，要凭法官的社会阅历和工作经验，在法定时限内制发并送达给当事人及公安机关、居委会等相关机构和组织。对找不到当事人的，在其住所附近张贴该裁定书。五是要形成合力，联动反家暴。与公安、妇联、民政等沟通协调，建立联动反家暴工作机制。

"国家禁止任何形式的家庭暴力。"人民法院通过发出人身安全保护令，依法、适时、适度干预家庭暴力，不仅能保护申请人的人身安全和人格尊严，也能警醒被申请人，使其深刻认识到行为的违法性，彰显法律的权威。

编写人：四川省资阳市安岳县人民法院　蒋新儒

68

离婚诉讼中未成年人的受教育权是否属于人身安全保护令的适用范围

——蒋甲申请蒋乙人身安全保护令案

【案件基本信息】

1. 裁判书字号

北京市昌平区人民法院（2017）京 0114 民保令 2 号民事裁定书

2. 案由：申请人身安全保护令

3. 当事人

申请人：蒋甲

被申请人：蒋乙

【基本案情】

申请人蒋甲的法定代理人曾某与被申请人蒋乙于 2015 年年初起诉离婚，双方于 2010 年生育婚生子蒋甲。在曾某与蒋乙离婚诉讼期间，蒋甲被北京某某小学录取并办理了入学手续。2016 年 7 月 1 日，蒋甲被其父亲蒋乙从北京某某商场的辅导班接走后带至浙江省 × × 市居住。2016 年 9 月，蒋乙未能让蒋甲按时入学，且拒绝说明孩子去处，也不带回孩子入学。曾某表示 2017 年 2 月在浙江省 × × 市乡下的一个幼儿园找到孩子并带回北京，其间孩子由爷爷奶奶租房照顾，蒋乙未照看蒋甲。蒋甲的法定代理人曾某认为被申请人非法藏匿孩子，拒不让孩子上学，且长期放弃对孩子的监护，已经违反相关法律，现孩子新学期入学在即，需马上办理入学手续，为了保护蒋甲的受教育权及申请人法定代理人的监护权，申请人特向法院申请人身保护令。

【案件焦点】

离婚诉讼中未成年人的受教育权是否属于人身安全保护令的适用范围。

【法院裁判要旨】

北京市昌平区人民法院经审理认为：曾某与蒋乙在离婚诉讼期间对子女的抚养问题以及蒋甲就读哪所学校的问题存在争议，但双方的目的都是蒋甲健康地成长。现蒋甲已经在北京市某某小学办理了入学手续，故应该给蒋甲一个稳定的学习环境，保障未成年人接受义务教育的权利。因蒋乙未在开学时将蒋甲送回北京市某某小学读书，使蒋甲在一年级的第一个学期未能在其注册的学校正常读书，已经影响到了蒋甲的学习生活。为了避免再次发生这种情况，应当对蒋乙的行为予以必要限制。蒋乙和曾某作为蒋甲的父母，在离婚诉讼期间，均应理性约束各自的行为，在生效离婚判决对孩子的抚养权作出最终确定之前，充分保障未成年人的各项权利，多从孩子的角度出发，考虑孩子的感受，以利于孩子的健康成长。

综上所述，本院依照《中华人民共和国反家庭暴力法》第二十六条、第二十七条、第二十九条，《中华人民共和国未成年人保护法》第三条之规定，裁定如下：

禁止蒋乙在未经曾某同意的情况下将蒋甲带走。

【法官后语】

本案是一起特殊的人身安全保护令案件。根据《中华人民共和国反家庭暴力法》，家庭暴力是指家庭成员之间以殴打、捆绑、残害、限制人身自由以及经常性谩骂、恐吓等方式实施的身体、精神等侵害行为。当事人因遭受家庭暴力或者面临家庭暴力的现实危险，向人民法院申请人身安全保护令的，人民法院应当受理。

从表面上看，本案申请人蒋甲虽然没有遭受或者面临被殴打、捆绑、残害、限制人身自由以及经常性谩骂、恐吓等方式的侵害行为，但在实际生活中，被申请人蒋乙因与申请人蒋甲的法定代理人曾某之间的婚姻纠纷，对子女的抚养问题以及蒋甲就读哪所学校的问题产生争议，蒋乙为了获取蒋甲的抚养权而不顾蒋甲的个人感受将其带走，并未按时就读已经办理入学手续的北京某某小学，作为监护人之一没有保障未成年人接受义务教育的权利，其行为已经给蒋甲带来精神层面的损害，故从保障未成年人受教育权出发，本案作出禁止蒋乙在未经曾某同意的情况下将蒋甲带走的裁定。

笔者认为，为了更好地保护未成年人的合法权益，应当扩大人身安全保护令的适用范围，将离婚诉讼中未成年人受教育的权利保护纳入人身安全保护令中。主要是基于以下考虑：

一是保障未成年人的受教育权。《中华人民共和国未成年人保护法》第三条第二款规定，未成年人享有受教育权，国家、社会、学校和家庭尊重和保障未成年人的受教育权。第十三条规定，父母或者其他监护人应当尊重未成年人受教育的权利，必须使适龄未成年人依法入学接受并完成义务教育，不得使接受义务教育的未成年人辍学。这就要求未成年人的父母或者其他监护人必须保证适龄未成年人完成义务教育，而且是一种法定义务。但是在离婚诉讼中，一些父母为了获取子女的抚养权，往往会不顾孩子正处于适龄入学、上学阶段，采取临时接走并进行藏匿等方式不让对方接触子女，不让未成年子女正常上学。该种行为不仅侵犯了未成年人接受教育的权利，同时也给他们带来了人格、心灵、精神层面上不同程度的伤害。因此扩大人身安全保护令的适用范围，实现因滥用抚养权而影响受教育权的合理规制，对抚养权进行临时处分并提前进行子女交付，能够保障子女及时、正常上学，降低父母因离婚纠纷中产生的矛盾给未成年子女带来的身心伤害。

二是从源头上预防父母在离婚、抚养、探望问题上分歧升级。实践中，离婚纠纷往往因感情、子女、财产等问题争议较大，导致诉讼时间较长，有的甚至持续2年至3年，如果不加以限制，未成年子女的受教育权很难得到保障。由此便会不断加剧父母之间的矛盾升级，不利于家庭纠纷的高效化解。依法作出人身保护令裁定，责令父母作出或禁止作出一定行为，将未成年子女的受教育权作为优先考虑的对象，次要考虑离婚父母的抚养和探望需求，有利于预防父母争议分歧升级，实现子女利益最大化。

三是为抚养权和探望权的执行奠定基础。实践中，抚养权或探望权案件大都难以执行，其主要原因就在于审判与执行过于分离，未能切实贯彻子女利益最大化原则。对人身安全保护令的适用范围进行扩张，就是要让未成年子女回归到正常的生活学习状态中，防止父母将子女带离经常居住地、单方委托他人代为抚养、限制子女人身自由、抢夺子女等。作出人身安全保护令，不仅能够保障未成年子女接受正常的学习教育，而且能够避免找不到子女下落、无法进行子女交付的现象，能够为将来的执行奠定良好的基础，减少执行不能的现象。

编写人：北京市昌平区人民法院　程杰　张焱

图书在版编目（CIP）数据

中国法院2020年度案例．婚姻家庭与继承纠纷／国家法官学院，最高人民法院司法案例研究院编．—北京：中国法制出版社，2020．3

ISBN 978-7-5216-0889-2

Ⅰ．①中…　Ⅱ．①国…　②最…　Ⅲ．①婚姻家庭纠纷-案例-汇编-中国②继承法-民事纠纷-案例-汇编-中国　Ⅳ．①D920．5

中国版本图书馆CIP数据核字（2020）第028803号

策划编辑：李小草（lixiaocao2008@sina.cn）

责任编辑：韩璐玮（hanluwei666@163.com）　　　封面设计：温培英　李宁

中国法院2020年度案例·婚姻家庭与继承纠纷

ZHONGGUO FAYUAN 2020 NIANDU ANLI · HUNYIN JIATING YU JICHENG JIUFEN

编者/国家法官学院　最高人民法院司法案例研究院

经销/新华书店

印刷/三河市紫恒印装有限公司

开本/730毫米×1030毫米　16开　　　印张/16.75　字数/280千

版次/2020年3月第1版　　　2020年3月第1次印刷

中国法制出版社出版

书号 ISBN 978-7-5216-0889-2　　　定价：62.00元

北京西单横二条2号

邮政编码 100031　　　传真：010-66031119

网址：http：//www.zgfzs.com　　　**编辑部电话：010-66070084**

市场营销部电话：010-66033393　　　**邮购部电话：010-66033288**

（如有印装质量问题，请与本社印务部联系调换。电话：010-66032926）

中国法院2012～2020年度案例系列

国家法官学院　最高人民法院司法案例研究院　编

简便易用、权威实用——打造“好读有用”的案例

1. 权威的作者：国家法官学院案例开发研究中心持续20余年编辑了享誉海内外的《中国审判案例要览》丛书，2012年起推出《中国法院年度案例》丛书，旨在探索编辑案例的新方法、新模式，以弥补当前各种案例书的不足。

2. 强大的规模：2012、2013年各推出15本，2014年推出18本，2015年推出19本，2016年推出20本，2017年推出21本，2018、2019、2020年推出23本，含传统和新近的所有热点纠纷，所有案例均是从全国各地法院收集到的上一年度审结的近万件典型案例中挑选出来的，具有广泛的选编基础和较强的代表性。

3. 独特的内容：不再有繁杂的案情，高度提炼案情和裁判要旨，突出争议焦点问题。不再有冗长的分析，主审法官撰写“法官后语”，展现裁判思路方法。

1. 婚姻家庭与继承纠纷
2. 物权纠纷
3. 土地纠纷（含林地纠纷）
4. 房屋买卖合同纠纷
5. 合同纠纷
6. 买卖合同纠纷
7. 借款担保纠纷
8. 民间借贷纠纷
9. 侵权赔偿纠纷
10. 道路交通纠纷
11. 雇员受害赔偿纠纷（含帮工受害纠纷）
12. 人格权纠纷（含生命、健康、身体、姓名、肖像、名誉权纠纷）
13. 劳动纠纷（含社会保险纠纷）
14. 公司纠纷
15. 保险纠纷
16. 金融纠纷
17. 知识产权纠纷
18. 行政纠纷
19. 刑事案例一
20. 刑事案例二
21. 刑事案例三
22. 刑事案例四
23. 执行案例

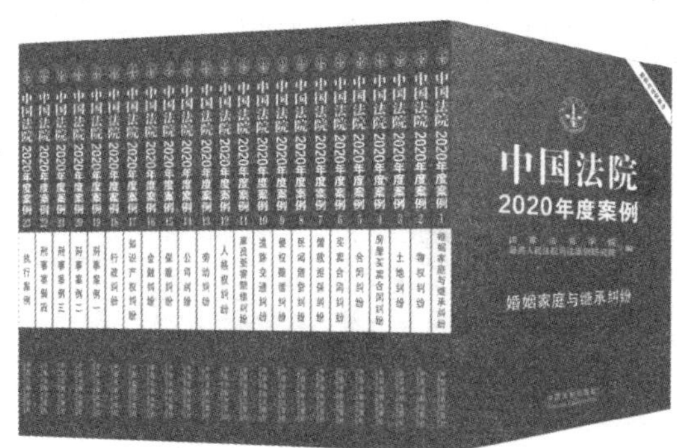

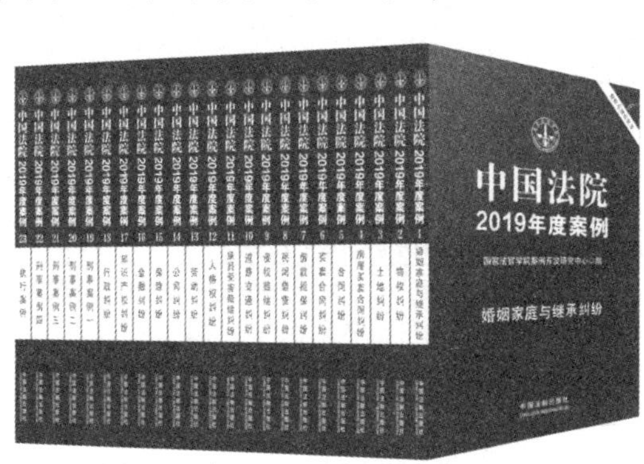

最高人民法院指导性案例裁判规则理解与适用系列

公司卷二	98 元	物权卷	88 元
公司卷（第三版）（上下册）	139 元	婚姻家庭卷（第二版）	68 元
民事诉讼卷（第二版）（上下册）	145 元	合同卷四（第二版）	98 元
侵权赔偿卷二	69 元	合同卷三（第二版）	98 元
侵权赔偿卷一	69 元	合同卷二（第二版）	108 元
房地产卷	98 元	合同卷一（第二版）	108 元
劳动争议卷	58 元	担保卷（第二版）（上下册）	139 元

最高人民法院知识产权审判实务系列

最高人民法院知识产权审判案例指导（第 11 辑）	86 元
最高人民法院知识产权审判案例指导（第 10 辑）	98 元
最高人民法院知识产权审判案例指导（第 9 辑）	88 元
最高人民法院知识产权审判案例指导（第 8 辑）	88 元
最高人民法院知识产权审判案例指导（第 7 辑）	98 元
最高人民法院知识产权审判案例指导（第 6 辑）	78 元
最高人民法院知识产权审判案例指导（第 5 辑）	88 元
最高人民法院知识产权审判案例指导（第 4 辑）	78 元
最高人民法院知识产权审判案例指导（第 3 辑）	78 元
最高人民法院知识产权审判案例指导（第 2 辑）	78 元
最高人民法院知识产权审判案例指导（第 1 辑）	48 元
中国知识产权指导案例评注（第 10 辑）	128 元
中国知识产权指导案例评注（第 9 辑）	108 元
中国知识产权指导案例评注（第 8 辑）	98 元
中国知识产权指导案例评注（第 7 辑）	118 元
中国知识产权指导案例评注（第 6 辑）	128 元
中国知识产权指导案例评注（第 5 辑）	118 元
中国知识产权指导案例评注（第 4 辑）	98 元
中国知识产权指导案例评注（第 3 辑）	98 元
中国知识产权指导案例评注（上、下卷）	188 元
商标法适用的基本问题（增订版）	78 元
反不正当竞争法的创新性适用【精装】	68 元
知识产权法律适用的基本问题——司法哲学、司法政策与裁判方法	168 元
最高人民法院知识产权司法解释理解与适用（最新增订版）	69 元
最高人民法院知识产权案件年度报告（2008 ~ 2015）（中英文版）	198 元
知识产权司法实务新型疑难问题：专利、商标与著作权热点问题	138 元
知识产权司法实务新型疑难问题：知识产权司法保护与产业发展	120 元

最高人民法院审判指导书系

执行规范理解与适用——最新民事诉讼法与民诉法解释保全、执行条文关联解读（增订 2 版）	159 元
最高人民法院民事立案业务指导	108 元
最高人民法院审判监督业务指导	128 元
最高人民法院执行业务指导	128 元